퍼즐과 함께하는
즐거운 논리

What is the Name of This Book?
—**The Riddle of Dracula and Other Logical Puzzles**
by Raymond M. Smullyan

퍼즐과 함께하는

즐거운 논리

레이먼드 스멀리언 지음 | 이종권 · 박만엽 옮김

문예출판사

헤아릴 수 없이 값진 조언을 베풀어준
린다 웨첼과 조세프 베반도에게 이 책을 바친다.

감사의 말

우선 누구보다도 먼저 로버트 코웬과 일스 코웬 부부, 그리고 올해 열 살이 된 그들의 딸 레노어에게 감사드린다. 그들은 이 책의 원고를 처음부터 끝까지 꼼꼼하게 읽고 도움이 될 만한 아이디어를 많이 들려주었다. (이왕 말이 나온 김에 하는 이야기인데 레노어 양은 4장의 핵심적인 문제인 "튀들두가 과연 실존인물인가 혹은 험프티 덤프티가 꾸며낸 가공의 인물인가?" 하는 문제에 대해 정답이 무엇인지 처음부터 감을 잡고 있었다.)

또한《소박예찬*The Praise of Simple Things*》이라는 매력적이면서도 유익하기도 한 저술을 쓴 그리어 피팅과 멜빈 피팅 부부에게도 고마운 마음을 금할 수 없다. 그들은 나의 저술에 대해 처음부터 호의에 넘친 관심을 베풀어주었으며 직접 나서서 프렌티스 홀 (Prentice-Hall) 출판사의 오스카 콜리어에게 나의 저술을 소개해주기까지 했다. 멜빈은 비단 그것만이 아니라 이 책에 직접 등장하고 있는 만큼(그가 이 책에 등장할 수 없다는 나의 증명을 반박해준 것만으로도) 마땅히 나의 감사를 받을 자격이 있다고 생각한다.

오스카 콜리어를 비롯한 프렌티스 홀 출판사의 직원 여러분과 이 책을 만드는 작업은 참으로 즐거운 경험이었다. 이 책의 원고 정리를 맡아 준 일렌 맥그래스 부인은 좋은 아이디어를 많이 제시해주었는데 나는 고마운 마음으로 그 조언을 받아들였다. 또한 이 책이 나오기까지 잔손 가는 일을 구석구석 능숙한 솜씨로 잘 처리해준 도로시 라크만에게도 감사를 표한다.

내가 이 책을 헌정한 조세프 베반도와 린다 웨첼 두 사람의 이름도 이 자리에서 언급하지 않을 수가 없는데 그들은 구상 단계에서부터 이 저술에 대해 시종 온갖 열과 성을 다해주었다.

아내인 블랜치는 많은 의문을 제기함으로써 도움을 주었는데 이 책을 읽고 나서 자신과 결혼한 상대가 기사인지 혹은 그렇지 않으면 건달인지를 부디 가릴 수 있게 되기를 바란다.

차례

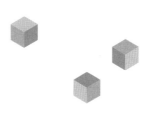

1부

논리인가, 역설인가

1 속임수와 퍼즐

1. 나는 과연 속은 것인가?

내가 논리학을 처음 접한 것은 여섯 살 때로 자초지종을 이야기하자면 이렇다. 1925년 4월 1일, 나는 독감에 걸려 누워 있었다. 그날 아침 나보다 열 살이나 위인 에밀 형이 내 방에 와서 나에게 말했다.

"야, 레이먼, 오늘은 만우절이 아니냐. 오늘은 네가 이제껏 당해본 적이 없는 기발한 방식으로 너를 속여줄 작정이다!"

나는 그날 하루 종일 형이 언제 나를 속이나 하고 목이 빠져라 기다렸지만 형은 종래 무소식이었다.

그날 밤, 어머니가 내 방에 오셔서 물으셨다.

"왜 아직도 자지 않고 그러냐?"

"형이 나를 속인다고 해서 형을 기다리는 중이에요"라고 대답했다. 어이가 없었던 어머니께서는 형에게 가서서 이렇게 말씀하셨다.

"에밀, 어서 약속대로 동생을 좀 속여주려무나!"

그러자 내 방으로 건너온 형은 나와 다음과 같은 이야기를 나누었다.

> 에　밀: 너는 내가 속일 것이라고 생각하고 있었지?
> 레이먼: 응.
> 에　밀: 그런데 아직까지 널 속이지 않았지?
> 레이먼: 그래.
> 에　밀: 그렇지만 내가 속일 거라고 잔뜩 기대하고 있었잖아?
> 레이먼: 응.
> 에　밀: 그래서 너는 나에게 속아 넘어간 거야.

　나는 내가 정말로 속은 건지 아닌지 갈피를 잡지 못해 불을 끈 뒤에도 오랫동안 잠을 이루지 못하고 침대 위에서 그 문제를 골똘히 생각했던 기억이 난다. 내가 속지 않았다면, 내가 잔뜩 기대했던 바가 이루어지지 못한 셈이므로 속은 것이다. (형은 바로 그렇기 때문에 내가 속은 것이라고 주장했다.) 그러나 같은 이치로 만일 내가 속았다면, 내가 기대한 바가 이루어진 것이므로 그런 측면에서 보면 속았다고 할 수가 없는 것이다. 그렇다면 나는 과연 속은 것인가, 속지 않은 것인가?
　이 자리에서 당장 이 퍼즐에 대한 해답을 제시하지는 않겠다. 왜냐하면 앞으로 이야기를 진행하는 가운데 이 퍼즐을 여러 가지 다양한 방식으로 다룰 기회가 서너 차례 더 있을 것이기 때문이다. 이 문제에는 한 가지 기묘한 원리가 내포되어 있는데 우리가 이 책에서 주로 다루려는 것 가운데 하나가 바로 그 원리이다.

2. 나는 거짓말을 했나?

한참 세월이 흘러 내가 시카고 대학 대학원생이었을 때, 이와 비슷한 일이 생겼다. 당시 나는 틈틈이 마술을 하여 돈을 벌었지만, 한동안 마술 사업이 부진하여 수입이 신통치 않았다. 어떻게 해서든 부족한 수입을 보충해야만 했던 나는 세일즈맨으로 취직할 작정으로 진공청소기 회사에 지원하여 적성검사를 받게 되었다. 면접 당시 제기된 질문 중의 하나는 다음과 같았다.

"이따금씩 사소한 거짓말을 하는 것에 대해 혹시 중요하게 생각하십니까?"

그 당시 나는 특히 세일즈맨이 거짓말을 밥 먹듯이 하고 자기네 상품을 과대선전하는 버릇에 대해 심한 역겨움을 느끼고 있었다. 하지만 나의 진심을 솔직하게 털어놓을 경우, 면접에서 떨어질 것이라는 생각이 들었다. 그래서 "아닙니다"라고 거짓말을 하였다.

면접시험을 마친 후 집으로 돌아온 나는 다음과 같은 생각을 하였다. 내가 그날 그 회사에서 한 거짓말에 대해 중요하게 생각했는가를 스스로 자문해보았다. 나의 대답은 단연 "아니다"였다. 내가 면접에서 한 그 특정한 거짓말에 대해서는 나는 시큰둥하게 생각한 셈인데 그렇다면 내가 모든 거짓말을 시큰둥하게 여긴다는 결론이 나온다. 따라서 면접시험에서 "아닙니다"라고 한 나의 답변은 거짓말이 아니라 참말이었던 것이다!

그 당시 거짓말을 한 것인지 아닌지가 나로서는 지금까지도 확실하게 풀리지가 않는다. 내가 거짓말을 했다고 가정하면 모순이 야기되기 때문에, 논리적으로 보아 내가 참말을 했다는 결론을 내려야 할 것으로 생각된다. 따라서 논리적인 측면에서는 내가 참말을 했다고 생각하지 않을 수가 없다. 그렇지만 당시 나는 분명히 거짓말을 했다는 느낌을 떨쳐버릴 수가 없었다.

　거짓말에 관한 이야기가 나온 김에 철학자인 러셀(B. Russell)과 무어(G. E. Moore) 간에 있었던 짤막한 일화 한 토막을 소개할까 한다. 러셀은 무어가 자기가 만났던 사람 가운데 가장 정직한 사람 중의 하나라고 추켜세우곤 했다. 그런데 언젠가 한번 러셀이 무어에게 물었다.

　"과거 한 번이라도 거짓말을 해본 기억이 있으십니까?"

　이에 대해 무어는 "물론입니다"라고 대답하였다. 이 이야기를 들려주면서, 러셀은 다음과 같이 썼다.

　"모르기는 해도 무어가 한 말 가운데 거짓말은 그 말밖에 없을 것이다."

　내가 진공청소기 회사에서 겪었던 일로 인해 자신이 거짓말 한다는 것을 알지 못하면서 거짓말을 하는 것이 과연 가능한 일인가 하는 물음이 제기되었다. 그 질문에 대한 나의 답변은 "아니다"라는 것이다. 내가 보기에 거짓말을 한다는 것은 실제로 거짓인 진술을 하는 것이 아니라, 자신이 거짓이라고 생각하는 진술을 하는 것을 뜻한다. 어떤 사람이 거짓이라고 믿고 어떤 말을 했지만 알고 보니 공교롭게도 그 말이 참이었더라도, 나는 그가 거짓말을 한 것이라고 본다.

　이상심리학에 관한 교과서에서 다음과 같은 이야기를 읽은 적이 있다. 정신병원의 의사들이 한 정신분열증 환자를 퇴원시키는 것이 어떨까 하고 생각하고 있었다. 궁리 끝에 그들은 환자에게 거짓말 탐지기 시험을 해보기로 했다. 그들이 환자에게 질문하였다.

　"당신은 나폴레옹입니까?"

이 질문에 대해 환자는 "아니요"라고 대답했는데 거짓말 탐지기의 반응은 그가 거짓말을 하고 있다는 것으로 나타났다.

나는 또한 동물들도 간혹 속임수를 쓸 줄 안다는 것을 보여주는 다음 사례를 어디선가 읽은 기억이 있다. 어떤 방의 천장 한가운데에 바나나 하나를 실로 매달아 두고 침팬지를 대상으로 실험을 하였다. 바나나는 너무 높이 매달려 있어서 그냥은 닿을 수가 없었다. 침팬지와 실험을 하는 사람과 바나나와 실, 그리고 크기가 서로 다른 서너 개의 나무상자를 제외하고는 실험실 안에는 아무것도 없었다. 실험의 목적은 침팬지가 상자를 포개어 발판을 만들고 그 위에 올라가 바나나를 잡을 수 있을 만큼 지능이 있는지를 알아보자는 것이었다. 그런데 실제로는 엉뚱하게도 다음과 같은 일이 벌어졌다. 실험을 하는 사람이 방 한구석에서 침팬지가 어떻게 하는지를 유심히 관찰하고 있었는데 침팬지가 그의 곁으로 다가와서는 필사적으로 소맷자락을 잡아당기면서 자기를 따라오라는 신호를 보내는 것이었다. 그가 할 수 없이 천천히 침팬지의 뒤를 따라 방 한가운데쯤 갔을 때, 침팬지가 잽싸게 실험자의 어깨 위로 뛰어올라가 바나나를 낚아챘다는 것이다.

3. 내가 판 함정에 내가 빠진 이야기
시카고 대학원에서 동문수학하던 내 친구에게는 각기 여섯 살, 여덟 살 난 두 동생이 있었다. 나는 그 친구 집의 단골손님이었는데 놀러가면 으레 아이들에게 장난을 걸곤 하였다. 어느 날 친구 집에 놀러간 김에 아이들에게 장난으로 겁을 주었다.
"너희 둘 다 말 안 들으면 사자로 둔갑시켜버릴 거야!"

그런데 그중 한 녀석이 뜻밖에 겁 없이 나섰다.

"좋아요, 우리를 사자로 만들어주세요."

"그런데 말이다, 사자로 만드는 것은 좋은데 다시 사람으로 되돌릴 방도가 없기 때문에 이번은 사양하기로 한다." 나는 얼른 둘러대었다. 그랬는데도 동생 녀석이 계속해서 재촉하였다.

"괜찮아요. 다시 사람이 되지 않아도 좋으니 어서 사자로 만들어 주세요."

"농담이 아냐. 너희를 사람으로 되돌릴 수 있는 길이 전혀 없다니까!"

형이란 녀석이 큰 소리로 떠들자 동생은 덩달아 설쳐대는 것이었다.

"우리를 어서 사자로 변신시켜 달란 말이에요!"

"어떻게 우리를 사자로 변신시킬 수 있어요?"

나는 얼른 대답하였다.

"주문을 외면 되지."

호기심이 동한 녀석들 가운데 하나가 "어떤 주문인데요?" 하고 물었다.

나는 얼른 둘러대었다.

"너희들에게 가르쳐준다고 주문을 입 밖에 냈다가는 주문을 왼 셈이 되어 너희들은 주문에 걸려 당장 사자로 변하게 된다."

녀석들은 한동안 생각에 잠기더니 그중에 한 녀석이 물었다.

"사람으로 되돌리는 주문은 없나요?"

"있기는 있지만 곤란한 문제가 있지. 내가 그 주문의 첫마디만 꺼내면 너희 둘뿐만이 아니라 나를 포함한 이 세상 사람 모두가 사자로 변해버리고 만다. 그런데 사자는 말을 못하지 않냐? 그

러니 사람으로 되돌려줄 주문을 외울 사람이 한 사람도 남지 않게
되지."

형 녀석이 내 말 끝에 큰 소리로 말했다.

"그러면 주문을 말하지 않고 쓰면 되잖아요!" 동생 녀석은 "난
읽을 줄 모르는걸!" 하고 볼멘소리로 대꾸했다.

"안 돼, 쓰는 것도 안 된다. 주문을 말하지 않고 쓰기만 해도 역
시 사람들이 모조리 사자로 변해버리고 마니까 쓸 수도 없단 말이
야." 나는 못을 박았다. 녀석들은 "아유!" 하고 안타까운 한숨을 내
쉬며 끝내 단념하고 말았다.

일주일가량 지나 나와 마주친 여덟 살 먹은 녀석이 은근하게 말
을 걸어왔다.

"스멀리언 형! 그동안 내내 궁금해서 형을 만나 꼭 좀 묻고 싶었
던 것이 한 가지 있는데 가르쳐주세요."

"그게 뭔데?"

"형은 도대체 그 주문을 어떻게 알았어요?"

2 재미있는 퍼즐

A. 고전적인 퍼즐들

먼저 대대로 전해지면서 수많은 사람들을 즐겁게 해준 고전적인 퍼즐을 서너 가지 살펴보기로 하자. 이 퍼즐 가운데에는 대부분의 독자들이 이미 잘 알고 있는 것이 일부 있지만, 이 방면에 정통한 독자들도 지금까지 접해보지 못한 새로이 개발된 퍼즐도 서너 가지 있다.

4. 나는 지금 누구의 사진을 보고 있는가?

이 퍼즐은 내가 어렸을 적엔 대단한 인기를 누렸지만, 요즈음은 과거에 비해 인기가 다소 시들해진 감이 있다. 이 퍼즐이 지닌 한 가지 희한한 특징은 대부분의 사람들이 엉뚱한 답을 짚는 것까지는 좋은데 (아무리 그가 틀렸다는 것을 입증해주어도 막무가내로) 자신이 옳다고 부득부득 우겨댄다는 점이다. 나도 한 50년 전에 친구 몇이 모여 이 문제에 관해 논쟁을 벌인 기억이 난다. 당시 논쟁이 몇 시간이나 계속됐는데도 불구하고 정답을 맞춘 아이들이 다른 아이들에게 자신들이 맞다는 것을 끝내 납득시키지 못했다. 문제는 다음과 같다.

어떤 사진을 물끄러미 보고 있는 사람에게 누군가가 물었다.

"당신은 지금 누구의 사진을 보고 계십니까?"

그러자 그가 다음과 같이 대답하였다.

"나는 남자 형제도 여자 형제도 없는데, 이 남자의 아버지는 내 아버지의 아들입니다." (물론 여기서 "이 남자의 아버지"란 사진 속에 있는 남자의 아버지를 뜻한다.)

그가 보고 있는 것은 누구의 사진인가?

5.

위의 이야기에서 이번에는 그 사람이 대신 다음과 같이 말했다고 하자.

"나는 남자 형제도 여자 형제도 없는데, 이 남자의 아들은 나의 아버지의 아들입니다."

그가 보고 있는 것은 이번에는 누구의 사진인가?

6. 절대 요지부동의 기둥에 무적의 포탄이 떨어지면 그 결과는?

다음 문제도 내가 어릴 적부터 무척이나 좋아했던 문제이다. 무적의 포탄이란 포탄의 위력이 막강하여 부딪히는 모든 것을 파괴해 버릴 수 있는 포탄을 말한다. 또한 절대 요지부동의 기둥이란 어떤 것이 와서 부딪쳐도 꿈쩍하지 않는 기둥을 뜻한다.

무적의 포탄이 절대 요지부동의 기둥을 강타했다면, 어떤 일이 벌어질까?

7.

다음은 매우 간단한 문제로서 독자들도 아마 대다수는 알고 있을 것이다. 어두운 방에 서랍이 하나 있는데 그 속에는 각각 스물네 켤레의 빨간 양말과 파란 양말이 있다.

이 서랍에서 최소한 몇 켤레의 양말을 꺼내야 같은 색깔의 양말을 적어도 두 켤레 골랐다고 안심할 수 있겠는가?

8.

이번에는 위의 문제를 약간 변형시켜서, 서랍 속에는 파란색 양말과 빨간색 양말이 몇 켤레인지 모르지만 하여간 같은 수가 들어 있다고 하자. 또한 같은 색깔의 양말을 두 켤레 이상 골라 냈다고 안심하고 말할 수 있기 위해 꺼내야 하는 최소한의 양말의 켤레 수와 서로 다른 색깔의 양말을 두 켤레 이상 골라 냈다고 안심하고 말할 수 있기 위해 꺼내야 하는 최소한의 양말의 켤레 수가 서로 같다고 한다.

서랍 속에는 몇 켤레의 양말이 들어 있는가?

9.

이 문제 또한 널리 알려진 논리 퍼즐이다. 뉴욕 시에 사는 어떤 주민도 그의 머리카락 수가 뉴욕 시 전체 시민의 수보다 적으며 또한 뉴욕 시민 가운데 머리카락이 하나도 없는 대머리는 존재하지 않는다고 하자. 그러한 가정으로부터 머리카락의 수가 똑같은 주민이 적어도 두 사람 존재한다는 결론이 필연적으로 따라 나오는가?

이 문제를 조금 변형시켜, 포덩크(Podunk) 시에서는 다음의 사실이 성립한다고 하자.

(1) 이 도시에 사는 어떤 두 시민도 머리카락의 개수가 동일하지 않다.

(2) 이 도시의 시민 가운데 정확히 518개의 머리카락을 가진 사람은 존재하지 않는다.

(3) 이 도시에 거주하는 어떤 시민도 그의 머리카락 수가 이 도시 전체 시민의 수보다 적다.

포덩크 시의 시민의 수는 최대 몇 명일 수 있는가?

10. 살인범은 누구인가?

이 이야기는 사하라 사막을 횡단하는 대상(隊商)에 관한 이야기이다. 이 이야기에 등장하는 주인공은 A, B, C 세 사람인데 그들은 어느 날 밤 사막에서 텐트를 치게 되었다. 그 세 사람 가운데 A는 C를 미워한 나머지 C의 물통 속에 독약을 풀어 그를 죽이기로 결심을 하였다. (C는 그 물통 이외에 달리 물을 마실 수 있는 길이 없었다.) 그런데, B 또한 A와는 상관없이 C를 살해하기로 작정하고 있었다. 그래서 B는 (C의 물통 속에 이미 독약이 풀어져 있다는 사실을 모르고) C의 물통에 조그만 구멍을 뚫어 물이 서서히 새도록 하였다. 결국 며칠 후 C는 목이 말라 죽고 말았다. 이 경우 C를 살해한 장본인은 누구인가? A인가, B인가? B가 살해범이라는 주장에 의하면, C는 A가 탄 독약을 마신 것이 아니며 따라서 A가 C의 물통 속에 독을 넣지 않았더라도 죽었을 게 분명하기 때문에 범인은 B라는 것이다. 그러나 이와 상반된 주장에 의하면, B가 자행한 행위는 C의 죽음이라는 결과에 아무런 영향도 미치지 않았기 때문에 진짜 살인범은 A이다. 왜냐하면 일단 A가 그 물통 속에 독을 탄 이상, C는 어차피 죽을 수밖에 없게 된 것이며 그러므로 설령 B가 물통에 구멍을 뚫지 않았더라도 C는 죽었을 것이 분명하기 때문이라는 것이다.

이 두 주장 중 어느 편이 옳은가?

여기서 멀리 중동에서 일거리를 찾아 산판에 온 벌목꾼의 이야기를 한 토막 소개하기로 한다.

산판의 감독이 일자리를 원하는 벌목꾼에게 말했다.

"여기서 우리가 하는 일은 나무를 찍어 넘기는 일인데 이 일이 당신 취향에 맞을지 어떨지 모르겠단 말씀이야."

그는 재빨리 대꾸했다.

"그건 제 취향에 딱 맞는 일입니다."

"그렇다면 좋아, 여기 도끼가 있으니 자네가 여기 이 나무를 얼마나 빨리 찍어 넘기는지 보기로 함세."

벌목꾼은 나무가 있는 쪽으로 성큼성큼 걸어가더니 그것을 일격에 찍어 넘기는 것이었다. 놀란 감독이 감탄을 금치 못했다.

"아주 제법이군, 이번에는 저쪽에 있는 큰 나무를 한번 베어보지."

벌목꾼은 다시 큰 나무가 있는 쪽으로 가서는 힘차게 도끼질을 하자 그 거목이 쿵, 쿵, 단 두 번 만에 쓰러지는 것이었다.

"끝내주는군!"

감독의 탄성이 저절로 나왔다.

"잡담 제하고 오늘부터 당장 일을 시작하게나. 헌데 자넨 그 기막힌 솜씨를 도대체 어디서 배웠나?"

그 벌목꾼은 대답했다.

"아, 예. 사하라 숲(Sahara Forest)에서 수없이 많은 실습을 해본 덕분입죠."

벌목꾼의 답변에 잠시 어리둥절하여 생각에 잠긴 감독이 말했다.

"그러니까 사하라 사막(Sahara Desert)을 말하는 게로군."

벌목꾼은 "아, 그야 지금은 사막이 되어버렸죠!"라고 대꾸하는 것이었다.

11. 살인에 얽힌 또 하나의 퍼즐

두 사람이 살인죄로 재판에 회부되었다. 배심원은 그들 중 한 사람은 유죄이고, 또 한 사람은 무죄라는 평결을 내렸다. 판사는 유죄 판결을 받은 피고에게 다음과 같이 선고했다.

"이번 사건처럼 이상한 사건은 내 평생 처음이로군! 피고의 혐의는 의심의 여지없이 사실로 입증되었지만, 법에 따라 피고를 석방하는 바이다."

판사는 유죄인 피고를 왜 석방하지 않을 수 없었는가?

12. 두 명의 인디언

두 명의 아메리카 인디언이 통나무 위에 앉아 있었는데 한 인디언은 어른이고 다른 인디언은 아이였다. 인디언 아이는 어른인 인디언의 아들이지만, 어른 인디언은 인디언 아이의 아버지가 아니었다.

어른 인디언과 인디언 아이는 어떤 관계인가?

13. 멈춘 탁상시계

다음에는 좀 단순하기는 하지만 치밀한 구석이 있는 오래된 퍼즐

한 가지를 소개하기로 한다. 어떤 사람이 손목시계는 없으나, 아주 정확한 탁상시계를 가지고 있었다. 그런데 그가 태엽을 감아주는 것을 잊어서 가끔 멎곤 하였다. 어느 날 그가 친구 집에 가려고 할 때, 마침 시계가 멈추어져 있었다. 그는 친구 집에 가서 친구와 함께 저녁까지 있다가 집으로 돌아온 후 탁상시계의 시간을 제대로 맞추어 놓았다.

친구 집에 다녀오는 시간을 사전에 전혀 알지 못했는데도 불구하고 그는 어떻게 시간을 제대로 맞출 수 있었는가?

14. 곰에 관한 문자

이 문제에 있어 재미있는 것은 이 문제가 금시초문인 사람은 거의 없으며 또한 대부분 정답을 알고 있기는 하지만, 그것이 왜 정답이 되는지 그 이유는 제대로 모르고 있다는 점이다. 때문에 독자 여러분도 설사 정답을 알고 있다고 자부하더라도, 이 책에서 제시한 해답을 부디 참조해보기 바란다.

어떤 사람이 한 마리의 곰으로부터 정남쪽으로 100미터 떨어진 위치에 있었다. 그 사람이 정동쪽으로 100미터 걸어가서 정북쪽을 바라보고는 정북 방향을 향해 총을 발사해 곰을 맞혔다.

그 곰은 어떤 색의 곰이었겠는가?

B. 난센스 퀴즈

처음에는 나는 이 책의 제목을 뭐라고 정해야 할지 선뜻 결심이 서지를 않았다. '레크리에이션을 위한 논리학', '논리적 레크리에이션과 여흥' 등 별별 생각을 다 해보았으나 어느 것 하나 썩 마음에 내키지 않았다. 그래서 《로젯의 어휘 사전Roget's Thesaurus》을 찾아보기로 했다. '레크리에이션'이란 항목의 색인을 뒤져 보니 840절에 '유희'라는 제목이 붙어 있었다. 그래서 그 절을 뒤져보았더니 '장난', '떠들썩한 놀이', '흥겨움', '유쾌함', '왁자지껄함', '익살 떨기', '어릿광대짓', '해학', '멍텅구리짓', '무언극' 등과 같은 세부적인 항목이 있었다. 그리고 또한 다음 단락에서는 '놀다', '놀이를 하다', '떠들썩하게 놀기', '뛰놀기', '장난질', '희롱하기', '희롱거림', '짓궂은 장난', '**난센스 퀴즈놀이**' 등을 발견하였다. 이 맨 마지막 '난센스 퀴즈놀이'라는 낱말이 눈에 띄자, 나는 쾌재를 부르며 아내에게 말했다.

"여보, 이 책의 제목을 '난센스 퀴즈놀이'라고 하는 게 어떨까?"

그러나 책의 제목을 그렇게 하면 재미는 있겠지만, 이 책의 전체 내용에 대해 오해를 초래할 소지가 있을 것 같았다. 왜냐하면 이 책에 있는 대부분의 퍼즐을 도저히 난센스 퀴즈라고는 할 수 없기 때문이었다. 그러나 독자 여러분도 곧 확인하게 되겠지만, 이 절에서 소개할 퍼즐이야말로 그 이름에 안성맞춤인 것들이다.

15. 동전 문제
미국 동전 두 닢이 있는데 액면가를 합치면 30센트가 된다. 그런데 두 동전 가운데 하나는 니켈이 아니다.

이 두 동전은 어떤 동전들인가?

16.
로마가톨릭교회의 교리에 대해 어느 정도 알고 있는 독자에게 묻는 질문인데 만일 어떤 남자가 자신의 미망인의 여동생과 결혼을 하려 할 경우, 교회에서 그것을 허용하겠는가?

17.
어떤 사람이 30층짜리 고층 아파트의 25층에 살고 있었다. (토요일과 일요일을 제외하고는) 매일 아침 그는 엘리베이터를 타고 1층에서 내려 직장에 가곤 하였다. 저녁에 집으로 돌아올 때에는 엘리베이터를 24층에서 내려 한 층을 올라갔다.

그는 왜 25층 대신에 24층에서 내려야 했을까?

18. 문법 문제
독자 가운데 낱말을 어떻게 사용하는 것이 문법상 정확한가 하는 문제에 각별히 관심을 가지고 있는 분에게 묻는 질문인데, "달걀의 노른자는 하얗다(The yolk is white)"라고 말하는 것이 정확한 표현인가, 아니면 "달걀의 노른자들은 하얗다(The yolk are white)"라고 말하는 것이 정확한가?

19. 속도와 시간의 문제
열차가 서울에서 부산을 향해 출발하였다. 한 시간 후에, 또 다른 열차가 부산에서 서울을 향해 출발하였다.

두 열차는 정확히 같은 속도로 달리고 있었다. 두 열차가 서로 만났을 때, 어느 열차가 부산에 보다 가까운 위치에 있게 되겠는가?

20. 기울기 문제
어떤 집이 있는데, 그 집 지붕의 양쪽 경사면의 기울기가 서로 달랐다. 한쪽의 경사면은 기울기가 60도였고, 다른 한쪽 경사면의 기울기는 70도였다.

지붕 꼭대기에서 수탉이 달걀을 낳았다면, 달걀은 지붕의 어느쪽 경사면으로 떨어질까?

21. 필요한 숫자판의 수는?

어떤 거리에 100개의 빌딩이 있었는데, 한 간판업자를 불러 그 빌딩들을 1에서 100까지 차례로 번호를 붙이도록 했다. 간판업자는 모든 빌딩에 번호를 붙이기 위해 0에서 9까지 숫자가 쓰여진 숫자판을 주문하여야 했다.

간판업자가 이 일을 하자면 숫자판 9가 몇 개나 필요할지, 연필과 종이를 사용하지 않고 암산으로 계산해낼 수 있는가?

22. 트랙 경기장

달팽이 한 마리가 어떤 육상 트랙을 시계 방향으로 기어서 일주하는 데 1시간 30분이 걸렸는데, 똑같은 트랙을 시계 반대 방향으로 일주하는 데는 90분이 걸렸다.

이런 차이가 생긴 이유는 무엇인가?

23. 국제법에 관한 퍼즐

비행기 한 대가 정확히 미국과 캐나다의 국경선상에 추락해 산산조각이 났다면 생존자들을 어느 나라에 묻어야 할까?

24. 어찌된 영문인가?

스미스란 사람과 그의 아들 아서가 함께 차를 타고 가다가 차가 곤

두박질하는 바람에 아버지는 그 자리에서 숨지고 아들인 아서는 중상을 입어 병원으로 급히 이송되었다. 나이를 지긋이 먹은 외과 의사가 병원에 실려온 아서를 보더니 소스라치게 놀라며 울부짖는 것이었다.

"나는 이 환자만큼은 수술할 수 없어. 이 환자는 내 아들 아서란 말야!"

도대체 어찌된 영문인가?

25. 자, 그렇다면!
그렇다면 이제, 이 책의 제목은 무엇인가?

해 답

4.
그 사람이 자신의 사진을 보고 있는 것이라고 잘못 짚는 사람들이 의외로 많다. 그들은 스스로 사진을 보고 있는 사람의 입장에 서서 다음과 같이 추리한다.

"나에게는 남자 형제도 여자 형제도 없기 때문에, 나의 아버지의 아들은 나일 수밖에 없다. 그러므로 나 자신의 사진을 보고 있는 것이다."

위의 추리에서 전반부는 의심의 여지없이 옳다. 내가 남자 형제도 여자 형제도 없다면 나의 아버지의 아들은 물론 나 자신이다. 그렇지만 그렇다고 해서 문제의 답이 '나 자신'이라는 결론은 나오지 않는다. 문제의 후반부가 "이 남자는 나의 아버지의 아들입니다"로 되어 있었다면 답은 과연 '나 자신'이었을 것이다. 그러나 문제는 그게 아니라 "이 남자의 아버지는 나의 아버지의 아들입니다"였다. 이 남자의 아버지는 나 자신인 만큼 문제로부터 나는 이 남자의 아버지라는 것이 귀결된다. 그러므로 이 남자는 다름 아닌 나의 아들일 수밖에 없는 것이다. 따라서 그 사람은 자기 아들의 사진을 보고 있는 것이다.

위의 설명에도 불구하고 여전히 의심이 풀리지 않은 독자가 있다면 (그러한 독자가 필시 한두 명이 아닐 것이다!) 문제를 다음과 같이 좀 더 체계적으로 고찰하면 좋을 것이다.

(1) 이 남자의 아버지는 나의 아버지의 아들이다.

'나의 아버지의 아들'이라는 다소 번거로운 구절 대신에 '나 자신'이라는 말을 집어넣으면 다음 문장이 된다.

(2) 이 사람의 아버지는 나 자신이다.

이제는 어느 정도 납득이 되는가?

5.
'그는 자기 아버지의 사진을 보고 있다'라는 것이 두 번째 문제에 대한 정답이다.

6.
문제에서 주어진 조건들은 논리적으로 모순이다. 무적의 포탄과 절대 요지부동의 기둥이 **동시에** 존재한다는 것은 논리적으로 불가능하다. 무적의 포탄이 존재한다면 정의(定義)에 의해 어떤 기둥이든 부딪히는 것은 모두 쓰러뜨릴 것이며, 따라서 절대 요지부동의 기둥은 존재할 수 없다. 반대로 절대 요지부동의 기둥이 존재한다면 정의상 어떤 포탄도 그 기둥을 쓰러뜨릴 수 없다. 따라서 도저히 무적의 포탄이란 존재할 수가 없다. 즉, 무적의 포탄이 존재한다는 것은 그 자체만으로는 아무 논리적 모순이 없으며 절대 요지부동의 기둥이 존재한다는 것도 그 자체만으로는 아무 모순이 없다. 그러나 이 둘이 **동시에** 존재한다고 하면 곧바로 모순에 빠진다.

이 문제는 사실 다음과 같은 물음과 별반 다를 것이 없다.

"철수와 영수 두 사람이 있는데 철수는 영수보다 키가 크고 영수는 철수보다 키가 크다. 그것은 어찌된 영문인가?" 그러한 질문에 대해서는 다음과 같이 응수할 수 있을 것이다.

"댁은 거짓말을 하고 있거나 무엇인가 헷갈리고 있군요"라고 대답하는 것이 최상의 답변일 것이다.

7.

가장 흔히 나오는 틀린 답은 '25'이다. 만일 문제가 "최소한 몇 켤레를 꺼내야 다른 색깔의 양말을 적어도 두 켤레 골랐다고 안심할 수 있는가?"였더라면 정답은 25가 될 것이다. 그러나 문제에서 요구하는 것은 **같은** 색깔의 양말을 적어도 두 켤레 꺼내라는 것이다. 따라서 정답은 '3'이다. 세 켤레의 양말을 고르면 그 양말들은 모두 같은 색깔이든가(이 경우 말할 것도 없이 적어도 같은 색깔의 양말을 두 켤레 고른 셈이 된다) 혹은 양말 세 켤레 중 두 켤레는 같은 색이고 나머지 하나는 다른 색이 되므로 어느 경우이든 결국 같은 색깔의 양말 두 켤레를 얻게 된다.

8.
정답은 4이다.

9.
첫 번째 문제의 답은 '그렇다'이다. 이 점을 구체적으로 살펴보기 위해 뉴욕에 거주하는 주민의 수가 정확히 800만이라고 가정하자. (어떤 뉴욕 시민의 머리카락 수도 전체 주민의 수보다는 적으므로) 시민들의 머리카락 수가 서로 다르다면 각기 800만보다 적은 서로 다른 양의 정수가 800만 개 존재할 것이다. 그러나 그것은 불가능하다. 따라서 최소한 시민 두 사람은 같은 수의 머리카락을 가지고 있어야 한다.

두 번째 문제의 정답은 518이다. 이 점을 구체적으로 알아보기 위해 포덩크 시민의 수가 518보다 많다고 해보자. 이를테면 520이라고 가정해보자. 그 경우 520보다는 적으면서도 동시에 518이 아닌 서로 다른 수들이 모두 520개 있어야 할 것이다. 그러나 그것은 불가능하다. 520보다 적으면서 서로 다른 수는(0까지 포함해서) 520개이므로 520보다 적으면서 518이 아닌 수는 모두 519개에 불과하기 때문이다.

그런데 포덩크 시민 가운데 한 사람은 머리카락이 한 오라기도 없는 대머리이어야 한다. 왜 그럴까?

10.
그 두 주장 가운데 하나를 들어 정확히 맞거나 틀리다고 딱 부러지게 말할 수 있을지 의심스럽다. 이런 유형의 문제에서는 특별히 어떤 한 사람의 견해가 다른 사람보다 뛰어날 수 있을 것 같지 않다.

그렇지만 C를 살해한 장본인으로 누군가 한 사람을 반드시 지목해내야 한다면, A를 집어내야 한다는 것이 내 개인적인 생각이다. 내가 B의 변호인이라면 나는 법정에서 다음과 같은 두 가지 사항을 지적할 것이다. (1) 어떤 사람으로부터 독을 탄 물을 박탈해버린 행위가 결코 살인 행위가 되는 것은 아니다. (2) 독극물에 의한 죽음은 십중팔구 갈증으로 인한 죽음보다는 빠르게 진행되기 때문에, 아마도 B의 행위는 (설사 그것이 B의 의도는 아니었을지라도) C의 생명을 단축하기보다는 오히려 연장하는 데 보탬이 됐을 공산이 크다.

그러나 그러한 변론에 대해 A의 변호인은 다음과 같이 응수할 수 있을 것이다.

"실제로 C는 독이 든 물을 마시기는커녕 냄새도 맡은 적도 없는데 A에게 살인 혐의를 씌우다니 그게 제정신으로 할 수 있는 짓인가?"

이 문제야말로 정녕 퍼즐다운 퍼즐이라고 할 만한데, 이것은 도덕적 측면과 법적인 측면, 그리고 인과 개념이 개입된 순수 과학적 측면 등 여러 각도에서 고찰할 수 있다는 사실 때문에 더욱 복잡한 양상을 띨 수밖에 없다. 도덕적인 측면에서는 (A와 B) 두 사람 모두 살인의 의도가 있었다는 혐의만큼은 명백히 벗어날 수가 없다. 그렇지만 실제로 살인죄를 저질렀다고 도덕적인 선고를 내린다는 것은 살인의 의도가 있었다는 도덕적인 혐의를 인정하는 것과는 다르며 전자가 훨씬 강경한 조치이다. 법정에서 어떤 판결을 내릴지에 대해서는 단언할 수는 없지만 모르긴 해도 배심원마다 서로 다른 판결을 내릴 것이다. 과학적인 측면에서 말하자면 인과라는 개념 전체에 대해 허다하게 많은 문제가 제기되고 있다. 이 퍼

즐 하나를 제대로 다루는 데에도 책 한 권은 충분히 쓸 수 있을 것
으로 생각된다.

11.
두 피고인은 몸이 붙은 쌍둥이다.

12.
어른 인디언은 인디언 아이의 엄마이다.

13.
그 사람이 집을 떠날 때 탁상시계의 태엽을 감아주고 그때의 시각
을 기록해두었다. 친구 집에 도착해서도 도착한 시각과 떠난 시각
을 정확히 기록했다. 그에 따라 그는 우선 친구 집에서 보낸 시간
을 알 수 있었다. 또한 이 시간에서 친구 집에서 보낸 시간을 뺌으
로써 친구 집까지 오가는 데 걸린 시간을 알 수 있었다. 다음으로
친구 집을 떠난 시각에다 왕복하는 데 걸린 시간의 반을 더함으로
써 그는 지금이 정확히 몇 시인가를 알아냈던 것이다.

14.
문제의 곰은 극지방의 곰이며 따라서 흰색이어야 한다. 그 이유로
서 가장 일반적으로 제시되는 것은 그 곰이 북극점에 있는 곰일 수
밖에 없다는 것이다. 그 이유가 타당하긴 하지만 그러나 그밖에 다
른 가능성이 전혀 없는 것은 아니다. 북극점에서는 모든 방향이 다
남쪽이다. 따라서 북극점에 위치한 곰으로부터 100미터 남쪽에 서
있던 사람이 동쪽으로 100미터 걸어가서 북쪽을 바라본다면 그는

다시 북극점을 마주 보게 된다. 그렇지만 위에서도 이미 언급했듯이 이것만이 정답은 아니다.

사실 이 문제에서는 무수하게 많은 정답이 있다. 예컨대, 그 사람이 남극점에서 얼마 떨어지지 않은 지점에 있는데 남극점을 중심으로 하고 그 지점을 지나는 원의 둘레가 정확히 100미터이고, 문제의 곰은 그가 서 있는 위치에서 100미터 북쪽에 있다는 경우도 있을 수 있다. 그 경우 그 사람이 동쪽으로 100미터 걸어간다면 그는 원을 따라 한 바퀴 돌아 처음에 출발했던 자리로 되돌아오게 될 것이다. 이것이 바로 두 번째 해결책이다. 다시금 그가 서 있는 위치를 남극점에 좀 더 가깝게 이동하면 극점을 중심으로 하고 그가 위치한 지점을 지나는 원의 둘레가 정확히 50미터가 되도록 할 수도 있을 것이다. 그 경우 동쪽으로 100미터 걷는다면 그는 작은 원둘레를 두 번 돌아 처음에 있었던 자리로 되돌아올 것이다. 그의 위치를 더욱 남쪽으로 이동하여 원주가 100미터의 1/3이 되도록 하면, 동쪽으로 원둘레를 세 번 돌아 처음 위치로 올 수가 있게 된다. 이처럼 임의의 양의 정수 n에 대해 극점을 중심으로 하고 그가 서 있는 위치를 지나는 원의 둘레가 100미터의 1/n이 되도록 하기만 하면 되는데 따라서 이 지구상에서 이 문제의 조건을 충족시키는 지점은 무수히 많이 있다.

그러나 위에서 제시한 어떤 해답에서도 곰은 북극점이나 남극점에서 아주 가까운 지점에 위치해야 하므로 극지방에 사는 곰일 수밖에 없다. 그렇지만 어떤 짓궂은 사람이 이 문제를 낸 사람을 골탕 먹이기 위한 의도에서 일부러 갈색 곰을 북극점에 옮겨다 놓았을 엉뚱한 가능성도 물론 배제할 수 없다.

15.

답은 쿼터(25센트짜리 동전) 한 닢과 니켈(5센트짜리 백동화) 한 닢이다. 그 두 동전 가운데 하나는(다시 말해 1쿼터의 동전은) 니켈이 아니다.*

16.

죽은 사람이 무슨 결혼을 할 수 있는가?

17.

그는 난쟁이어서 손이 닿지 않아 25층을 가리키는 엘리베이터 버튼을 누를 수가 없었다.

　내가 알고 있는 어떤 사람이(그는 재미나는 이야기를 하는 데 분명 능란한 사람은 못 되었다) 언젠가 나도 참석했던 한 파티에서 사람들을 웃긴답시고 마침 이 이야기를 꺼냈는데 말머리를 다음과 같이 시작했다. "어떤 아파트 25층에 난쟁이 한 사람이 살고 있었는데…"

18.

계란의 노른자위는 실제로는 노랗다.

19.

두 열차가 만날 순간에는 말할 것도 없이 부산으로부터 같은 거리

---

* 영어의 'nickel'이라는 단어는 백동(白銅)이라는 금속을 의미하지만 한편으로 미국의 5센트짜리 백동화를 의미하기도 한다. 이 문제는 'nickel'이라고 할 때 금속인 백동만을 연상하는 것을 이용한 퍼즐이다.

에 있게 될 것이다.

20.
수탉은 달걀을 낳지 않는다.

21.
20개이다.

22.
한 시간 반과 90분은 똑같은 시간이므로 양자 간에 아무 차이도 없다.

23.
생존자를 매장할 사람이 어디 있는가!

24.
외과의사는 아서의 어머니였다.

25.
유감스럽게도 지금 당장은 이 책의 제목이 생각나지 않는다. 그렇지만 조만간 틀림없이 생각해낼 터이니 독자 여러분은 염려 마시라!

3 기사와 건달

A. 기사와 건달의 섬

언제나 진실만을 이야기하는 '기사'와 언제나 거짓말만 하는 '건달'이 살고 있는 섬에 관해서는 무궁무진하게 다양한 형태의 퍼즐들이 있다. 그 섬에 사는 주민들은 누구나 기사이거나 건달이라고 가정되어 있다. 우선은 이 섬에 관해 잘 알려진 퍼즐부터 시작하여 내가 다양하게 변형시켜본 문제들을 차츰 다루어보기로 한다.

26.
다음은 옛날부터 전해지는 퍼즐이다. A, B, C 세 사람의 주민이 정원에 함께 서 있는데 마침 한 나그네가 그들 곁을 지나가다가 A에게 물었다.

"댁은 기사입니까 혹은 건달입니까?"

A가 뭐라고 대답은 했지만 발음이 분명치 않아 나그네는 그가 무슨 말을 했는지 알아들을 수가 없었다. 그래서 나그네는 B에게

다시 물었다.

"A가 뭐라고 했습니까?"

B는 "A는 자신이 건달이라고 말했어요"라고 답변하였다. 이 순간 주민 C가 끼어들어 주의를 주었다.

"B는 지금 거짓말을 하고 있으니 그의 말을 믿지 마세요."

B와 C는 각각 어떤 사람인가?

27.

내가 우연한 기회에 위의 문제를 접했을 때, C는 전혀 별 볼 일 없는 역할을 하고 있다는 생각이 퍼뜩 뇌리를 스쳤다. C는 말하자면 일종의 장식물이었던 셈이다. 즉 B의 말만 듣고서도 곧바로 B가 거짓말을 했음을 알 수 있기 때문에 구태여 C의 증언을 기다릴 필요가 없었던 것이다(해답을 참조할 것). 그러나 문제를 다음과 같이 변형하면 C는 한낱 장식물의 역할에서 벗어나게 된다.

나그네가 A에게 "당신은 어떤 사람입니까?"라고 묻는 대신, "여러분 가운데 기사는 몇 분이나 됩니까?"라고 물었다고 하자. 이번에도 A는 분명치 않은 발음으로 대답하였다. 그래서 다시 B에게 물었다.

"A가 뭐라고 대답했습니까?"

B는 말했다.

"A는 우리들 중에 한 사람이 기사라고 했습니다." 그러자 C가 또 끼어들어 충고를 했다.

"B는 지금 거짓말을 하고 있으니 그의 말을 믿지 마세요."

B와 C는 각각 어떤 사람인가?

28.

이번 문제에는 A와 B 두 사람만이 등장하는데 이들은 각기 기사이거나 건달이다. A가 다음과 같이 말했다.

"적어도 우리들 중 한 사람은 건달이다."

A와 B는 각각 어떤 사람인가?

29.

A가 "나는 건달이거나 혹은 B는 기사이다"라고 말했다고 하자.

A와 B는 각기 어떤 사람인가?

30.

A가 "나는 건달이거나 혹은 2 더하기 2는 5이다"라고 말했다고 하자.

이로부터 어떤 결론이 나오는가?

31.

이번에는 다시 A, B, C 세 사람이 등장하는데, 이들은 각기 기사이거나 건달이다. A와 B가 각기 다음과 같이 말했다.

A: 우리들은 모두 건달이다.

B: 우리들 중 단 한 사람만이 기사이다.

A, B, C는 각각 어떤 사람인가?

32.

이번에는 A와 B가 다음과 같이 말했다고 하자.

A: 우리들은 모두 건달이다.

B: 우리들 중 단 한 사람만이 건달이다.

B가 어떤 사람인지 밝혀낼 수 있는가? 또한 C는 어떤 사람인지 결정할 수 있는가?

33.

"나는 건달이지만 B는 건달이 아니다"라고 A가 말했다고 하자.

A와 B는 각각 어떤 사람인가?

34.

이 문제에도 기사이거나 건달인 세 사람의 주민 A, B, C가 등장한다. 어떤 두 주민이 모두 기사이거나 건달일 때 그 두 사람은 같은 부류에 속한다고 한다. A와 B가 각기 다음과 같은 말을 하였다.

A: B는 건달이다.
B: A와 C는 같은 부류에 속한다.

C는 어떤 사람인가?

35.

이 문제에도 A, B, C 세 사람이 나오는데 A가 "B와 C는 같은 부류에 속한다"라고 말했다. 그러자 누군가가 C에게 "A와 B는 같은 부류에 속합니까?"라고 물었다.

C는 뭐라고 대답했을까?

36. 나의 모험담

이번 퍼즐은 아주 색다른 맛이 있기도 하거니와 더욱이 실제 체험담이기도 하다. 언젠가 나는 기사와 건달들이 사는 섬을 방문한 적이 있는데, 그때 나무 그늘 아래서 쉬고 있는 두 명의 주민과 우연히 마주치게 되었다. 그들 중 한 사람에게 물었다.

"당신네들 가운데 혹시 기사가 있습니까?"

그 사람은 그 자리에서 대답을 했는데, 나는 그의 대답을 듣고 그들이 어떤 사람들인지를 알게 되었다.

내가 물어본 사람은 어떤 사람이었는가? 즉, 기사였는가 아니면 건달이었는가? 그리고 다른 한 사람은 어떤 사람이었는가? 위에서 제공한 자료만으로도 이 문제를 충분히 해결할 수 있다는 것을 거듭 밝혀둔다.

37.

독자가 기사와 건달들만이 사는 섬을 방문했는데 섬을 구경하던 중 우연치 않게 한가롭게 누워서 일광욕을 하고 있는 두 주민과 마주쳤다고 하자. 그중 한 사람에게 독자가 다른 한 사람이 기사인지를 물었더니 (예 또는 아니오라는) 대답을 들었다. 이어 이번에는 두 번째 사람에게 먼젓번 사람이 기사인가를 물었더니, 이번에도 ("예" 또는 "아니요"라는) 대답을 들었다.

그렇다면 두 사람은 반드시 같은 대답을 하였겠는가?

38. 에드워드인가 에드윈인가?

이번에는 혼자서 한가롭게 누워서 일광욕을 하고 있는 사람을 만나게 되었다. 그 사람의 성이 에드윈 아니면 에드워드라는 것까지는 기억이 나는데, 그중 어느 것인지 통 가물가물했다. 할 수 없이 그 사람에게 성을 물었더니 그는 "에드워드"라고 대답했다.

　그의 성은 무엇인가?

B. 기사와 건달과 보통 사람

앞 절에서의 문제에 못지않게 흥미 있는 문제로서 세 부류의 사람들이 등장하는 퍼즐이 있다. 즉, 기사는 언제나 참말만을, 건달은 언제나 거짓말만 하는데 비해 보통 사람은 참말을 하기도 하지만 때로는 거짓말도 한다. 이제부터 기사, 건달, 보통 사람에 관한 퍼즐을 서너 가지 소개하고자 한다.

39.

세 사람 A, B, C가 있다. 그들 중 한 사람은 기사이고, 또 한 사람은 건달, 나머지 한 사람은 보통 사람이다(그러나 A, B, C 순서대로 그러한 것은 아니다). 그들이 각기 다음과 같은 말을 하였다.

　A: 나는 보통 사람이다.
　B: 그건 참말이다.
　C: 나는 보통 사람이 아니다.

　A, B, C는 각각 어떤 사람인가?

40.

이번 퍼즐은 좀 색다른 문제이다. A와 B는 각기 기사이거나 건달

또는 보통 사람인데 다음과 같이 말했다.

A: B는 기사이다.
B: A는 기사가 아니다.

이들 중 적어도 한 사람은 참말을 하고는 있지만 기사가 아님을 증명해보라.

41.

이번에는 A와 B가 다음과 같이 말했다.

A: B는 기사이다.
B: A는 건달이다.

이들 가운데 한 사람이 참말을 하고 있지만 기사가 아니거나, 혹은 이들 가운데 한 사람이 거짓말을 하고 있으나 건달이 아님을 증명해보라.

42. 신분의 문제

기사, 건달 그리고 보통 사람이 있는 이 섬에서, 건달은 신분이 가장 낮은 반면, 보통 사람의 신분은 중간이며, 기사는 신분이 가장 높다고 한다.

다음은 내가 유달리 좋아하는 문제이다. A와 B는 각기 기사이거나 건달인데 다음과 같은 말을 하였다.

A: 나는 B보다 신분이 낮다.
B: 그건 사실이 아니다!

A 또는 B의 신분을 알아낼 수 있는가? 또한 A와 B의 진술이 참인지 거짓인지 가릴 수 있는가?

43.

A, B, C 세 사람 가운데 한 사람은 기사, 또 한 사람은 건달, 나머지 한 사람은 보통 사람이다. 그런데 A와 B가 다음과 같이 말했다.

A: B는 C보다 신분이 높다.
B: C는 A보다 신분이 높다.

"A와 B 중에 누가 신분이 더 높은가?"라는 질문을 C에게 던진다면, C는 뭐라고 대답했을까?

C. 바하바 섬

바하바 섬은 여성 해방론자들이 사는 섬이다. 따라서 이 섬의 여성들에게도 역시 **기사, 건달**, 또는 **보통 사람**이라는 신분이 부여되어 있다. 옛날 바하바 섬을 다스리던 여왕 한 분이 언젠가 무슨 생각이 들었는지 갑자기 기사는 건달하고만 결혼해야 하며, 건달은 오직 기사하고만 결혼해야 한다는 (따라서 보통 사람은 오직 보통 사람하고만 결혼해야 한다는) 이상야릇한 칙령을 내렸다. 그러므로 일단 결혼하여 부부가 된 사람들은 부부 모두 보통 사람이거나, 혹은 그들 중 한 사람은 기사이고 또 한 사람은 건달이었다.

다음의 세 이야기는 모두 바하바 섬에서 일어난 이야기이다.

44.

먼저 결혼한 A씨 부부를 생각해보자. 그들은 다음과 같은 진술을 하였다.

> A씨: 나의 아내는 보통 사람이 아니다.
> 부인: 나의 남편은 보통 사람이 아니다.

> A씨 부부는 각각 어떤 사람인가?

45.

이번에는 A씨 부부가 다음과 같이 말했다고 하자.

> A씨: 나의 아내는 보통 사람이다.
> 부인: 나의 남편은 보통 사람이다.

> 이 문제와 위의 (44번) 문제의 답은 서로 다른가?

46.

이번 문제는 바하바 섬에서 살고 있는 A씨 부부와 B씨 부부에 관한 것이다. 그들 네 사람 중 세 사람이 방문객에게 다음과 같이 귀띔해주었다.

> A씨: B씨는 기사입니다.
> A씨 부인: 제 남편 말이 맞아요. B씨는 기사예요.
> B씨 부인: 그럼요. 제 남편은 정말 기사예요.

> 이 네 사람은 각기 어떤 사람인가? 그리고 위 세 사람 가운데 누구의 진술이 참인가?

26.

기사이든 건달이든 "나는 건달이다"라고 말할 수는 없다. 왜냐하면 기사가 자신이 건달이라고 하면 거짓말이 되고, 반대로 건달이 자신은 건달이라고 하면 참말이 되기 때문이다. 그러므로 A는 자신이 건달이라고 말하지 않았다. 따라서 A가 스스로를 건달이라고 말했다는 B의 진술은 거짓이다. 그러므로 B는 건달이다. 또한 C는 B가 거짓말을 하고 있다고 주장했는데 B가 실제로 거짓말을 했으므로 C는 참말을 한 셈이다. 따라서 C는 기사이다. 그러므로 B는 건달이고 C는 기사이다. (A가 누구인지는 가릴 수가 없다.)

27.

문제를 풀어가는 과정에는 다소 차이가 있지만 답은 앞의 문제와 같다.

우선, B와 C는 서로 상반된 주장을 하고 있으므로 둘은 서로 다른 부류에 속하는 사람이어야 한다는 점에 유의해야 한다. 따라서 이 두 사람 중 한 사람은 기사이고 다른 한 사람은 건달이다. 만일 A가 기사라면, 기사는 두 명이 될 것이다. 따라서 A는 자신이 기사인 만큼 기사가 한 사람밖에 없다는 거짓말을 하지 않았을 것이다. 반면에 A가 건달이라면, 그들 가운데 기사가 단 한 사람 있다는 것이 참이 될 것이다. 그러나 A는 건달이므로 그들 중 기사가 한 사람 있다는 참말을 할 수는 없다. 따라서 B는 A의 진술을 거짓으로 전한 것이다. 그러므로 B는 건달이고 C는 기사이다.

28.

만일 A가 건달이라면 "최소한 우리들 중 한 사람은 건달이다"라는 말은 (건달은 항상 거짓말만 하기 때문에) 거짓이다. 따라서 그 둘은 모두 기사여야 한다. 따라서 A가 건달이라면 그는 동시에 기사이기도 하다는 이야기가 되는데 이는 불가능하다. 따라서 A는 건달이 아닌 기사이다. 그러므로 그는 항상 참말만을 하며 따라서 그들 가운데 적어도 한 사람은 실제로 건달이다. A가 기사이기 때문에 B가 건달이어야 한다. 그러므로 A는 기사이고 B는 건달이다.

29.

이 문제는 선언논리(選言論理)에 대한 입문으로서 아주 적격이다. 임의의 두 진술 p, q에 대해 "p이거나 혹은 q(either p or q)"이라는 진술은 p, q 두 진술 가운데 적어도 하나는 (잘하면 두 진술이 모두) 참이라는 뜻이다. 만일 "p이거나 혹은 q"라는 진술이 거짓이라면, p, q 두 진술 모두가 거짓이 된다. 예를 들어, 내가 "지금 비가 오고 있거나 혹은 눈이 내리고 있다"라고 했는데 그 진술이 거짓이라면 "지금 비가 오고 있다"라는 진술과 "지금 눈이 내리고 있다"라는 진술이 모두 거짓이 된다는 말이다.

논리학에서는 '이거나 혹은(either/or)'이라는 연결사가 이러한 의미로 사용되므로 이 책에서도 시종일관 논리학에서의 용법에 준해 사용될 것이다. 일상생활에서는 '이거나 혹은'을 경우에 따라서는 (두 개의 선언지[選言肢]가 모두 참인 경우를 허용하는) 위와 같은 의미로 사용하기도 하고, 때로는 두 선언지 가운데 참인 것을 딱 하나만으로 한정시키는 소위 '**배타적인**' 의미로 사용하기도 한다. "나는 선희와 결혼하거나 혹은 현주와 결혼할 것이다"라는 진술은 '이거나 혹은'이 배타적으로 사용된 하나의 예로서 내가 그 같은 말을 했다면 누구나 두 경우가 서로 배타적이라는 것, 다시 말해 내가 두 아가씨 모두와 결혼하려는 것은 아니라는 뜻으로 받아들일 것이다. 반면에 어떤 대학이 입시 요강에 그 대학에 입학하려는 학생은 수학 과목을 1년간 이수하거나 혹은 외국어를 1년간 이수해야 한다고 규정해놓았다면, 그 두 요건을 모두 구비한 지망생을 탈락시키겠다는 의미는 결코 아닐 것이다. 후자는 '이거나 혹은'이 '포괄적인' 의미로 사용된 예인데 이 책에서는 '이거나 혹은'을 시종 이와 같은 의미로 사용할 것이다.

'이러하든가 혹은 저러하다'와 같은 선언문(選言文)이 지니는 중요한 성질이 또 한 가지 있는데 그것은 다음과 같다. ('p이거나 혹은 q'를 줄여서 말한) 'p이거나 q'라는 진술을 생각해보자. 만일 이 진술이 참이고 p가 거짓이라면, q는 반드시 참이어야 한다. (p, q 가운데 적어도 하나는 참이기 때문에, p가 거짓이라면 q는 반드시 참이 될 수밖에 없다.) 예를 들어, '비가 오거나 눈이 온다'가 참이지만 비가 오지 않는다고 하자. 그렇다면 '눈이 온다'가 참이 될 수밖에 없다.

위의 두 원리를 응용하여 퍼즐을 풀어보도록 하자. A가 "나는 건달이거나 혹은 B는 기사이다"라는 선언적(選言的)인 진술을 했는데 이 경우 A가 정말로 건달이었다고 가정해보자. 그러면 그의 진술은 거짓이어야 한다. 이는 A가 건달이 아니고 B도 또한 기사가 아님을 의미한다. 그러므로 만일 A가 건달이라면 A는 건달이 아니라는 모순에 부딪친다. 그러므로 A는 기사이어야 한다.

이렇게 해서 A가 기사임이 입증되었다. 기사인 A는 항상 참말만을 하므로 (1) A는 건달이다와 (2) B는 기사이다의 두 경우 가운

데 적어도 하나는 참이다. 그런데 A가 기사이므로 경우 (1)은 거짓
이다. 따라서 (2)의 경우가 참이 되어야만 한다. 즉, B는 기사이다.
그러므로 A와 B는 모두 기사이다.

30.

이 문제의 조건으로부터는 이 문제를 낸 사람이 누구건 그는 기사
가 아니라는 것 이외에 타당하게 내릴 수 있는 결론이 없다. 왜냐
하면 기사도 건달도 이 문제에서와 같은 진술을 할 수 없기 때문이
다. 만일 A가 기사라면 "A가 건달이거나 혹은 2 더하기 2는 5이다"
라는 진술은 거짓이 될 것이다. 왜냐하면 A는 건달이 아닐뿐더러
2 더하기 2 또한 5가 아니기 때문이다. 따라서 기사인 A가 거짓말
을 한 결과가 되는데 이것은 불가능하다. 반대로 A가 건달이라면
"A는 건달이거나 혹은 2 더하기 2는 5이다"라는 진술은 참이 될
것이다. 왜냐하면 위의 진술의 전반부에 해당하는 A가 건달이라
는 진술이 참이기 때문이다. 그러므로 이번에는 건달인 A가 참인
진술을 한 결과가 되는데 이 또한 불가능하다.

　따라서 이 문제에서 제시된 조건은 (무적의 포탄과 절대 요지부
동의 기둥의 문제처럼) 모순이다. 그러므로 이 문제를 고안해낸 나
는 착각을 했거나 거짓말을 한 것이다. 그런데 내가 착각한 일은
결코 없다. 그렇다면 거짓말을 한 것이기에 나는 기사가 아니다.

　여기서 나의 이력에 흠을 남기지 않기 위해 분명히 밝혀두고 싶
은 것이 있다. 그것은 지금까지 내가 살아오면서 진실을 말한 적이
적어도 한 번은 있기 때문에 나는 결코 건달도 아니라는 것이다.

31.

우선 A는 건달이어야 한다. A가 기사라면 세 사람 모두 건달이라는 그의 진술이 참이 되므로 A 또한 건달이 된다. 따라서 A가 기사라면, A는 또한 건달이어야 하는데, 이것은 불가능하다. 그러므로 A는 건달이다. 그러므로 A의 진술은 거짓이며 따라서 그들 가운데는 적어도 한 사람은 기사이다.

이번에는 B가 건달이라고 가정해보자. 그러면 A와 B가 모두 건달이 되므로 C는 기사여야 한다. (왜냐하면 그들 가운데 적어도 한 사람은 기사이기 때문이다.) 그렇다면 그들 가운데 단 한 사람만이 기사라는 이야기가 되므로 B의 진술은 참이 된다. 그렇게 되면 건달이 참말을 하는 불가능한 경우가 생기게 된다. 그러므로 B는 기사여야 한다.

위에서 A는 건달이고 B는 기사임을 알아 내었다. B가 기사이기 때문에, B의 진술은 참이며 따라서 그들 가운데 단 한 사람만이 기사이다. B가 기사인 것으로 확인된 만큼, 따라서 C는 건달일 수밖에 없다. 그러므로 문제의 답은 A가 건달이고 B는 기사이며 C도 건달이라는 것이다.

32.

B가 어떤 사람인지는 가려낼 수 없으나, C가 기사라는 사실만큼은 증명해보일 수 있다.

우선 위의 문제에서와 같은 이유로 A는 건달이어야 한다. 따라서 그들 가운데 적어도 한 사람은 기사라는 점도 같다. 그런데 B는 기사이거나 건달이다. B가 기사라고 가정해보자. 그러면 그들 가운데 단 한 사람만이 건달이라는 B의 진술은 참이 된다. 단 한 사람밖에 없는 이 건달은 A일 수밖에 없으며, 따라서 C는 기사가 되어야 한다. 따라서 B가 기사라면 C 역시 기사이다. 이와 반대로 B가 건달이라고 해도 C는 기사일 수밖에 없다. 왜냐하면 (위에서 이미 확인한 것처럼) 세 사람 모두가 건달일 수는 없기 때문이다. 그러므로 어느 경우건 C는 기사일 수밖에 없다.

33.
우선 A는 기사일 수가 없다. 만일 그가 기사라면 그의 진술이 참이 될 것인데, 그 경우 그는 건달이 되어야 하기 때문이다. 그러므로 A는 건달이다. 따라서 A의 진술 또한 거짓이다. 만일 B가 기사라면 A의 진술은 참이 될 것이다. 그러나 A의 진술은 거짓이므로 B 역시 건달이다. 그러므로 A와 B 모두 건달이다.

34.
A가 기사라고 가정해보자. 이 경우 B가 건달이라는 A의 진술은 참이어야 하므로 B는 건달인 셈이다. 그러므로 A와 C는 같은 부류의 사람이라는 B의 진술은 거짓이며 A와 C는 서로 다른 부류의 사람이다. 따라서 (가정에 의해 A는 기사이므로) C는 건달이어야 한다. 그러므로 A가 기사라면 C는 건달이다.

이번에는 반대로 A가 건달이라고 가정해보자. 그 경우 B는 건달이라는 A의 진술은 거짓이 되므로 B는 기사이다. 따라서 A와 C는 같은 유형의 사람이라는 B의 진술은 참이 되는데 이것은 곧 (A를 건달이라고 가정한 만큼) C 또한 건달이어야 한다는 것을 의미한다.

이렇게 해서 A가 기사이든 건달이든 관계없이 C는 건달이어야 한다는 것이 증명되었다. 그러므로 C는 건달이다.

35.

이 문제는 다음과 같이 두 경우로 나누어 생각하지 않으면 제대로 풀리지 않는다.

경우 1 — A가 기사일 경우: 이 경우 B와 C는 같은 부류에 속하게 된다. C가 기사라면, B 또한 기사이며 A와 같은 부류의 사람이 된다. 그러므로 C는 참말만을 해야 하기 때문에 "예"라고 대답해야만 한다. C가 건달이라면, B 또한 건달이다. (B와 C는 같은 부류의 사람이기 때문이다.) 따라서 B는 A와는 다른 부류의 사람이다. 그러나 건달인 C는 거짓말로 "예"라고 대답해야 한다.

경우 2 — A가 건달일 경우: 이 경우 B와 C는 서로 다른 부류에 속하게 된다. C가 기사라면, B는 건달이고 따라서 B는 A와 같은 부류의 사람이 된다. 따라서 기사인 C로서는 "예"라고 대답을 해야 한다. C가 건달이라면, B는 C와는 다른 부류에 속하므로 기사여야 한다. 따라서 B는 A와 다른 부류의 사람이다. 이때 건달인 C는 A와 B가 같은 부류에 속한다고 거짓말을 해야 한다. 따라서 C는 "예"라고 대답할 것이다.

그러므로 어느 경우에서나 C는 "예"라고 대답한다.

36.

이 문제를 풀기 위해서는, 그 사람의 대답을 듣고 내가 던진 물음에 대한 정답을 알게 되었다고 귀띔해준 것을 활용하지 않으면 안 된다.

질문에 답변한 사람이 ——그를 A라고 하자—— "예"라는 대답을 했다고 가정해보자. A가 그같이 답변했을 경우, 그들 중 적어도 한 사람이 기사인지 아닌지를 알 수 있었을까? 물론 그렇지 않다. 왜냐하면 A가 기사였기 때문에 "예"라는 참인 대답을 했을 수도 있고 (그들 가운데 적어도 한 사람, 즉 A가 기사이기에 그 대답은 참이다), 두 사람이 모두 건달이었기 때문에 건달인 A가 거짓말을 하느라고 "예"라고 대답했을 수도 있었을 (이 경우 아무도 기사가 아니므로 그러한 답변은 거짓이 될 것이다) 것이기 때문이다. 따라서 만일 A가 "예"라고 대답했더라면, 나는 전혀 A가 기사인지의 여부를 가릴 수가 없었을 것이다. 그러나 나는 A의 대답을 듣고는 그의 신분을 확실히 알게 되었다는 것을 밝힌 바 있다. 그러므로 A는 "아니요"라는 답변을 했을 수밖에 없다.

이제 A와 나머지 한 사람이 ——그를 B라고 하자——어떤 사람인지 독자들도 쉽게 가려낼 수 있을 것이다. 만일 A가 기사라면, "아니요"란 그의 답변은 참이 될 수가 없다. 따라서 A는 건달이다. 그 경우 "아니요"라는 A의 대답은 거짓이어야 하므로, 그들 가운데 적어도 한 사람은 기사이다. 그러므로 A는 건달이며 B는 기사이다.

37.

그렇다. 두 사람의 대답은 같았을 것이다. 그들이 둘 다 기사였다면, 그들은 둘 다 "예"라는 대답을 했을 것이다. 또한 그들이 둘 다 건달이었다고 하더라도 역시 같이 "예"라고 대답했을 것이다. 그들 가운데 한 사람이 기사이고 또 한 사람은 건달이라면, 기사는 "아니요"라고 대답했을 것이며, 건달 또한 마찬가지로 "아니요"라고 대답했을 것이다.

38.

내가 간혹 가다 샛길로 빠져 말장난을 좀 하더라도 독자 여러분은 너그럽게 이해해주리라 믿는다. 결정적인 단서는 그 사람이 한가롭게 누워서 일광욕을 하고 있었다(The man was lazily lying in the sun)는 대목이다. 즉 그는 누워서 일광욕을 하고 있었던(he was lying in the sun) 것이다. 이로부터 그가 누워 있었다(he was lying), 즉 거짓말을 하고 있었다는 결론이 나온다. 따라서 그는 건달이며, 그의 이름은 에드윈이다.*

39.

우선 기사는 자신이 보통 사람이라는 주장을 할 수 없기 때문에 A는 기사가 될 수 없다. 그러므로 A는 건달이거나 보통 사람이다. A가 보통 사람이라고 가정해보자. 그러면 B의 진술은 참이 될 것이다. 따라서 B는 기사이거나 보통 사람이다. 그러나 (A가 보통 사람이라고 가정했기 때문에) B는 보통 사람이 될 수 없다. 따라서 B는 기사이다. 그러면 C는 자동적으로 건달이 된다. 그러나 건달은 (실제로 보통 사람이 아니기 때문에) 자기가 보통 사람이 아니라고 말할 수는 없다. 따라서 모순이 야기된다. 그러므로 A는 보통 사람이 될 수 없으며 따라서 건달이다. 그러면 B의 진술은 거짓이 되고 따라서 B는 (A가 건달이기 때문에) 건달이 될 수 없으며 보통 사람이어야 한다.

그러므로 A는 건달이고, B는 보통 사람이다. 따라서 C는 기사이다.

---

* 영어의 'lying'의 원형인 'lie'라는 동사는 '누워 있다'라는 의미와 더불어 '거짓말을 하다'라는 의미도 있다.

40.

이 문제에서 재미있는 점은 참말을 하고 있지만 기사가 아닌 사람이 A인지 혹은 B인지를 구체적으로 가릴 수가 없다는 것이다. 누구인지는 몰라도 A와 B 가운데 적어도 한 사람이 참말을 하고는 있지만 기사가 아니라는 것만을 증명할 수 있을 따름이다.

A의 말이 참이거나 아니거나 둘 중의 하나일 것이므로 다음을 증명하기로 한다. (1) A의 말이 참일 경우, 그는 참말을 하고 있지만 기사는 아니다. (2) A의 말이 참이 아닐 경우, B는 참말을 하고 있지만 기사는 아니다.

(1) A의 말이 참이라고 가정해보자. 그러면 B는 실제로 기사이다. 따라서 B의 주장은 참이므로, A는 기사가 아니다. 그러므로 A의 말이 참일 경우, A는 참말을 하고 있지만 기사는 아니다.

(2) A의 말이 참이 아니라고 가정해보자. 그러면 B는 기사가 아니다. 그러나 (A가 참말을 하고 있지 않다는 가정에 의해) A는 기사가 될 수 없으므로 B가 하고 있는 말은 참말이다. 따라서 이 경우에 B는 참말을 하고 있지만 기사는 아니다.

41.

B의 말이 참이라 하더라도 B는 기사가 아니라는 것과 더불어 B의 말이 참이 아닐 경우 A는 거짓말을 하고 있지만 건달은 아니라는 것을 증명하면 된다.

(1) B의 말이 참이라고 가정해보자. 그 경우 A는 건달이므로 참말을 하고 있지 않다. 따라서 B는 기사가 아니다. 따라서 이 경우 B

는 참말을 하고 있지만 기사는 아니다.

(2) B의 말이 참이 아니라고 가정해보자. 그 경우 A는 사실은 건달이 아니다. B는 거짓말을 하고 있으므로 기사일 수 없다. 그러므로, A는 B에 관해 거짓말을 하고 있음이 분명하다. 따라서 이 경우에 A는 거짓말을 하고 있으니 건달은 아니다.

42.

우선, A는 기사가 될 수 없다. 왜냐하면 기사보다 신분이 높은 사람은 있을 수 없기 때문이다. 이제 A를 건달이라고 가정하면 A의 진술은 거짓이 되므로 A는 B보다 신분이 낮지 않다. 그렇다면 B 역시 건달일 수밖에 없다. (B가 건달이 아니라면, A는 B보다 신분이 낮을 수밖에 없기 때문이다.) 따라서 A가 건달이면 B도 건달이다. 그러나 그럴 수는 없다. 왜냐하면 B의 주장은 A의 주장과 상반되는데, 서로 상반된 두 주장이 모두 거짓이 될 수는 없기 때문이다. 따라서 A가 건달이라는 가정으로부터는 모순이 야기된다. 그러므로 A는 건달이 아니며 따라서 보통 사람이어야 한다.

그렇다면 B는 어떤 사람인가? 만일 B가 기사라면 A는 (보통 사람인 만큼) B보다 신분이 낮은 사람이 되며 따라서 A의 진술은 참이 된다. 그 경우 또한 B의 진술은 거짓이 되는데 그렇게 되면 기사가 거짓말을 하는 불가능한 경우가 생긴다. 그러므로 B는 기사가 아니다. B가 건달이라고 가정해보자. 그러면 A의 진술은 거짓이고, B의 진술은 참이 된다. 이 경우 건달이 참말을 하는 결과가 되므로 B는 건달 또한 될 수 없다. 따라서 B는 보통 사람이다. 그러므로 A와 B는 둘 다 보통 사람이다. 또한 A의 진술은 거짓이고, B의 진술은 참이다. 이렇게 해서 이 문제는 완벽하게 해결된다.

43.

단계 1: 먼저 A의 진술로부터 C는 보통 사람이 될 수 없다는 결론이 도출됨을 증명하기로 한다. A가 기사라면, B는 정말로 C보다 신분이 높으며, 따라서 B는 보통 사람이고 C는 건달이어야 한다. 따라서 이 경우 C는 보통 사람이 아니다. 두 번째로 A가 건달이라고 가정하자. 그러면 B는 사실은 C보다 신분이 높지 않으며 오히려 낮다. 그러므로 B는 보통 사람이고 C는 기사여야 한다. 따라서 이 경우에도 역시 C는 보통 사람이 아니다. 세 번째로 A가 보통 사람일 경우, (A, B, C 중 한 사람만이 보통 사람이기 때문에) C는 마찬가지로 보통 사람이 아니다. 그러므로 C는 여하간 보통 사람이 아니다.

단계 2: 위와 비슷한 추리에 의해, B의 진술로부터 A가 보통 사람이 아니라는 결론이 나온다. 따라서 A도 C도 보통 사람이 아니므로 B가 보통 사람이다.

단계 3: C는 보통 사람이 아니기 때문에, 기사이거나 건달이다. C가 기사라고 가정하자. 그러면 (B가 보통 사람이므로) A는 건달이고 따라서 B는 A보다 신분이 높다. 그러므로 기사인 C는 "B는 A보다 높은 신분에 있다"라고 참인 대답을 할 것이다. 반면에 C가 건달이라고 가정해보자. 이 경우 A는 기사일 수밖에 없으며 따라서 B는 A에 비해 신분이 높지 않게 된다. 그러므로 C는 건달인 만큼 "B는 A보다 신분이 높다"라고 거짓말을 할 것이다. 따라서 C가 기사이건 건달이건 간에 여하간 그는 "B는 A보다 신분이 높다"라고 대답할 것이다.

44.

A씨는 건달일 수가 없다. 왜냐하면 만일 A씨가 건달이면 그의 아내는 보통 사람이 아닌 기사여야 할 것이고, 따라서 (건달인) A씨의 진술이 참이 될 것이기 때문이다. 마찬가지로 A씨 부인도 건달이 될 수 없다. 그러므로 (부부 가운데 한 사람이 기사이며 그 배우자는 건달이 되므로) 그 부부는 둘 다 또한 기사가 될 수 없다. 따라서 부부 모두가 보통 사람이다. (또한 함께 거짓말을 하고 있다.)

45.

이 문제의 답도 위의 44번 문제와 같다. 즉, 그 부부는 모두 보통 사람이다. (또한 함께 참말을 하고 있다.) 왜 그런가?

46.

네 사람 모두 보통 사람이며 세 진술은 모두 거짓이다.

먼저 B씨의 부인은 보통 사람일 수밖에 없다. 그녀가 만일 기사라면 남편인 B씨는 건달이 된다. 그녀는 기사이므로 남편이 기사라고 거짓말을 하지는 않을 것이다. 반면 그녀가 만일 건달이라면 남편인 B씨는 기사가 될 것이다. 그러나 건달인 그녀가 자기 남편이 기사라고 참말을 하지는 않을 것이다. 그러므로 B씨의 부인은 보통 사람이며 따라서 B씨 역시 보통 사람이다. 이는 A씨 부부의 말이 모두 거짓말이라는 것을 의미한다. 그러므로 A씨 부부는 누구도 기사가 아니며 건달 또한 될 수도 없다. 따라서 A씨 부부 역시 둘 다 보통 사람이다.

4 망각의 숲의 앨리스

A. 사자와 유니콘

앨리스가 망각의 숲에 발을 들여놓은 순간, 기억을 몽땅 상실한 것은 아니고 단지 어떤 것만을 잊었다. 자신의 이름을 잊은 적도 한두 번이 아니었지만, 앨리스가 특히 단골로 잘 잊는 것은 요일이었다. 이 망각의 숲에는 사자와 유니콘(unicorn)도 뻔질나게 들락거렸는데 이들은 좀 이상야릇한 동물이었다. 사자는 월요일, 화요일, 수요일에는 거짓말을, 그 나머지 요일에는 참말만을 했으며 이와 반대로 유니콘은 목요일, 금요일, 토요일에만 거짓말을 하고 그 나머지 요일에는 참말만을 했다.

47.

어느 날 앨리스는 사자와 유니콘이 나무 그늘 아래서 함께 쉬고 있는 것을 발견했는데 그들은 다음과 같은 이야기를 주고받았다.

사　자: 어제는 내가 거짓말 하는 날이었어.

유니콘: 어제는 나도 거짓말 하는 날이었지.

앨리스는 (매우 총명한 소녀였기 때문에) 사자와 유니콘 간의 대화를 듣고는 그날이 무슨 요일인지를 추론해낼 수 있었다.

그날은 무슨 요일이었는가?

48.

또 다른 기회에 앨리스는 혼자 있는 사자와 마주쳤는데 사자는 다음과 같이 말하는 것이었다.

(1) 나는 어제 거짓말을 했다.

(2) 나는 글피에 또다시 거짓말을 할 작정이다.

그날은 무슨 요일이었는가?

49.

사자가 다음과 같은 두 진술을 할 수 있는 날은 무슨 요일인가?

(1) 나는 어제 거짓말을 했다.

(2) 나는 내일 또다시 거짓말을 할 작정이다.

50.

사자가 다음과 같은 단일한 진술을 할 수 있는 날은 무슨 요일인가?

"나는 어제 거짓말을 했는데 내일 또다시 거짓말을 할 작정이다."

주의! 이 문제의 답은 위의 49번 문제의 답과는 **다르다**.

B. 트위들덤과 트위들디

사자와 유니콘은 다른 곳에서 왕권을 차지하기 위한 싸움에 정신이 팔려 한 달간 망각의 숲에는 얼씬도 하지 않았다.

그러나 이번에는 쌍둥이 형제인 트위들덤(Tweedledum)과 트위들디(Tweedledee)가 망각의 숲에 단골 손님마냥 들락거렸다. 그런데 형제 가운데 한 사람은 사자처럼 월요일, 화요일, 수요일에만 거짓말을 하고 나머지 요일에는 참말을 하였다. 또 다른 형제는 유니콘처럼 목요일, 금요일, 토요일에만 거짓말을 하고 나머지 요일에는 참말을 했다. 앨리스는 누구의 거짓말 습성이 사자를 닮았으며 또한 누구의 거짓말 습성이 유니콘을 닮았는지를 알지 못했다. 게다가 엎친 데 덮친 격으로, 이들 형제는 생김새까지 아주 비슷해서 앨리스는 누가 누구인지를 도무지 구분할 도리가 없었다. (그 쌍둥이 형제가 수놓인 깃옷을 입고 있을 때에는 구분이 가능했지만 그들이 그 옷을 입는 경우란 좀처럼 없었다.) 앨리스는 그야말로 난감한 상황에 처한 셈이었다! 다음은 앨리스가 쌍둥이 형제와 함께 펼친 모험담이다.

51.
어느 날 앨리스가 이 쌍둥이 형제를 함께 만났더니, 그들은 다음과 같은 말을 하였다.

첫 번째 쌍둥이: 나는 트위들덤이다.
두 번째 쌍둥이: 나는 트위들디다.

이들 중 누가 정말로 트위들덤이며 또 누가 트위들디인가?

52.

같은 주일의 다른 날, 두 형제는 다음과 같은 말을 하였다.

> **첫 번째 쌍둥이**: 나는 트위들덤이다.
> **두 번째 쌍둥이**: 그 말이 참이라면, 나는 트위들디다!

두 사람은 각기 누구인가?

53.

앨리스가 쌍둥이 형제와 마주칠 기회가 또 있었는데 그때 앨리스는 한 쌍둥이에게 "당신은 일요일에 거짓말을 하세요?"라고 물었더니 그가 "예"라고 대답했다.

그 대답을 듣고 앨리스는 다른 쌍둥이에게 똑같은 질문을 던졌는데 그는 무엇이라고 대답했을까?

54.

또 다른 날 쌍둥이 형제는 다음과 같이 말했다.

> **첫 번째 쌍둥이**: (1) 나는 토요일에는 거짓말을 한다.
> (2) 나는 일요일에는 거짓말을 한다.
> **두 번째 쌍둥이**: 나는 내일 거짓말을 할 작정이다.

그날은 무슨 요일이었는가?

55.

어느 날 앨리스가 쌍둥이 형제 가운데 한 사람과 마주쳤는데 그는 다음과 같은 말을 하였다. "나는 오늘 거짓말을 하고 있고 나는 트위들디다."

위와 같이 말한 쌍둥이는 누구이겠는가?

56.
그가 위에서와 같은 말을 한 것이 아니라 실은 "나는 오늘 거짓말을 하고 있거나 혹은 나는 트위들디다"라고 말했다고 하자.

그가 누구인지 가려낼 수 있는가?

57.
어느 날 앨리스가 우연히 두 형제가 함께 있는 것을 보았는데 그들은 앨리스에게 다음과 같이 말했다.

첫 번째 쌍둥이: 내가 트위들덤이라면, 그는 트위들디다.
두 번째 쌍둥이: 그가 트위들디라면, 나는 트위들덤이다.

누가 누구인지를 가릴 수 있는가? 또한 그날이 무슨 요일인지 알아낼 수 있는가?

58. 수수께끼를 풀다!
앨리스는 풀기 어려운 세 가지 수수께끼를 마침내 해결할 수 있는 절호의 기회를 만나게 되었다. 앨리스는 나무 그늘 아래서 싱글거리고 있는 두 형제와 마주쳤는데 앨리스는 이번에야말로 (자신이 오래전부터 해결을 꿈꾸어 온) 세 가지 수수께끼 즉 (1) 그날이 무슨 요일이며 (2) 둘 중에 누가 트위들덤인지 (3) 트위들덤의 거짓말 습관이 사자를 닮았는지 아니면 유니콘을 닮았는지를 규명해 낼 수 있을 것으로 잔뜩 기대했다.

두 형제는 다음과 같은 말을 들려주었다.

첫 번째 쌍둥이: 오늘은 일요일이 아니다.
두 번째 쌍둥이: 오늘은 사실은 월요일이다.
첫 번째 쌍둥이: 내일은 트위들디가 거짓말하는 날이다.
두 번째 쌍둥이: 사자는 어제 거짓말을 했다.

앨리스는 손뼉을 치며 기뻐했다. 세 문제를 드디어 모두 완벽하게 해결했기 때문이었다.
앨리스가 밝혀낸 정답은 무엇이었는가?

C. 딸랑이 장난감의 임자는 누구인가?

트위들덤과 트위들디
한바탕 싸우기로 했다네
트위들디가 멋진 새 딸랑이를 부서뜨렸다고
트위들덤이 나무랐기 때문이라네

바로 그때 새 한 마리 날아왔다네
무시무시하게 새까만 까마귀였지
두 용사 모두 새파랗게 겁에 질려
서로 싸우기로 한 것을 까맣게 잊었다네
—— 옛날 자장가

"그러면 그렇지."

백의(白衣)의 왕은 어느 날 의기양양해서 앨리스에게 소리쳤다.

"마침내 그 딸랑이 장난감을 찾아내서 도로 고쳐놓았지. 이것 봐! 아주 새것 같지 않은가?"

"정말 그러네요."

앨리스가 탄복하였다.

"마치 오늘 새로 만든 것 같네요. 아기들도 그게 새것인지 아닌지 구별하기가 어렵겠는데요."

"아기들도라니, 도대체 그게 무슨 말이냐?"

왕이 정색을 하고 말했다.

"그건 별로 논리적인 표현이 아니잖아. 장난감이 새것인지 아닌지 아기들이 구별하지 못하는 건 당연한 게 아니야──아기들이 그런 걸 구별할 수 있다고 생각하는 사람이 도대체 어디 있겠니!"

왕은 목소리를 다소 부드럽게 하여 말을 이었다.

"어른들도 식별하기가 어렵다든가, 아니면 세상에서 딸랑이 장난감에 관해서는 내로라하는 사람들도 새것인지 아닌지를 식별해 낼 수 없을 것이라고 말했어야 하는 거야."

"어쨌든 그렇게 말했다고 하고, 중요한 것은 그 장난감을 진짜 임자에게 되돌려주는 일인데 앨리스야, 네가 수고 좀 해주렴."

"임자가 누군데요?"

앨리스가 물었다.

"내가 그것까지 꼭 말해줘야만 알겠니?"

왕은 한심하다는 듯이 말했다.

"왜요?"

앨리스가 물었다.

"그건 이미 자장가에 분명히 나와 있잖니. 너도 알다시피 그 자장가에서 트위들덤이 자기의 새 장난감을 트위들디가 망가뜨렸다고 했잖니. 그러니 그 장난감 임자는 당연히 트위들덤이지 누구냐!"

"반드시 그렇지는 않아요."

앨리스가 좀 따져보고 싶은 생각이 들어 이렇게 대답하였다.

"그 자장가 가사는 나도 잘 알고 있어요. 그리고 가사 내용을 의심하는 것도 아니구요."

"그러면 도대체 뭐가 문제란 말이냐."

왕은 더욱 갈피를 잡지 못해 다시 물었다.

"별거 아니에요."

앨리스가 어리둥절해 하는 왕에게 설명하였다.

"그 자장가의 가사가 참이라는 것도 인정해요. 그러니까 트위들덤이 자기의 장난감을 트위들디가 망가뜨렸다고 말한 것은 사실이지요. 그런데 트위들덤이 그렇게 말했다고 해서 그 말이 반드시 참인 것은 아니지요. 어쩌면 트위들덤이 그 말을 한 날이 바로 그가 거짓말하는 날인지도 모르니까요. 사실은 그 반대일지도 모르죠. 어쩌면 거꾸로 트위들덤이 트위들디의 새 장난감을 망가뜨렸을지도 모르는 일이 아니겠어요?"

"이걸 어쩌지." 왕은 완전히 풀 죽은 소리로 대답했다.

"그 생각을 미처 하지 못했군. 모처럼 좋은 일을 하려 했는데 허사가 되어버렸으니 이 일을 어떻게 하면 좋담?"

왕이 의기소침해 하는 모습은 보기에도 딱할 지경이었다. 앨리스가 보기에 왕은 금방이라도 울음을 터뜨릴 것만 같이 처량했다.

"너무 걱정 마세요."

앨리스는 짐짓 명랑한 목소리로 말했다.

"그 장난감을 저에게 주시면, 진짜 임자가 누군지 제가 알아낼 테니까요. 저는 이곳에서 거짓말쟁이들과 참말을 하는 사람들을 상대한 경험이 어느 정도 있어요. 이제는 그들을 다룰 수 있는 요령도 어느 정도는 터득했으니까 염려 놓으세요."

"그렇게만 된다면 얼마나 좋겠니!"

슬픔에 잠긴 왕이 힘없이 대답했다.

이제부터 장난감에 얽힌 앨리스의 모험담을 들려주기로 하겠다.

59.

앨리스는 쌍둥이 형제 가운데 적어도 하나는 찾을 수 있지 않겠느냐는 생각에서 딸랑이 장난감을 들고 망각의 숲속으로 갔다. 그런데 뜻밖에도 두 형제가 함께 나무 그늘 아래에서 웃으며 놀고 있는 광경과 마주쳤다. 앨리스로서는 반갑기 그지없었다. 앨리스는 첫 번째 쌍둥이에게 목소리를 가다듬어 물었다.

"너 나에게 진실을 있는 그대로 말해주어야 하겠다! 이 장난감은 진짜로 누구 것이지?"

그는 "트위들디요" 하고 대답했다. 앨리스는 잠시 생각하다 두 번째 쌍둥이에게 물었다.

"너는 누구지?"

그러자 그는 "트위들디요"라고 대답했다.

앨리스는 그날이 무슨 요일인지를 기억하지 못했으나, 일요일이 아니라는 것만은 확실히 기억하고 있었다.

그 장난감은 정말로 누구의 것이었는가?

60.

앨리스는 장난감의 임자를 제대로 찾아 돌려주었다. 며칠 후 장난감 임자가 아닌 다른 형제가 그 장난감을 다시 망가뜨렸다. 이번에는 흉측하게 생긴 새까만 까마귀가 날아와 쌍둥이 형제에게 겁을 주어 싸움을 말리는 일도 일어나지 않았다. 그래서 쌍둥이는 다시 퉁탕거리며 서로 싸우기 시작했다. 앨리스는 부서진 장난감을 집어 들고 온 힘을 다해 헐레벌떡 숲 밖으로 뛰어나왔다.

얼마 후 앨리스는 다시 왕과 마주 앉게 되었다. 앨리스는 왕에게 숲속에서 일어난 일의 자초지종을 낱낱이 설명해주었다.

"그거 참 재미있군."

왕은 말을 계속하였다.

"그런데 말이다, 그 장난감을 누구에게 주어야 할지 그 임자를 다행히 네가 알아내기는 했지만, 장난감 임자가 정작 트위들디인지 트위들덤인지를 우리는 아직도 모르고 있다는 게 무엇보다도 마음에 걸린단 말이다."

"지당하신 말씀이세요."

앨리스는 고개를 끄덕이며 되물었다.

"그렇지만 저는 이제 어쩌면 좋죠?"

"걱정마라. 망가진 장난감 하나쯤 다시 고치는 것이야 식은 죽 먹기니까."

왕은 앨리스를 달래었다.

며칠 후 왕은 과연 자신의 장담대로 장난감을 감쪽같이 고쳐서 앨리스에게 건네주었다. 장난감을 받아든 앨리스는 쌍둥이 형제가 아직도 다투고 있으면 어쩌나 하고 걱정하면서 숲속으로 불안한 발걸음을 내딛었다. 그런데 그들은 사실 서로 싸우다 지쳐 잠시 휴전 상태에 들어가 있었다. 앨리스는 숲속으로 들어가다 마침 쌍둥이 중 하나가 혼자서 나무에 지친 몸을 기대고 쉬고 있는 모습을 보았다.

앨리스는 그에게 다가가 물었다.

"이 장난감은 진짜 누구의 것이지?"

그러자 그는 장난기 어린 말투로 답변하였다.

"오늘 거짓말을 하는 사람이 그 장난감의 진짜 임자예요."

이 말을 한 쌍둥이가 장난감의 임자가 될 수 있는 확률은 얼마인가?

61.

며칠 후 앨리스는 또다시 쌍둥이 가운데 하나가 혼자서 나무 그늘 아래 누워 있는 광경과 마주쳤다. 앨리스가 이번에도 같은 질문을 던졌다.

그는 대답하였다.

"오늘은 그 장난감의 임자가 참말을 하는 요일이지요."

앨리스는 그 대답을 듣고는 방금 그 말을 한 쌍둥이가 장난감의 임자가 될 수 있는 확률이 얼마나 될까 골똘히 따져 보았다.

바로 그때 앨리스 곁에 서 있던 험프티 덤프티(Humpty Dumpty)가 말했다.

"이봐 앨리스, 난 네가 무슨 생각을 하고 있는지 잘 알아. 그가 장난감의 임자가 될 수 있는 확률은 정확히 14분의 13이야."

어떻게 험프티 덤프티는 그런 계산을 할 수 있었을까?

62.

이번에는 앨리스가 두 형제를 함께 만났다.

"이 장난감은 네 것이냐?"

첫 번째 쌍둥이에게 물었다. 그는 "예"라고 대답했다. 그리고 나서 다시 두 번째 쌍둥이에게도 물었다.

"이 장난감은 네 것이냐?" 앨리스는 두 번째 쌍둥이의 대답을 듣고는 쌍둥이 형제 가운데 한 아이에게 장난감을 주었다.

앨리스는 그 장난감을 첫 번째 아이에게 주었을까 아니면 두 번째 아이에게 주었을까?

D. 재버워키가 들려준 이야기

앨리스가 망각의 숲에서 트위들 형제와 벌인 모험담 가운데에서도 가장 기괴한 이야기는 지금부터 내가 들려주려는 이야기이다. 앨리스도 이 이야기를 어제 일처럼 생생하게 기억하고 있었다.

이야기의 실마리는 다음과 같이 시작된다. 어느 날 험프티 덤프티가 앨리스를 일부러 찾아와서는 다음과 같이 들려주었다.

"이봐 아가씨, 내가 굉장한 비밀을 한 가지 알고 있는데 아가씨에게 가르쳐주기로 하지. 세상 사람들은 대부분 모르고 있지만 사실은 트위들 형제에게는 트위들두(Tweedledoo)라는 이름의 형제가 한 명 더 있다는 거야. 그 아이는 여기서 아주 멀리 떨어진 곳에서 살고 있지만 이따금씩 형제들을 만나러 이 숲에 들르기도 하지. 그런데 트위들디와 트위들덤이 꼭 닮은 것처럼 트위들두의 생김새도 나머지 형제를 꼭 빼닮아 누가 누구인지 분간할 수가 없다는 거야."

이 말을 들은 앨리스는 참으로 한심하기 짝이 없었다! 첫째로 제3의 형제가 있다는 말이 사실이라면 지금까지의 앨리스의 추리는 모두 무용지물이 되어버릴 뿐더러 자신이 요일을 올바로 알아내었다고 자부하고 있었으나 그것도 앨리스의 착각에 불과한 것으로 판명될지도 모를 노릇이었기 때문이다. 그보다도 더욱 중요한 것은 앨리스가 장난감을 돌려준 사람이 사실은 장난감의 진짜 임자가 아닐지도 모른다는 점이었다.

이 골치 아픈 문제들을 해결하기 위해 머리를 쥐어짜며 궁리에 궁리를 거듭한 끝에 앨리스는 재치 있는 질문 하나를 험프티 덤프티에게 던졌다.

"트위들두는 무슨 요일에 거짓말을 하지?"

"트위들두는 언제나 거짓말을 하지." 험프티 덤프티가 대답하였다.

앨리스는 난감한 생각에 말없이 무거운 발걸음을 옮겼다.

"이 모든 이야기는 어쩌면 모두 험프티 덤프티가 꾸며낸 것일지도 몰라." 앨리스는 혼자서 중얼거렸다.

"아무리 생각해봐도 전혀 터무니없는 이야기 같단 말이야."

그렇기는 하지만 앨리스는 그 이야기가 사실일지도 모른다는 생각을 도저히 떨쳐버릴 수가 없었다.

그 후에 어떤 일이 벌어졌는지에 대해서는 네 가지 이야기가 전해지는데 이제부터 그 네 가지 이야기를 하나도 빼놓지 않고 들려주기로 하겠다. 이 이야기들을 읽기에 앞서 독자들은 다음과 같은 두 가지 가정을 염두에 두기 바란다. (1) 트위들디와 트위들덤 이외에 그들과 생김새를 식별할 수 없을 정도로 똑같은 제3의 아이가 정말 있다면, 그의 이름은 트위들두이다. (2) 그러한 아이가 정말 있다면, 그는 항상 거짓말만 한다. 위의 가정 가운데 두 번째 가정은 바로 다음에 나오는 63번 문제를 푸는 데는 필요가 없지만 64번과 65번 문제를 푸는 데는 반드시 필요하다는 것을 밝혀둔다.

63. 첫 번째 이야기

앨리스는 숲속에서 트위들 형제 가운데 한 녀석과 마주쳤는데 그는 적어도 생김새만큼은 트위들디 혹은 트위들덤을 쏙 빼닮았다. 앨리스는 그에게 험프티 덤프티의 이야기를 들려준 다음 "너는 정말 누구니?" 하고 물었더니 그는 다음처럼 수수께끼 같은 대답을 하는 것이었다.

"나는 트위들디이거나 혹은 트위들덤이에요. 그리고 오늘은 내가 거짓말하는 날이지요."

이 문제는 트위들두는 실존 인물인가, 아니면 험프티 덤프티가 꾸며낸 가공의 인물인가 하는 것이다.

64. 두 번째 이야기

이번 이야기에 의하면 앨리스는 트위들 형제(로 보이는) 두 녀석과 마주쳤다. 첫 번째 아이에게 "너는 정말로 누구니?" 하고 물었더니 그들은 각기 다음과 같은 대답을 했다.

첫 번째 쌍둥이: 나는 트위들두예요.
두 번째 쌍둥이: 맞아요. 그는 트위들두예요.

이 이야기로부터 무엇을 알아낼 수 있는가?

65. 세 번째 이야기

이번 이야기에서 앨리스는 트위들 형제 가운데 한 녀석하고만 마주쳤는데 그는 "오늘은 내가 거짓말 하는 날이예요"라고 말했다.

이 이야기로부터 무엇을 알아낼 수 있는가?

66.

마지막 이야기에서는 앨리스가 평일 날에 트위들 형제(로 보이는) 두 녀석과 마주쳤다. 앨리스가 그들에게 "트위들두란 아이가 정말로 존재하니?"라는 질문을 던지자 그들은 다음과 같이 답변했다.

첫 번째 쌍둥이: 트위들두는 존재해요.
두 번째 쌍둥이: 나는 존재해요.

이 이야기로부터 알 수 있는 것은 무엇인가?

에필로그

그러면 문제의 진상은 무엇인가, 트위들두는 실제로 존재하는가, 그렇지 않으면 존재하지 않는가?

위에서 숲속에서 일어난 사건에 관해 서로 상충하는 네 가지 이야기를 들려주었다. 그 이야기들의 출처는 도대체 어디인가? 그 이야기들은 사실은 내가 지어낸 것이 아니라 모두 재버워키 (Jabberworky)에게서 전해 들은 것이다. 거짓말이라고는 꿈속에서도 할 줄 모르는 앨리스로부터 직접 들어서 아는 이야기인데 그녀와 험프티 덤프티 간의 대화는 실제로 있었던 일이다. 그러나 그 이후에 일어난 네 가지 이야기는 모두 재버워키가 나에게 들려준 것이다. 그런데 재버워키는 사자처럼 월요일, 화요일, 수요일에만 거짓말을 한다는 것을 나는 잘 알고 있다. 또한 위의 이야기는 그가 주말을 피해 평일을 선택하여 하루에 한 가지씩 잇달아 나흘간 들려주었다. (나는 토요일과 일요일은 하루 종일 게으름을 피우며 잠을 즐기므로 재버워키가 이야기를 들려준 날이 평일이라는 것을 잘 알고 있다.) 내가 소개한 것과 똑같은 순서로 그는 하나씩 내게 이야기해주었다.

이 정도의 자료만으로도 독자라면 트위들두가 실제로 존재하는지 혹은 험프티 덤프티가 거짓말을 했는지 어렵지 않게 가려낼 수 있을 것이다.

그렇다면 앨리스는 과연 트위들두가 실존 인물인지의 여부를 알 수 있었을까?

해 답

47.

사자가 "나는 어제 거짓말을 했다"라고 말할 수 있는 요일은 월요일과 목요일뿐이고, 유니콘이 "나는 어제 거짓말을 했다"라고 말할 수 있는 요일은 목요일과 일요일뿐이다. 그러므로 사자와 유니콘이 함께 "나는 어제 거짓말을 했다"라고 할 수 있는 날은 목요일밖에 없다.

48.

사자가 한 첫 번째 진술에 의해 오늘은 월요일이거나 목요일임을 알 수 있다. 그렇지만 두 번째 진술에 비추어 오늘은 목요일이 아니다. 따라서 오늘은 월요일이다.

49.

사자가 그러한 진술들을 할 수 있는 요일이란 없다! 왜냐하면 사자는 오직 월요일과 목요일에만 첫 번째와 같은 진술을 할 수 있으며,

또 오직 수요일과 일요일에만 두 번째와 같은 진술을 할 수 있기 때문이다. 따라서 사자가 이 두 진술을 동시에 할 수 있는 날은 없다.

50.

이 문제는 바로 앞의 문제와는 상황이 전혀 다르다! 이 문제는 두 진술을 각기 독립적으로 하는 것과 두 진술을 결합하여 하나의 진술을 하는 것 사이에는 커다란 차이가 있음을 단적으로 보여주고 있다. 임의의 두 진술 X, Y에 대해, 이 둘을 하나로 결합한 진술 "X이고 Y이다"가 참이면 X와 Y는 물론 각기 참이 된다. 그러나 연언문(蓮言文, conjunction) "X이고 Y이다"가 거짓이면, X와 Y 가운데 적어도 하나가 거짓이라는 결론만이 나올 뿐이다.

그런데 사자가 어제 거짓말을 했으며 내일 다시 거짓말을 할 것이라는 진술이 참이 될 수 있는 날은 화요일뿐이다. (왜냐하면 사자가 거짓말을 하는 날들 사이에 긴 날은 화요일밖에 없기 때문이다.) 그러나 사자가 그런 진술을 한 날이 화요일일 수는 없다. 왜냐하면 그 진술을 화요일에 하기만 하면 참이 되기는 하지만, 사자는 화요일에는 참말을 하지 않기 때문이다. 따라서 사자가 그 말을 하는 날은 화요일이 아닌 다른 요일이며 그러므로 사자의 진술은 거짓이다. 즉, 사자는 거짓말을 하고 있는 것이다. 따라서 사자가 그와 같이 말할 수 있는 날은 월요일 아니면 수요일이다.

51.

첫 번째 진술이 참이라면, 첫 번째 쌍둥이는 진짜로 트위들덤이고 따라서 두 번째 쌍둥이는 자동적으로 트위들디가 된다. 그러므로 두 번째 진술 또한 참이 된다. 반면에 첫 번째 진술이 거짓이라면,

첫 번째 쌍둥이가 실제로는 트위들디가 되고 두 번째 쌍둥이는 트위들덤이 되며. 아울러 두 번째 진술은 거짓이 된다. 그러므로 위의 진술은 둘 다 참이거나 둘 다 거짓이다. 그러나 이들 형제는 결코 같은 날 거짓말을 하지 않기 때문에, 그들이 말한 진술이 둘 다 거짓이 될 수는 없다. 그러므로 위의 두 진술은 모두 참이어야 한다. 따라서 앨리스가 먼저 만난 쌍둥이는 트위들덤이고 두 번째가 트위들디이다. 그리고 앨리스가 이들 형제를 만난 날은 일요일이다.

52.

이 문제는 위와는 색깔이 전혀 다른 문제이다! 두 번째 쌍둥이의 진술은 두말할 것도 없이 참이다. 그런데 51번 문제의 요일과 이 문제의 요일은 같은 주의 다른 날이라는 것이 문제의 조건으로 이미 주어져 있다. 따라서 그날은 일요일이 아닌 평일이다. 그러므로 문제에서의 두 진술이 동시에 참이 될 수는 없으며, 따라서 첫 번째 진술은 거짓이어야 한다. 그러므로 첫 번째 쌍둥이는 트위들디이고, 두 번째 쌍둥이는 트위들덤이다.

53.

첫 번째 답변은 분명히 거짓이다. 따라서 앨리스가 트위들 형제와 마주친 날은 평일일 수밖에 없다. 따라서 두 번째 쌍둥이는 참인 답변을 할 수밖에 없었으며 그러므로 "아니요"라고 답변하였음에 틀림없다.

54.

첫 번째 쌍둥이가 한 진술 (2)는 명백하게 거짓이다. 따라서 (같은 날 한 진술이기 때문에) 진술 (1) 역시 거짓일 수밖에 없다. 그러므로 토요일에 거짓말을 하는 쌍둥이는 첫 번째 쌍둥이가 아닌 두 번째 쌍둥이이다. 그런데 첫 번째 쌍둥이가 그날 거짓말을 하고 있으므로, 두 번째 쌍둥이가 그날 하는 말은 참이어야 한다. 따라서 그날은 월요일, 화요일, 수요일 가운데 하나이다. 이 가운데 내일 거짓말을 할 것이라는 두 번째 쌍둥이의 진술이 참인 날은 수요일뿐이다. 따라서 문제의 답은 수요일이다.

55.

그의 진술은 분명히 거짓이다. (왜냐하면 만일 그 진술이 참이라면 그는 오늘 거짓말을 하고 있는 것이 되어 모순이 야기되기 때문이다.) 그러므로 "나는 오늘 거짓말을 했다"와 "나는 트위들디다"라는 두 개의 진술 중 적어도 하나는 거짓이 되어야 한다. 첫 번째 진술 "나는 오늘 거짓말을 했다"는 참이므로, 두 번째 진술은 거짓이다. 따라서 그는 트위들덤이다.

56.

물론 가려낼 수 있다. 만일 그가 오늘 거짓말을 하고 있다면, 그가 말한 선언문(選言文, disjunction)의 전반부는 참이 될 것이며 그에 따라 전체 문장도 참이 될 텐데 이것은 모순이다. 그러므로 그가 오늘 하고 있는 말은 참말이다. 다시 말해 그는 오늘 거짓말을 하고 있거나 혹은 그는 트위들디이다. 그는 오늘 거짓말을 하고 있지 않기 때문에 그는 트위들디이다.

57.

그 두 진술은 분명히 참이다. 따라서 그날은 일요일이다. 그러나 누가 누구인지를 가려낼 수는 없다.

58.

우선 일요일에는 두 형제 가운데 어느 누구도 거짓말을 하지 못하므로 오늘은 일요일이 아니라고 말할 수가 없다. 그러나 오늘은 일요일이 될 수 없다. (오늘은 사실 일요일이 아니므로) 첫 번째 쌍둥이의 말은 참말이고, 따라서 오늘은 두 번째 쌍둥이가 거짓말을 하는 날이다. 두 번째 쌍둥이는 오늘이 월요일이라고 했으나 그는 오늘 거짓말을 하고 있으므로 결국 오늘은 월요일도 아니다.

이제 두 번째 쌍둥이는 또한 사자가 어제 거짓말을 했다고 주장했는데 그 말은 거짓이므로 어제는 사실은 사자가 참말을 하는 날 가운데 하나였다. 이는 곧 어제가 목요일, 금요일, 토요일이거나 혹은 일요일이며, 따라서 오늘은 금요일, 토요일, 일요일, 월요일 가운데 한 날이라는 것을 의미한다. 그런데 일요일과 월요일은 앞서 이미 배제되었기 때문에, 오늘은 금요일이 아니면 토요일이어야 한다.

다음 (오늘 참말을 하는 첫 번째 쌍둥이가 내일은 트위들디가 거짓말을 하는 날이라고 말했으므로) 내일은 정말로 트위들디가 거짓말하는 요일 가운데 하루임을 알 수 있다. 따라서 오늘은 토요일이 될 수 없다. 그러므로 오늘은 금요일이다.

이상의 추리로부터 트위들디는 토요일에 거짓말을 하며 따라서 거짓말 습성이 유니콘을 닮았다는 결론이 나온다. 아울러 첫 번째 쌍둥이는 오늘이 참말을 하는 날인데, 오늘은 금요일이므로 그는 결국 트위들덤이다. 이렇게 해서 모든 것이 남김없이 증명된 셈이다.

59.

첫 번째 쌍둥이의 말이 참말이라고 가정해보자. 그러면 그 장난감은 트위들디의 것이다. 그날이 일요일이 아니기 때문에 두 번째 쌍둥이는 그날 거짓말을 해야 하며, 따라서 그의 이름은 사실은 트위들디가 아니라 트위들덤이다. 따라서 첫 번째 쌍둥이가 트위들디이고 장난감도 당연히 그가 차지해야 한다.

반대로 첫 번째 쌍둥이가 거짓말을 하고 있다고 가정해보자. 그 경우 트위들덤이 장난감의 임자가 된다. 또한 두 번째 쌍둥이에게는 그날은 참말을 하는 날이 되며, 따라서 그는 정말로 트위들디이다. 그 경우 역시 첫 번째 쌍둥이가 장난감의 임자가 된다. 따라서 어느 경우이건 장난감의 임자는 첫 번째 쌍둥이가 될 수밖에 없다.

60.

그럴 가능성은 전혀 없다! 그가 한 말이 참말이라고 가정해보자. 그렇다면 그 장난감의 임자는 오늘 거짓말을 할 것이며, 따라서 그는 장난감의 임자가 될 수 없다. 반대로, 그의 말이 거짓이라고 가정해보자. 그러면 장난감의 임자는 오늘 참말을 할 것이고, 따라서 이 경우에도 그는 장난감의 임자가 될 수 없다.

61.

험프티 덤프티의 추리가 옳다! 먼저 앨리스와 이야기를 나눈 쌍둥이의 말이 거짓이라고 하자. 그러면 그 장난감의 임자에게는 오늘이 참말을 하는 날이 아니고 거짓말을 하는 요일이 될 것이므로 그 쌍둥이가 바로 장난감의 임자가 될 수밖에 없다. 반대로 그 쌍둥이가 참말을 하고 있다고 가정해보자. 그러면 장난감의 임자로서는 오늘이 정말로 참말을 하는 날이다. 따라서 오늘이 일요일이 아닌 평일이라면, 장난감은 그 쌍둥이의 것일 수밖에 없다. 그러나 오늘이 일요일이라면, 두 형제 모두 오늘이 참말을 하는 날일 것이고, 따라서 둘 다 장난감의 임자일 가능성이 있다.

　한마디로 오늘이 평일이라면, 앨리스와 이야기를 나눈 쌍둥이가 단적으로 장난감의 임자가 된다. 그러나 오늘이 일요일이라면 장난감이 그의 것일 수 있는 확률은 반반이 된다. 따라서 그가 장난감의 임자가 될 수 있는 확률은 7분의 6 $\frac{1}{2}$, 내지는 14분의 13이 된다.

62.

이 문제를 해결할 수 있는 실마리가 되는 것은 앨리스가 장난감의 임자가 누구인지를 알아낼 수 있었다는 사실이다. 만일 두 번째 쌍둥이가 "예"라는 대답을 했다면, 두 쌍둥이 형제 중 하나는 참말을 하고, 다른 한 명은 거짓말을 하고 있는 것이다. 그럴 경우에 앨리스는 그 장난감이 누구의 것인지 도저히 가려낼 길이 없었을 것이다. 그러나 앨리스는 장난감을 누구에게 주어야 할지를 알 수 있었다. 따라서 두 번째 쌍둥이의 답변은 "예"가 아니었다. 그러므로 두 쌍둥이는 동시에 거짓말을 하고 있거나 혹은 동시에 참말을 하고 있는 것이다. 그런데 두 쌍둥이는 모두 거짓말을 하는 요일이란 존재하지 않으므로 둘 다 참말을 하고 있다는 이야기가 된다. 따라서 그날은 일요일이었음에 틀림없다. 따라서 앨리스는 첫 번째 쌍둥이에게 장난감을 준 것이다.

63.

그렇다. 트위들두는 실존하는 인물임에 틀림없으며 앨리스가 이 야기를 나눈 그가 바로 트위들두이다.

그는 앨리스의 질문에 대해 다음의 두 진술이 모두 참임을 주장한 셈이다.

(1) 그는 트위들디이거나 트위들덤이다.
(2) 오늘은 그가 거짓말하는 날이다.

만일 그의 주장이 참이라면, (1)과 (2)는 둘 다 참이 될 것이다. 따라서 (2)도 참이 될 것인데 이는 모순이 된다. 그러므로 그의 주장은 거짓인 셈이다. 따라서 (1)과 (2) 모두가 참이 될 수는 없다. 그런데 (그날 그가 주장한 것은 거짓인 만큼) 참인 진술은 (2)이다. 따라서 참이 아닌 진술은 (1)이어야 한다. 그러므로 그는 트위들디도 트위들덤도 아니며 따라서 그는 트위들두이어야 한다.

64.

(트위들두는 항상 거짓말만 하기 때문에) 첫 번째 쌍둥이는 실제로 트위들두가 될 수 없다. 그는 따라서 트위들디이거나 트위들덤인데 또한 거짓말을 하고 있다. 그렇다면 두 번째 쌍둥이 역시 거짓말을 하고 있는 셈이다. 만일 두 번째 쌍둥이가 트위들디이거나 트위들덤이라면, 트위들디와 트위들덤이 같은 날 거짓말을 하고 있다는 이야기가 되는데, 그것은 불가능하다. 그러므로 두 번째 쌍둥이는 트위들두일 수밖에 없다.

65.

한마디로 이 이야기는 거짓이다!

66.

두 번째 쌍둥이가 누구건 간에, 그가 한 말은 분명히 참이다. (자기가 존재한다고 말한 사람은 누구나 참인 진술을 하고 있다는 것은 데카르트의 지적이었던 것으로 생각된다. 나 자신도 물론 이제껏 존재하지 않는 사람을 만나본 기억이 없다.)

두 번째 진술이 참인데다 그날이 일요일이 아니었으므로, 첫 번째 진술은 거짓이어야 한다. 따라서 이 이야기가 참이라면, 트위들두는 정녕 실존 인물이 아니다.

에필로그의 해답 ────────────

세 번째 이야기는 한마디로 거짓이다. 또한 위의 이야기 가운데 토요일이나 일요일에 들려준 이야기는 하나도 없다. 네 가지 이야기를 위의 조건 아래에서 나흘간 잇달아 들려주었다면 세 번째 이야기는 반드시 수요일에 한 것임에 틀림없다. 따라서 마지막 이야기는 목요일에 한 것이며, 그러므로 그것은 참이어야 한다. 따라서 트위들두는 사실은 존재하지 않는다! (기왕에 말이 나왔으니까 하는 이야기인데, 트위들두가 정말로 존재했더라면, 루이스 캐럴도 필시 그 사실을 모르지 않았을 것이다.)

위의 네 이야기 가운데 실화(實話)라고 할 수 있는 것은 네 번째 이야기밖에 없기 때문에, 앨리스로서도 그때까지의 "트위들두의 존재와 관련된 걱정"이 사실은 모두 근거 없는 기우에 불과한 것임을 깨닫는 데 별 어려움이 없을 것이다.

2부

포샤의 상자를 비롯한 여러 논리 퍼즐

5 포샤의 상자에 얽힌 미스터리

A. 첫 번째 이야기

67a.

유명한 셰익스피어의 희곡 《베니스의 상인》에 나오는 여주인공 포샤(Portia)에게는 각기 금, 은, 동으로 된 세 개의 상자가 있었다. 그 가운데 포샤의 초상화가 든 상자가 하나 있었다. 포샤는 자신과 결혼하고자 하는 사람은 누구나 그 상자 가운데 하나를 선택하도록 했는데, 구혼자가 운이 좋아 (혹은 머리가 좋아) 초상화가 들어 있는 상자를 고르기만 하면 포샤를 자신의 신부로 삼을 수가 있었다. 각 상자의 뚜껑 위에는 구혼자의 현명한 선택을 위해 도움이 될 만한 글을 새겨 넣었다!

포샤는 덕망 같은 것은 일체 무시하고 오로지 지적인 능력만을 기준으로 하여 신랑감을 고르기로 결심했다고 하자. 그녀가 상자 뚜껑 위에 새겨 넣은 글들은 각기 다음과 같다.

금상자	은상자	동상자
이 상자 안에 초상화가 들어 있다.	이 상자 안에는 초상화가 들어 있지 않다.	금상자 안에는 초상화가 들어 있지 않다.

포샤가 구혼자에게 귀띔해준 바에 의하면 그 세 가지 글귀 가운데 참인 것은 기껏해야 하나밖에 없다.

구혼자는 어느 상자를 골라야 하는가?

67b.

포샤의 구혼자는 상자를 제대로 골랐으며, 그 결과 포샤와의 결혼에 성공하여 아주 행복한 신혼 생활을 보냈다. 그러나 그들의 달콤했던 신혼 생활도 잠깐, 어느 날 포샤는 불현듯 다음과 같은 생각을 하게 되었다.

"남편이 올바른 상자를 고른 것을 보면 어느 정도 머리가 좋은 사람이긴 하지만, 그러나 당시 문제가 그렇게 어려운 편은 아니었단 말이야. 그러니 이번에야말로 좀 어려운 문제를 내서 정말로 똑똑한 신랑을 한 번 얻어봐야지."

그래서 포샤는 즉시 남편과 이혼하고 보다 똑똑한 신랑감을 구하러 나서기로 결심하였다.

포샤는 이번엔 상자들의 뚜껑 위에 각기 다음과 같은 글들을 새겨 넣었다.

금상자	은상자	동상자
은상자 안에는 초상화가 들어 있지 않다.	이 상자 안에는 초상화가 들어 있지 않다.	초상화는 이 상자 안에 들어 있다.

포샤가 구혼자에게 귀띔해준 바에 의하면 그 세 가지 진술 가운데 적어도 하나는 참이고 하나는 거짓이다.

그렇다면 초상화는 어느 상자 안에 들어 있을까?

에필로그

운명이란 어쩔 수 없는 것인 듯, 포샤에게 제일 먼저 결혼을 신청한 남자를 보니 바로 그녀가 이혼한 전남편이었다. 그는 과연 머리가 지극히 좋은 사람이었기 때문에 이 문제도 가볍게 해결했으며 그리하여 그들은 다시 결합하게 되었다. 남편은 포샤와 결혼하자마자 그녀를 집에 데리고 와 무릎 위에 엎어놓고는 눈물이 핑 돌도록 혼찌검을 내어 그녀가 두 번 다시 그런 어리석은 생각을 갖지 못하도록 하였다.

B. 두 번째 이야기

그 이후 포샤와 그녀의 남편은 별 탈 없이 행복하게 살았다. 이들 부부에게는 포샤 2세 —— 포샤 2세를 앞으로는 그냥 '포샤'로 부르기로 하겠다 —— 라는 딸아이가 하나 있었는데 어린 포샤는 자라면서 엄마를 닮아 영리하고 어여쁘기 이를 데 없는 처녀로 성장하였다. 그녀는 엄마의 흉내를 내어 신랑감을 상자 시험 방식으로 고르기로 결심하였다. 그녀와 결혼하기 위해서 구혼자는 다음 두 가지 시험에 합격해야만 했다.

68a. 첫 번째 시험

이 시험에는 각 상자의 뚜껑에 두 가지의 글귀가 쓰여 있다. 포샤의 설명에 따르면 각 상자 뚜껑 위에 새겨져 있는 진술 가운데 거짓인 것은 기껏해야 하나밖에 없다.

금상자	은상자	동상자
(1) 이 상자 안에는 초상화가 들어 있지 않다. (2) 초상화를 그린 화가는 베니스 출신이다.	(1) 금상자 안에는 초상화가 들어 있지 않다. (2) 초상화를 그린 화가는 실은 피렌체 출신이다.	(1) 이 상자 안에는 초상화가 들어 있지 않다. (2) 초상화는 실은 은상자 안에 들어 있다.

초상화는 어느 상자 속에 있는가?

68b. 두 번째 시험

첫 번째 시험을 무사히 통과한 구혼자는 세 개의 상자가 있는 또 다른 방으로 안내되었다. 각 상자의 뚜껑 위에는 두 개의 글귀가 새겨져 있었다. 그런데 포샤의 귀띔에 의하면 그중 한 상자의 뚜껑 위에 쓰인 글귀는 두 진술 모두 참이고, 다른 상자 뚜껑 위에 쓰여 있는 진술은 모두 거짓인 반면, 나머지 한 상자에는 참인 진술과 거짓인 진술이 각기 하나씩 있다.

금상자	은상자	동상자
(1) 이 상자 안에는 초상화가 들어 있지 않다. (2) 초상화는 은상자 안에 들어 있다.	(1) 금상자 안에는 초상화가 들어 있지 않다. (2) 초상화는 동상자 안에 들어 있다.	(1) 이 상자 안에는 초상화가 들어 있지 않다. (2) 초상화는 금상자 안에 들어 있다.

초상화는 어느 상자 속에 있는가?

C. 장인 벨리니와 첼리니

위의 이야기의 구혼자는 두 가지 시험을 모두 통과하여 포샤 2세를 신부로 맞이하는 행운을 차지했다. 그 후 이들은 내내 행복하게 살았으며 사랑스러운 딸 포샤 3세를 ──포샤 3세를 앞으로는 위에서와 마찬가지로 그냥 '포샤'로 부르기로 한다── 낳았다.

포샤는 자라면서 어머니와 할머니를 닮아 재색(才色)을 겸비한 어엿한 처녀로 성장하였다. 결혼할 나이가 되자 그녀도 자신의 남편이 될 사람을 상자 시험 방식으로 고르기로 작정하였다. 구혼자는 세 번의 시험을 모두 통과해야만 그녀를 차지할 수가 있었다! 시험은 아주 빈틈없이 치밀하게 꾸며졌다. 포샤는 할머니가 했던 대로 각 상자에 두 개가 아닌 단 한 가지의 글귀만을 써놓기로 했다. 그렇지만 이번에는 할머니의 경우에는 없었던 다음과 같은 새로운 착상을 도입하였다.

포샤의 설명에 따르면, 각 상자의 제작을 이탈리아 피렌체 지방의 유명한 장인(匠人)인 첼리니(Cellini)와 벨리니(Bellini) 가운데 한 사람에게 맡겼다는 것이다. 그런데 첼리니는 자신이 제작한 상자 뚜껑에 언제나 거짓인 글귀를 써 넣었으며 반대로 벨리니는 자신이 제작한 상자에 항상 참인 글귀만을 새겨 넣었다.

69a. 첫 번째 시험

이번 시험은 좀 색달라서 구혼자가 시험에 통과할 확률은 (아무렇게나 주먹구구로 고른다고 해도) 3분의 1이 아닌 3분의 2가 되는 것이었다. 포샤는 초상화 대신 단검(短劍)을 사용하여 세 상자 가운데 한 상자에 단검을 넣어두고 나머지 두 상자는 비워두었다. 구혼자가 단검이 들어 있는 상자를 피해서 선택을 한다면, 다음 시험을 볼 수 있도록 했다. 각 상자에 새겨진 글귀는 다음과 같다.

금상자	은상자	동상자
이 상자 안에는 단검이 들어 있다.	이 상자 안에는 아무것도 들어 있지 않다.	벨리니가 제작한 상자는 이 세 상자 가운데 기껏해야 하나에 불과하다.

구혼자는 어느 상자를 골라야 하는가?

69b. 두 번째 시험

이 시험에서 구혼자가 합격할 확률은 (그가 무턱대고 고른다고 해도) 2분의 1이 되었다. 포샤는 금과 은으로 된 두 개의 상자만을 사용했으며, 두 개의 상자 중 하나에만 자신의 초상화를 집어넣었다. (이번 시험에서는 단검을 사용하지 않았다.) 이번 경우에도 각 상자의 제작은 첼리니 아니면 벨리니가 맡았다. 상자에는 다음과 같은 글귀가 새겨져 있었다.

금상자	은상자
이 상자 안에는 초상화가 들어 있지 않다.	두 개의 상자 가운데 딱 하나만을 벨리니가 제작하였다.

포샤의 구혼자가 어느 상자를 고르면 초상화를 발견할 수 있겠는가?

69c. 세 번째 시험

구혼자는 위의 두 가지 시험을 무사히 통과하여 다시 금, 은, 동상자가 있는 또 다른 방으로 안내받았다. 이 상자들도 역시 각기 첼리니 혹은 벨리니가 제작하였다. 이번 시험에서도 포샤는 자신의 초상화를 가져다가 세 상자 가운데 한 상자에 집어넣었기 때문에 구혼자가 (아무렇게나 고른다고 해도) 초상화를 찾아 낼 수 있는 확률은 3분의 1이 되었다. 이번 시험은 (1) 초상화가 들어 있는 상자와 더불어 (2) 각 상자의 제작자가 누군가를 알아맞히라는 것이 문제이다.

세 개의 상자에 쓰인 글귀는 다음과 같았다.

금상자	은상자	동상자
이 상자 안에는 초상화가 들어 있다.	이 상자 안에는 초상화가 들어 있다.	이 상자 가운데 적어도 두 개는 첼리니가 제작한 것이다.

문제의 해답은 무엇인가?

D. 마지막 미스터리: 어디가 잘못인가?

70.

다음의 이 장의 마지막이자 네 번째 이야기는 가장 까다로운 문제로서 근본적으로 중요한 논리적 원리를 한 가지 보여주고 있다. 위의 세 가지 시험을 당당히 통과한 구혼자는 포샤 3세를 신부로 맞이하여 행복하게 살았다. 이들은 자자손손 많은 후손을 낳았다.

그로부터 몇 세대가 지난 후 미국에서 포샤 가문의 한 후손이 태어났는데 그녀도 선조들의 모습을 마치 초상화를 그린 듯 꼭 빼닮았기 때문에 포샤 N세 ──포샤 N세를 앞으로 그냥 '포샤'로 부르기로 하자── 라는 이름을 얻게 되었다. 포샤는 자라면서 포샤 집안의 조상을 담아 재색을 겸비한 처녀로 성장하였다. 게다가 포샤는 성격이 더할 나위 없이 활달했을 뿐더러 약간의 장난기도 있었기 때문에 역시 조상들과 마찬가지로 상자 시험 방식으로 배필을 고르리라 결심하게 되었다. (이런 식으로 남편감을 고르는 것은 오늘날 뉴욕에서는 다소 정상에서 벗어난 방식이긴 하지만 이에 대해선 눈감아주기로 하자.)

그녀가 마련한 시험은 겉으로 보기에는 별것 아니었다. 그녀는 오직 금상자와 은상자만을 만들도록 한 다음, 그 가운데 한 상자에 자신의 초상화를 넣어두었으며 또한 상자의 뚜껑에는 다음과 같은 글귀를 써 넣었다.

금상자	은상자
이 상자 안에는 초상화가 들어 있지 않다.	이 두 진술 가운데 딱 하나만이 참이다.

만일 당신이 구혼자라면 어떤 상자를 고르겠는가?

위에서 말한 구혼자는 다음과 같이 추리하였다. 은상자에 있는 진술이 참이라면 분명히 위의 두 진술 가운데 딱 하나만이 참이다. 이는 곧 금상자의 진술이 거짓임을 의미한다. 이와 반대로 은상자의 진술이 거짓이라고 가정해보자. 그러면 두 진술 가운데 딱 하나만이 참인 것은 아니다. 다시 말해 두 상자에 있는 진술 모두가 참이거나 혹은 모두가 거짓이 된다. 그러나 (은상자의 진술이 거짓이라고 가정했으므로) 모두가 참이 될 수는 없고, 따라서 두 진술 모두가 거짓이 된다. 따라서 금상자의 진술은 거짓이다. 그러므로 은상자의 진술이 참이건 거짓이건 상관없이, 금상자에 있는 진술은 거짓이 될 수밖에 없다. 따라서 초상화는 금상자 속에 들어 있음이 분명하다.

이에 따라 구혼자는 신이 나서 "초상화는 바로 금상자 속에 들어 있다"라고 자신만만하게 큰소리치며 상자 뚜껑을 열었다. 그러나 뜻밖에도 금상자는 텅 비어 있는 것이었다! 전혀 예상치 못한 결과에 기가 막혀 어쩔 줄 몰라 하던 구혼자는 포샤가 속임수를 썼다고 펄쩍 뛰며 항의했다. 그의 그러한 태도를 본 포샤는 깔깔대고 웃으며 "나는 치사하게 속임수 따위는 쓰지 않아요"라고 한껏 면박을 주고는 당당하면서도 다소 상대방을 우습게 보는 듯한 태도로 은상자의 뚜껑을 열었다. 어이없게도 초상화는 그곳에 들어 있는 것이 아닌가!

도대체 구혼자의 추리 과정에서 어느 부분이 잘못되었는가?

구혼자가 갈피를 잡지 못해 어쩔 줄 몰라 하는 광경을 지켜보면서 흐뭇해 하던 포샤는 다음과 같이 말했다.

"그것 보세요! 댁이 머리 쓰는 것은 별로 신통치 않군요. 그렇지만 댁은 정말 매력이 철철 흐르는 분 같네요. 그래서 댁에게 다시 한번 기회를 드리려고 해요. 이렇게 해서는 정말 안 되는 것이지만 매력적인 분이시니까 특별히 잘 봐드리는 겁니다. 먼젓번 시험은 그냥 집어치우고 좀 더 쉬운 문제를 내기로 하지요. 지난번 시험에서 저를 차지할 수 있는 확률은 1/2이었지만 이번 시험은 2/3나 된다고요. 이번 문제는 나의 조상인 포샤 3세가 냈던 문제와 거의 같은 만큼 댁도 이번만큼은 절대로 성공할 수 있을 거예요!"

그 말과 함께 포샤는 구혼자를 금, 은, 동으로 된 세 개의 상자가 있는 다른 방으로 데리고 갔다. 그녀는 그 상자 가운데 한 상자에는 단검이 들어 있으며 나머지 두 상자에는 아무것도 없다고 설명해주었다. 바로 비어 있는 상자를 고르기만 하면 그녀를 차지할 수 있다는 것이었다. 상자에는 다음과 같은 글귀들이 쓰여져 있었다.

금상자	은상자	동상자
이 상자 안에 단검이 들어 있다.	이 상자 안에는 아무 것도 들어 있지 않다.	이 세 진술 가운데 기껏해야 하나만이 참이다.

(이 문제를 앞서 포샤 3세의 첫 번째 시험과 비교해보라! 전혀 같은 문제라는 생각이 들지 않는가?)

구혼자는 이번에는 신중에 신중을 기해 다음과 같이 추리하였다.

먼저 동상자의 진술 (3)이 참이라고 가정해보자. 그러면 나머지 두 진술은 거짓이 될 수밖에 없다. 특히 은상자의 진술 (2)가 거짓이므로 단검은 은상자에 있는 셈이다. 이와 반대로 진술 (3)이 거짓이라면 참인 진술이 적어도 두 개 있지 않으면 안 되는데, 따라서 진술 (1)이 그러한 두 개의 참인 진술 가운데 하나가 된다. 그러므로 이 경우, 단검은 금상자에 있다는 이야기가 된다. 따라서 위의 어느 경우에도 동상자 안에는 아무것도 들어 있지 않다.

어쨌거나 포샤의 구혼자는 자신만만하게 동상자를 골라 뚜껑을 열었다. 그러나 이번에도 그의 예상과는 반대로 상자 안에 단검이 들어 있는 게 아닌가! 포샤는 소리 내어 웃으면서 텅 비어 있는 나머지 다른 두 개의 상자를 열어 보였다.

포샤가 어쨌거나 그 구혼자를 자신의 배필로 맞아 들였는데 그러한 뒷소식을 들으면 독자들의 마음도 분명 한결 가벼워질 것이다. (포샤는 사실 오래전부터 이미 그 구혼자와 결혼하기로 내심 마음먹고 있었다. 그녀가 구혼자에게 위와 같은 시험을 낸 것은 단지 장난 삼아 그를 좀 골려주고 싶은 생각에서였다.) 그러나 아직 다음의 의문은 풀리지 않았다.

"그 구혼자의 추리는 어디가 잘못됐는가?"

해답

67a.

금상자와 동상자에 쓰여 있는 글은 각기 상반된 주장을 담고 있다. 따라서 이들 가운데 하나는 참이어야 한다. 상자에 쓰여진 세 진술 가운데 참인 것은 기껏해야 하나밖에 없다고 했으므로 은상자에 있는 진술은 거짓이다. 따라서 초상화는 사실은 은상자 안에 들어 있다.

이 문제는 다음과 같은 방법에 의해서도 해결이 가능하다. 만일 그 초상화가 금상자 안에 들어 있다면, 참인 진술은 두 개가 (구체적으로 말해 금상자와 은상자에 있는 진술) 생기게 되어, 주어진 조건과 어긋나게 된다. 한편, 만일 초상화가 동상자 안에 들어 있다고 해도 참인 진술은 역시 두 개가 (이번에는 동상자와 은상자에 있다는 진술) 생기게 된다. 따라서 초상화는 은상자 안에 있을 수밖에 없다.

위의 두 방법은 모두 옳은 방법인데 이 예는 동일한 결론에 도달할 수 있는 올바른 방법이 서너 가지 존재하는 문제가 한둘이 아니라는 것을 보여주고 있다.

67b.

만일 초상화가 동상자 안에 들어 있다면 위의 세 진술은 모두 참이 될 텐데, 그러한 결과는 주어진 조건과 배치된다. 만일 초상화가 은상자 안에 들어 있다면 위의 세 진술은 모두 거짓이 될 텐데, 그와 같은 결과 또한 주어진 조건과 배치된다. 따라서 초상화는 금상자 안에 들어 있을 수밖에 없다. (이 경우, 금상자와 은상자에 있는 진술은 참이 되는 반면, 동상자에 쓰여 있는 진술은 거짓이 되어 주어진 조건에 부합하게 된다.)

68a.

만일 초상화가 동상자 안에 들어 있다면, 동상자에 쓰인 두 개의 진술은 모두 거짓이 되기 때문에 동상자는 선택의 대상에서 쉽게 배제된다. 그렇다면 초상화는 금상자 안에 들어 있거나 은상자 안에 들어 있다. 그런데 금상자와 은상자에 써 붙인 첫 번째 진술들은 동일한 주장을 하고 있으므로, 동시에 참이거나 혹은 동시에 거짓이 된다. 그 진술들이 모두 거짓이라고 하면, 금상자와 은상자에 써 붙인 두 번째 진술들은 모두 참이 된다. 그러나 그 진술들은 서로 모순된 주장을 담고 있으므로 동시에 참이 될 수는 없다. 그러므로 첫 번째 진술들은 둘 다 참이며 따라서 금상자 안에는 초상화가 들어 있을 수가 없다. 이로써 초상화는 은상자 안에 들어 있다는 것이 증명된다.

68b.

초상화가 금상자 안에 들어 있다면, 금상자와 은상자의 뚜껑 위에는 거짓인 진술이 각각 두 개씩 있게 되는 셈이다. 초상화가 은상자 안에 들어 있다면, 은상자와 동상자에는 각기 참인 진술과 거짓인 진술이 하나씩 들어 있게 된다. 따라서 초상화는 동상자 안에 들어 있다. (또한 은상자의 진술은 둘 다 참이고, 동상자에 쓰인 진술은 둘 다 거짓인 반면, 금상자의 진술은 하나는 참이고 다른 하나는 거짓이다.)

69a.

동상자를 벨리니가 제작했다고 가정해보자. 그 경우 동상자의 진술은 참이 될 것이며, 따라서 나머지 금상자와 은상자는 첼리니의 작품임에 틀림없다. 그렇다면 금상자와 은상자의 진술은 모두 거짓이라는 이야기가 된다. 특히 은상자의 진술이 거짓이며 단검은 은상자 속에 들어 있다. 그러므로 동상자를 벨리니가 만들었다면, 단검은 은상자 속에 들어 있다.

이번에는 동상자를 첼리니가 제작했다고 가정해보자. 그 경우 동상자의 진술은 거짓이 되며, 따라서 최소한 두 개의 상자는 벨리니의 작품이다. 이것은 (동상자는 첼리니가 만들었다고 가정했기 때문에) 금상자와 은상자를 모두 벨리니가 만들었다는 것을 의미한다. 따라서 금상자와 은상자에 새겨져 있는 글귀는 모두 참이다. 특히 금상자의 진술도 참이며 이 경우 단검은 금상자 속에 들어 있다.

결국 어느 경우에도 동상자에는 단검이 들어 있지 않기 때문에, 구혼자는 동상자를 선택해야 했다.

69b.

첫째로 은상자가 벨리니의 작품이었다면 은상자의 진술은 참이다. 따라서 이 경우에는 금상자는 첼리니가 제작했다. 반대로 은상자를 만든 주인공이 첼리니였다고 가정해보자. 이 경우 그 상자들 가운데 딱 하나를 벨리니가 제작하였다는 진술은 거짓이 된다. 다시 말해 금상자도 첼리니의 작품이었다는 것을 의미한다. (왜냐하면 금상자가 벨리니의 작품이었다면 그 상자들 가운데 딱 하나를 벨리니가 만든 것이 되기 때문이다.) 따라서 은상자를 제작한 주인 공이 누구건 간에 금상자를 만든 장본인은 첼리니임이 분명하다. 결과적으로 금상자에 있는 진술은 거짓이며, 초상화는 금상자 속에 들어 있다.

69c.

우선 동상자는 벨리니의 작품일 수밖에 없다는 것을 증명하기로 한다. 첼리니가 동상자를 만들었다고 가정해보자. 그 경우 동상자의 진술은 거짓이 되는데, 이는 벨리니가 제작한 상자가 적어도 두 개는 되어야 한다는 것을 의미한다. 따라서 금상자와 은상자는 모두 벨리니의 작품이다. 그러나 초상화가 금상자와 은상자 양쪽에 동시에 들어 있을 수 없기 때문에 그러한 상황은 불가능하다. 실제로 동상자를 만든 사람은 벨리니이다. 따라서 동상자의 진술은 참이며, 첼리니의 작품이라는 것을 의미한다. 따라서 금상자와 은상자에 있는 진술은 모두 거짓이며, 초상화는 금상자는 물론 은상자에도 들어 있지 않다. 초상화는 동상자 속에 들어 있다.

위에서 이미 동상자를 벨리니가 제작했으며 다른 두 상자는 첼리니의 작품임을 증명한 바 있는데, 이것이 곧 두 번째 물음에 대한 해답이 된다.

70.

구혼자가 먼저 깨달아야 할 것은 어떤 문장들의 진위(眞僞)에 관해 일체 알려진 바가 없고 그들의 진리치(眞理値)들이 서로 어떤 관계에 있는지에 대해서도 전혀 밝혀진 바가 없다면, 그 문장들은 어떤 주장도 할 수 없고 따라서 문제의 물건이 무엇이건 간에 (그것이 초상화이든 단검이든) 어떤 장소에 있다고 해도 무방하다는 사실이다.

이를테면 그것이 몇 개이든 내 마음대로 상자를 여럿 들고 와서, 그중의 한 상자에 물건을 넣어둔 다음 각 상자의 뚜껑마다 마음에 드는 대로 아무 문장이나 새겨 놓을 수도 있다. 그렇지만 그렇게 한다고 해서 그 문장들이 반드시 어떤 의미를 전달하게 되는 것은 아니다. 그러므로 포샤는 사실 거짓말을 한 것은 아니었다. 그녀가 주장한 것은 단지 상자들 가운데 하나에 문제의 물건이 들어 있다는 것뿐이었고, 두 경우 모두 그 말이 사실인 것으로 드러났기 때문이다.

그러나 포샤의 조상들의 이야기에서 문제의 물건이 만일 구혼자가 예상했던 상자에 들어 있지 않았다면 이와는 전혀 다른 상황이 되었을 것이다. 왜냐하면 그 경우에는 선대의 포샤 중 누군가가 (곧이어 보게 되겠지만) 어디선가 거짓인 진술을 한 결과가 되기 때문이다.

이 문제를 보는 시각을 달리하여 구혼자가 각각의 진술이 참이거나 거짓이라고 가정했던 것이 오류였다고 할 수도 있다.

이제 두 개의 상자를 이용한 포샤 N세의 첫 번째 시험을 면밀하게 검토해보기로 하자. "이 상자 안에는 초상화가 들어 있지 않다"라는 금상자의 진술은 참 혹은 거짓이 된다. 왜냐하면 초상화는 금상자에 들어 있거나 혹은 들어 있지 않을 것이기 때문이다. 포샤는 실제로 초상화를 은상자에 두었기 때문에 그 진술은 참이었다.

이제 포샤가 자신의 초상화를 은상자에 두었다고 할 때, 은상자의 진술은 참이거나 혹은 거짓이 되는가? 그 진술이 참이라고 하건 거짓이라고 하건 우리는 모순에 빠진다. 그 진술이 참이라 하자. 그러면 딱 하나의 진술만이 참이 된다. 그렇지만 (금상자에 쓰여져 있는 진술인) 첫 번째 진술이 참이므로, 은상자에 쓰여진 진술은 거짓이어야 한다. 즉, 만일 그 진술이 참이라면, 거짓이 된다. 반면에 은상자의 진술이 거짓이라고 가정해보자. 그 경우 첫 번째 진술인 금상자의 진술은 참이 되고, 두 번째 진술은 거짓이 된다.

따라서 두 진술들 가운데 딱 하나만이 참이 되는데 이것이 바로 두 번째 진술이 주장하고 있는 내용이다. 그러므로 은상자의 진술은 참이 된다! 이처럼 그 진술이 참이라고 가정하든 거짓이라고 가정하든 모순이 야기된다.

위의 포샤 N세의 시험을 역시 두 상자만을 사용한 포샤 3세의 두 번째 시험과 비교해보면 흥미로운 사실을 알 수 있다. 포샤 3세의 금상자에는 포샤 N세의 금상자와 마찬가지로 "이 상자 안에는 초상화가 들어 있지 않다"라고 되어 있지만, 은상자에는 "이 두 개의 진술 가운데 딱 하나만이 참이다"가 아닌, "이 두 개의 상자 가운데 딱 하나만을 벨리니가 제작하였다"라고 되어 있다.

벨리니는 오직 참인 글귀만을 새겨 넣었고 첼리니는 오직 거짓인 진술만을 새겨 넣었다고 할 때, 위의 두 진술은 별 대단한 차이가 없는 대동소이한 이야기가 아니겠느냐고 의아해 할 독자들이 많을 것이다. 그런데 두 진술 간에는 미묘하여 식별하기가 어렵기는 하지만 근본적인 차이가 존재한다.

"이 두 개의 상자 가운데 딱 하나만을 벨리니가 제작하였다"라는 진술은 참이거나 거짓이거나 둘 중 하나여야 한다. 위의 진술은 물리적 세계에 대한 역사적 진술로서, 벨리니는 두 개의 상자 가운데 딱 하나만을 제작했거나 그렇지 않았거나 둘 중의 하나인 것이다. 포샤 3세의 문제에서 초상화가 금상자가 아닌 은상자에 들어 있었다고 해보자. 그 경우 어떤 결론을 내릴 것인가? 은상자의 진술이 참도 거짓도 아니라는 결론을 내릴 것인가? 그것은 전혀 가당치 않은 결론이 될 것이다! 위에서도 이미 지적했지만 그 진술은 참이거나 혹은 거짓이다. 초상화가 만약에 은상자 안에 들어 있었다면, 포샤 3세가 벨리니와 첼리니에 대해 한 말은 거짓이었다는 결론을 내리는 것이 타당하다. 이에 반해 포샤 N세의 경우에는 초상화를 은상자 속에 넣어둔다고 해도 전혀 거짓말한 결과가 되지는 않는데, 이는 그녀가 문제의 진술들의 참과 거짓에 대해서는 아무 주장도 한 것이 없기 때문이다.

자기 자신의 진리치(眞理値, truth-values)를 언급하는 진술들의 진리치가 어떻게 되는가 하는 문제는 현대 논리학에서 까다롭고도 근본적인 문제의 영역에 속하는데, 뒷장에서 다시 이 문제를 다룰 기회가 있을 것이다.

6 크레이그 경감의 수사 파일

A. 크레이그 경감의 수사 파일

런던 경찰청 강력반에 근무하는 레슬리 크레이그(Leslie Craig) 경감은 논리학이 범죄 사건 수사에 어떻게 응용되는지를 알고 싶어 하는 사람들을 위해 자신의 수사 기록 서류 가운데 일부를 공개하는 호의를 베풀었다.

71.

먼저 단순 절도 사건부터 시작해보기로 하자. 한 상점에서 몇 번의 귀중품을 도난당했다. 범인은 (혹은 범인들은) 차량을 이용하여 범행을 하였다. 이 방면에 이미 상당한 전과가 있는 A, B, C 세 명의 유력한 용의자가 런던 경찰청에 연행되어 조사를 받았다. 조사 결과, 다음 사실이 드러났다.

  (1) A, B, C 이외의 다른 사람은 이번 도난 사건과 전혀 관련이

없다.

(2) C는 A를 (혹은 그 밖의 다른 사람을) 공범으로 끌어들이지
않는 단독 범행은 하지 않는다.

(3) B는 운전할 줄을 모른다.

A는 범인인가, 아닌가?

72.

이 사건도 단순 절도 사건이다. 이번 경우에도 A, B, C 세 용의자가
연행되어 조사를 받았는데 조사 결과, 다음 사실이 드러났다.

(1) A, B, C 이외의 다른 사람은 이번 사건과 전혀 관련이 없다.

(2) A는 공범을 끌어들이지 않는 단독 범행은 하지 않는다.

(3) C는 이번 사건에 가담하지 않았다.

B는 범인인가, 아닌가?

73. 쌍둥이 형제 사건

다음은 런던에서 발생한 강도 사건으로서 보다 흥미진진한 데가
있는 사건이다. 세 명의 유력한 강도 용의자 A, B, C가 이 사건과
관련된 혐의로 검거되어 조사를 받았다. 그런데 공교롭게도 A와 C
는 사람들이 구별하기가 어려울 정도로 똑같이 생긴 쌍둥이였다.
이 세 명에 대해서는 상세한 전과 기록이 남아 있어, 이들의 성격
및 습관에 대해 많은 것을 알 수 있었다. 특히 쌍둥이인 A와 C는
소심한 성격이었기 때문에 공범 없는 단독 범행 같은 것은 감히 엄
두조차 낸 적이 없었다. 반면에 B는 대담한 성격의 소유자로서 공

범을 자신의 범행에 끌어들이는 것을 아주 우습게 생각했다. 또한 일부 목격자들의 증언에 의하면, 사건 당시 쌍둥이 중 한 사람은 도버(Dover)*의 한 술집에서 술을 마시고 있었음이 목격되었다. 그러나 그가 쌍둥이 중 누구인지는 밝혀진 바가 없다.

A, B, C 이외에는 사건에 관련된 사람이 달리 없다고 할 때, 이번 범행과 무관한 사람은 누구이고, 범행에 가담한 사람은 누구인가?

74.

크레이그 경감은 부하인 맥퍼슨 경사에게 몇 가지 사실을 제시하고는 물었다.

"여보게, 자네는 다음 사실을 놓고 무슨 결론을 내리겠는가?"

(1) A가 범인이고 B가 결백하다면, C는 범인이다.
(2) C는 결코 단독 범행은 하지 않는다.
(3) A와 C는 결코 함께 범행을 하지는 않는다.
(4) 이번 사건에는 A, B, C 이외의 다른 관련자는 없었고, 이들 가운데 적어도 한 사람은 범인이다.

맥퍼슨 경사는 난처한 듯이 머리를 긁적이며 다음과 같이 말했다.

"경감님, 제 머리로는 잘 모르겠는데요. 경감님께서는 위의 사실로부터 누가 범인이고 누가 범인이 아닌지를 알아내실 수 있습니까?"

그러자 크레이그 경감은 다음과 같이 대답하였다.

"그렇지는 않아. 그러나 위의 사실을 감안할 때 그들 가운데 한 사람만큼은 틀림없는 범인이라고 단정할 수 있을 만한 증거는 충

---

* 영국 켄트 주의 항구 도시.

분히 있지."

그렇다면 그들 가운데 틀림없이 범인이라고 단정할 수 있을 만한 사람은 누구인가?

75. 맥그리거 상점 강도 사건

런던에서 가게를 운영하고 있는 맥그리거 씨가 런던 경찰청에 자기 가게가 털렸다고 전화로 신고해왔다. 이 사건과 관련하여 A, B, C 세 명의 용의자가 검거되어 조사를 받았는데 조사 결과, 다음과 같은 사실이 밝혀졌다.

(1) 사건이 일어난 날 A, B, C는 모두 그 상점에 있었으며, 그날 그 가게에는 그들 이외에 다른 사람은 없었다.
(2) A가 범인이라면, A에게는 딱 한 사람의 공범이 있었다.
(3) B가 결백하다면, C 역시 결백하다.
(4) 범인이 딱 두 사람이라면, 그 가운데 한 사람은 A이다.
(5) C가 결백하다면, B 역시 결백하다.

크레이그 경감이 범인으로 구속한 사람은 누구였겠는가?

76. 네 명의 용의자

이번에는 강도 사건 용의자로 A, B, C, D 네 명이 검거되어 조사를 받았다. 이들 가운데 적어도 한 사람은 범인이며, 이번 사건에 관련이 있는 사람은 이 네 사람 이외에는 아무도 없었음이 확실하게 드러나 있다. 아울러 이들에 대한 조사 결과, 다음의 사실들도 드러났다.

(1) A는 단연 결백하다.

(2) B가 범인이라면, 그에게는 딱 한 명의 공범이 있다.

(3) C가 범인이라면, 그에게는 딱 두 명의 공범이 있다.

크레이그 경감은 무엇보다 D의 범죄 가담 여부를 밝히고 싶었는데, 그 이유는 D는 특히 흉악한 우범자였기 때문이다. 그런데 다행스럽게도 위의 사실만으로도 D가 범인인지의 여부를 충분히 가릴 수 있었다.

그렇다면 D는 범인인가, 아닌가?

B. 독자들이 푸는 재판 퀴즈

크레이그 경감은 형사 사건의 재판 과정을 방청하기 위해 자주 법정을 출입했는데, 그가 방청한 재판 가운데에는 자신이 관여하지 않았던 사건들도 있었다. 크레이그 경감의 목적은 일종의 논리적 훈련으로써 재판을 방청하면서 자신의 머리로 그러한 사건들을 해결할 수 있는지를 파악하고 싶었던 것이다. 그가 방청한 사건 가운데 일부를 다음에 소개하기로 한다.

77. 멍청한 피고 측 변호인

어떤 사람이 강도 사건에 가담한 혐의로 기소되어 재판을 받게 되었다. 검사와 피고 측 변호인은 법정에서 다음과 같은 공방을 벌였다.

검사: 피고가 범인이라면 피고에게는 공범이 한 사람 있습니다.

피고 측 변호인: 그건 사실이 아닙니다!

위의 변론은 피고 측 변호인이 할 수 있는 변론으로서는 최악의 변론이었다. 왜 그런가?

78.

이번 문제와 다음 문제는 어떤 강도 사건에 가담한 혐의로 기소된 A, B, C 세 사람의 재판과 관련된 것이다.

이번 사건의 경우에는 다음의 두 가지 사실이 밝혀졌다.

(1) A가 결백하거나 혹은 B가 범인이라면, C는 범인이다.
(2) A가 결백하다면, C는 결백하다.

이 세 사람 중 어느 특정한 사람이 범인임을 입증할 수 있는가?

79.

이번 사건의 경우에는 다음의 사실이 밝혀졌다.

(1) 적어도 세 사람 가운데 하나는 범인이다.
(2) A가 범인이고 B가 결백하다면, C는 범인이다.

위의 증거만으로는 그들 가운데 누가 실제로 범행을 했는가를 가릴 수는 없다. 그러나 위의 세 사람 가운데 두 사람에 대해서는 그 둘 가운데 하나가 범인이라고 단정할 수가 있다.

그렇다면 그 두 사람은 과연 누구인가?

80.

다음 사건은 더욱 흥미 있는 사건으로서 관련된 피고인은 A, B, C, D 네 명인데 이들에 대해 법정에서의 심리 결과 다음의 네 가지 사실이 드러났다.

(1) A와 B가 모두 범인이라면, C는 공범이다.
(2) A가 범인이라면 B와 C 가운데 적어도 한 사람은 공범이다.
(3) C가 범인이라면, D는 공범이다.
(4) A가 결백하다면, D는 범인이다.

그렇다면, 틀림없이 범인이라고 할 만한 사람은 누구이며, 또 범행 여부가 불분명한 사람은 누구인가?

81.

이번 사건의 경우에도 관련 피고인은 A, B, C, D 네 명이었는데, 이들에 대해 다음과 같은 사실들이 밝혀졌다.

(1) A가 범인이면, B는 공범이다.
(2) B가 범인이면, C는 공범이거나 혹은 A는 결백하다.
(3) D가 결백하다면, A는 범인이며 C는 결백하다.
(4) D가 범인이라면, A 역시 범인이다.

그렇다면 결백한 사람은 누구며, 범행에 가담한 사람은 누구인가?

C. 여섯 건의 진기한 재판

82. 과연 요령 있는 최후진술이었는가?

어느 조그만 섬에서 한 사나이가 어떤 범죄와 관련된 혐의로 형사 기소되어 법정에 서게 되었다. 그런데 재판부는 피고가 기사와 건달이 사는 인근 섬에서 태어나 그곳에서 성장했음을 알고 있다. (여기서 다시 한 번 기사는 항상 참말만을 하고 건달은 항상 거짓말만을 한다는 사실을 상기하기로 하자.) 피고에게는 단 한 번 자신의 변론을 위해 진술할 수 있는 기회가 허용되었다. 피고는 잠시 생각한 연후에 다음과 같은 최후진술을 하였다. "실제로 범행을 한 사람은 건달입니다."

위와 같은 진술이 피고로서는 과연 현명한 진술이었는가? 다시 말해 그와 같은 최후진술에 의해 피고 측의 입장이 유리해졌겠는가 혹은 불리해졌겠는가? 그렇지 않으면 유리할 것도 불리할 것도 없었겠는가?

83. 담당 검사의 신원이 불분명했던 재판

같은 섬에서 발생한 또 다른 사건과 관련하여 X와 Y 두 사람이 형사 기소되어 법정에 서게 되었다. 이번 사건에서 무엇보다도 세인의 관심을 끈 부분은 기사이거나 또는 건달이라고 알려진 사람이 다름 아닌 담당 검사였다는 점이다. 법정에서 검사가 한 진술은 다음 두 가지였다.

(1) X는 범인이다.
(2) X와 Y 둘 다 범인인 것은 아니다.

만일 독자가 본 사건의 배심원이었다면, 그러한 검찰 측의 진술을 어떻게 평가하겠는가? X나 Y가 유죄인지 아닌지에 대해 어떤 구체적인 결론을 내릴 수 있겠는가? 또한 검사가 참말을 하는 사람인지 거짓말을 하는 사람인지에 대해서는 어떻게 생각하는가?

84.
위의 사건에서 검사가 다음과 같은 진술을 했다고 하자.

(1) X 혹은 Y가 범인이다.
(2) X는 범인이 아니다.

그렇다면 독자는 어떤 결론을 내리겠는가?

85.
위와 동일한 상황에서 검사가 아래와 같은 진술을 했다고 하자.

(1) X는 결백하거나 혹은 Y는 범인이다.
(2) X는 범인이다.

이 경우 독자는 어떤 결론을 내리겠는가?

86.
이번 사건은 기사와 건달, 그리고 보통 사람이 사는 섬에서 일어난 사건이다. 여기서 기사는 항상 참말만을 하며, 건달은 항상 거짓말만 하지만, 보통 사람은 때에 따라 거짓말도 하고 참말도 한다는 사실을 다시 한 번 상기하기로 하자.

이 섬의 주민인 A, B, C 세 사람이 어떤 범죄를 저지른 혐의로 기소되어 재판을 받게 되었다. 범인은 이들 가운데 단 한 사람인 것으로 밝혀졌다. 또한 이들 가운데 기사는 단 한 사람인데 한 사람뿐인 기사가 바로 범인이라는 사실도 드러났다. 세 명의 피고가 법정에서 한 진술은 다음과 같다.

A: 나는 결백합니다.
B: 그 말은 참입니다.
C: B는 보통 사람이 아닙니다.

그렇다면 범인은 누군가?

87.

이번 사건은 그 중에도 가장 흥미진진한 사건으로서 겉으로 보기에는 위의 사건과 유사한 데가 있으나 실제로는 전혀 판이한 사건이다. 사건이 발생한 곳은 앞서와 마찬가지로 기사와 건달, 그리고 보통 사람들이 살고 있는 섬이었다.

이 사건의 주요 등장 인물은 피고와 검사 그리고 피고 측 변호인이다. 제일 먼저 사람을 난감하게 만든 것은 이들 가운데 한 사람은 기사이고 또 한 사람은 건달이며, 나머지 한 사람은 보통 사람이라는 사실은 밝혀졌으나 누가 누구인지는 통 알려진 바가 없었다는 점이었다. 더욱 기이했던 사실은 피고가 범인이 아니라면, 범인은 피고 측 변호인이거나 검사라는 사실을 재판부가 알고 있었다는 점이다. 또한 범인은 건달이 아니라는 사실도 밝혀졌다. 이들 세 사람이 법정에서 한 진술은 다음과 같다.

피고: 저는 결백합니다.

피고 측 변호인: 피고는 정말로 결백합니다.

검사: 그건 사실이 아닙니다. 피고는 유죄입니다.

위의 진술들은 겉으로만 보기에는 아무런 문제가 없어 보인다. 각자의 진술이 끝난 후, 배심원들이 모여 판결을 내리고자 했으나 위의 진술만으로는 증거가 불충분하였기에 뾰족한 결론에 이를 수가 없었다. 그 당시 이 섬은 영국의 속령이었기 때문에, 이 섬에서는 런던 경찰청에 지급 전보로 이번 사건의 해결을 지원하기 위해 크레이그 경감을 파견해줄 수 있는가를 타진하였다.

몇 주일 후 크레이그 경감이 도착함에 따라 재판은 다시 속개되었다. 크레이그 경감은 마음속으로 '이 사건의 진상을 철저히 규명하지 못하면 성을 갈겠다!'라고 각오를 단단히 하였다. 경감은 범인의 신원은 물론이며 누가 기사이고, 누가 건달이며 또 누가 보통 사람인지도 더불어 가려낼 생각이었다. 그래서 그는 그러한 사실들을 파헤치기 위해 사건 관련자들을 상대로 필요한 질문은 모두 하겠다고 다짐했다. 크레이그 경감은 먼저 검사에게 물었다. "혹시 검사님께서 범행을 한 것은 아닙니까?" 이에 대해 검사는 답변을 했는데, 크레이그 경감은 검사의 대답을 듣고는 잠시 생각에 잠기더니 이윽고 이번에는 피고에게 다음과 같은 질문을 던졌다. "범인은 검사인가?" 이에 대해 피고는 뭐라고 대답을 했는데, 그 대답을 듣고 크레이그 경감은 모든 사실을 알아냈다.

그렇다면 범인은 누구인가? 또한 누가 보통 사람이고, 누가 기사이며 건달은 누구인가?

해답

71.

우선 A, C 가운데 적어도 한 사람은 범인임을 증명하기로 한다. B 가 범인이 아니라면, A와 C 모두가 범인이든가 혹은 그중에 한 사람이 범인임은 분명하다. 왜냐하면 (1)에 의해, A, B, C 외의 다른 사람은 혐의가 없기 때문이다. 반대로 B가 유죄라면 B는(운전을 할 줄 모르기 때문에) 반드시 공범자가 있음이 틀림없으며, 따라서 이 경우에도 A 혹은 C는 범인이다. 따라서 A 혹은 C는(또는 A와 C 모두가) 범행에 가담했음이 틀림없다. 여기서 C가 범행에 가담하지 않았다면, A가 범인이 될 수밖에 없으며, 반대로 C가 범행에 가담했다고 해도 진술 (2)에 의해 A는 역시 범인이다. 따라서 A의 단독 범행인지 공범이 있는지는 알 수 없으나 하여간 A는 범인이다.

72.

이 사건은 아주 간단하다. A가 결백하다면 C는 결백하기 때문에, (1)에 의해 B는 범인일 수밖에 없다. A가 범인이라면 (2)에 의해 공범이 있는데, 또한 그 공범은 (3)에 의해 C가 될 수 없다. 따라서 공범은 B일 수밖에 없다. 그러므로 어느 경우건 B는 범인이다.

73.

우선 B가 결백하다고 가정해보자. 그러면 쌍둥이 형제 중 적어도 한 사람은 범인이어야 한다. 그런데 범행에 가담한 그 쌍둥이에게는 공범이 있어야 하는데 그 공범은 B일 수가 없으며 따라서 다른 쌍둥이가 문제의 공범일 수밖에 없다. 그러나 사건 당시 쌍둥이 형제 가운데 하나는 도버에 있는 술집에 있었으므로 그러한 경우는 있을 수가 없다. 따라서 범인은 B이며, B는 언제나 단독으로 범행을 저지르기 때문에 쌍둥이 형제는 결백하다.

74.

범인은 B일 수밖에 없다. 다음 두 가지 증명 가운데 하나를 이용하면 B가 범인임이 입증된다.

증명 1: 만일 B가 결백하다고 가정해보자. 그 경우 A가 만일 범인이라면 진술 (1)에 의해 C 또한 범인이 된다. 이는 A가 C와 함께 범행을 저질렀음을 의미한다. 그러나 그것은 진술 (3)에 위배된다. 이 경우 A는 범행과는 관련이 없다. 그렇다면 이 사건의 범인은 C밖에 없다는 이야기가 되는데, 이는 진술 (2)에 배치된다. 따라서 B가 범인이다.

증명 2: 다음은 보다 직접적인 증명 방식이다. (a) A가 범인이라고 가정해보자. 그 경우 진술 (1)에 의해 B와 C가 모두 범인이 아닐 수가 없다. 따라서 A에게는 반드시 공범이 있게 된다. 그런데 (3)에 의해 그 공범은 C가 될 수는 없으며, 공범은 B일 수밖에 없다. 그러므로 A가 범인이라면, B 역시 범인이다. (b) C가 범인이라고 가정해보자. 그 경우 (2)에 의해 C에게는 공범이 있게 되는데, 그 공범은 (3)에 의해 A가 될 수 없다. 따라서 이 경우에도 공범은 B일 수밖에 없다. (c) A도 C도 범인이 아니라면, B만큼은 반드시 범인이다!

75.

크레이그 경감은 맥그리거 씨를 허위 신고 혐의로 구속했다. 맥그리거 씨는 자신의 가게가 털렸다고 신고했으나 실제로 그러한 일은 있을 수가 없었기 때문이었다. 크레이그 경감의 추리는 다음과 같다.

단계 1: 만일 A가 범인이라고 가정해보자. 그 경우 (2)에 의해 A에게는 딱 한 사람의 공범이 있다. 그러므로 B, C 가운데 한 사람은 범인이고 다른 한 사람은 결백하다. 그러나 이는 (3)과 (5)에 위배된다. (3)과 (5)를 결합하면, B, C가 모두 결백하거나 모두 범인이라는 결론이 나온다. 따라서 A는 분명히 결백하다.

단계 2: 다시 (3)과 (5)에 의해, B와 C는 모두 결백하거나 모두 범인이다. 여기서 B와 C가 둘 다 범인이라면, (A는 결백하기 때문에) B와 C만이 유일한 범인이다. 그렇다면 범인은 딱 두 명이 될 것이며, 따라서 (4)에 의해 A가 범인이 된다. 그러나 A는 결백하므로 이는 모순이다. 따라서 B와 C는 모두 결백하다.

단계 3: 이제 A, B, C가 모두 무죄임이 밝혀졌다. 그러나 진술 (1)에 의하면, 사건 당시 상점에는 A, B, C 외의 다른 사람은 없었으므로 A, B, C 이외에 범행을 한 사람이 따로 있을 수가 없다. 따라서 강도 사건은 처음부터 있지도 않았으며, 맥그리거 씨는 거짓말을 한 것이다.

에필로그

크레이그 경감의 치밀한 논리적 추리에 말문이 막힌 맥그리거 씨는 끝내 고개를 떨구고는, 보험금을 타내기 위한 목적으로 거짓말을 했다고 자백하였다.

76.

B가 범인이라면, (2)에 의해 범행에 가담한 사람은 오직 두 명이다. 또한 C가 범인이라면 (3)에 의해 범행에 가담한 사람은 딱 세 명이다. 그러므로 B가 범인이라는 것과 C가 범인이라는 것이 동시에 참이 될 수 없으며 B와 C 가운데 적어도 한 사람은 결백하다. 그런데 A 또한 결백하므로 범인은 많아야 두 사람이다. 따라서 C가 범인일 경우 공범은 딱 한 사람만이 있을 수 있으므로, (3)에 의해 C는 결백하다. 마찬가지로 B가 범인일 경우에도 공범은 딱 한 사람이 있게 되는데, (A와 C가 모두 결백하기 때문에) 그 공범은 D일 수밖에 없다. B가 결백하다면, A, B, C는 모두 결백하며 따라서 이 경우 범인은 D일 수밖에 없다. 따라서 B가 범인이건 아니건 간에 D는 범인임에 틀림없다. 그러므로 D는 범인이다.

77.

검사의 주장은 사실은 피고가 단독 범행을 하지는 않았다는 것인데 피고 측 변호인은 그것을 부정한 것이다. 따라서 피고 측 변호인은 피고가 단독 범행을 했다고 시인하는 꼴이 되었다.

78.

이 사건은 아주 간단하다. (1)에 의해 A가 결백하다면, C는 범인이다. (A가 결백하다면, "A가 결백하거나 혹은 B는 범인이다"라는 진술이 참이 되기 때문이다.) (2)에 의해, A가 결백하다면 C도 결백하다. 그러므로 A가 결백하다면, C는 범인이며 또한 결백한 사람이 되는데, 이는 불가능하다. 따라서 A는 범인일 수밖에 없다.

79.

그 두 사람은 B와 C이다. 그들 가운데 적어도 한 사람은 범인일 수밖에 없다. A가 결백하다고 가정해보자. 그러면 (1)에 의해 B 혹은 C 가운데 한 사람은 범인이다. 이와 반대로 A가 범인이라고 가정해보자. B가 범인이라면, 말할 것도 없이 B와 C 가운데 적어도 한 사람은 범인인 셈이다. 그러나 B가 결백하다고 가정해보자. 그 경우 A는 범인이고 B는 결백하다. 따라서 (2)에 의해 C는 범인이어야 한다. 따라서 B 혹은 C는 범인이다.

80.

먼저 A가 범인이라면, C 역시 범인임을 증명하기로 한다. A가 범인이라고 가정해보자. 그러면 (2)에 의해 B 혹은 C도 범인이다. 여기서 B가 결백하다면, 범인은 바로 C가 될 수밖에 없다. 반대로 B가 범인이라고 가정하면, A와 B가 모두 범인이 되며 따라서 (1)에 의해 C 역시 범인이다. 이렇게 해서 A가 범인이라면, C 역시 범인임이 입증된다. 또한 C가 범인이라면 (3)에 의해 D 역시 범인이다. 위의 두 가지 사실을 결합하면 A가 범인일 경우 D 역시 범인임을 알 수 있다. 그런데 (4)에 의해 A가 결백한 경우에도 D는 범인이다. 그러므로 A가 범인이건 아니건 간에 D는 영락없이 범인이다. 나머지 세 사람의 범행 여부는 분명치 않다.

81.

답부터 말하자면 네 사람 모두 범인이다. (3)에 의해, D가 결백하다면 A는 범인이다. 또 (4)에 의해, D가 범인인 경우에도 역시 A는 범인이다. 따라서 D가 범인이건 아니건 간에 A는 분명 범인이다. 또한 (1)에 의해 B 역시 범인이 된다. 그리고 (2)에 의해 C는 범인이거나 혹은 A는 결백한데, 우리는 이미 A는 결백하지 않음을 증명했다. 그러므로 C 역시 범인이어야 한다. 마지막으로 (3)에 의해, D가 결백하다면 C 역시 결백하다. 그러나 위에서 C가 결백하지 않음을 입증했으므로, D 역시 범인일 수밖에 없다. 이렇게 해서 A, B, C, D 모두가 범인이 된다.

82.

그렇다. 피고의 진술은 현명한 것이었다. 피고는 자신의 진술 덕분에 무죄로 석방될 수 있었다. 먼저 피고가 기사라고 가정해보자. 그 경우 그의 진술은 참이 되며, 따라서 범인은 건달이므로 피고는 결백하다. 반대로 피고가 건달이라고 가정해보자. 그러면 그의 진술은 거짓이며 범인은 사실은 기사이다. 따라서 이 경우에도 피고는 마찬가지로 무죄가 된다.

83.

검사가 건달이었다고 가정해보자. 그 경우 (1)과 (2)는 모두 거짓이 된다. (1)이 거짓이므로 X는 결백하다. (2)도 또한 거짓이므로, X와 Y는 둘 다 범인이다. 따라서 X는 범인이다. 그러나 그것은 모순이다. 그러므로 검사는 건달이 아닌 기사여야 한다. 따라서 X는 정말로 범인이며, X와 Y 둘 다가 범인인 것은 아니다. 그러므로 Y는 결백하다. 따라서 X는 범인이고, Y는 결백하며 검사는 기사이다.

84.

만일 검사가 건달이라면, 검사의 진술은 모두 거짓이 되므로 (1) X
와 Y는 모두 결백할뿐더러 (2) X는 범인이라는 결론이 얻어질 것
이다. 그런데 그러한 결론 또한 모순을 야기하므로 결국 검사는 기
사여야 한다. 따라서 X는 결백하며, 범인은 Y이다.

85.

이번에도 역시 검사가 건달이라고 가정해보자. 이 경우 진술 (1)은
거짓이므로, X는 범인이고 Y는 결백하다. 따라서 X는 범인이다. 그
러나 진술 (2) 역시 거짓이므로, X는 결백하다. 따라서 역시 모순
이 야기된다. 그러므로 검사는 기사일 수밖에 없다. 그렇다면 (2)
에 의해 X는 범인이다. 이 경우 (X는 결백하지 않기 때문에) (1)에
의해 Y 또한 범인이 될 수밖에 없다. 따라서 이번 경우에는 X와 Y
가 모두 범인이다.

86.

A는 기사일 수가 없다. 왜냐하면 A가 기사일 경우, A는 범인이므
로 자신이 결백하다는 거짓말을 하지 않을 것이기 때문이다. 또한
A는 건달일 수도 없다. 왜냐하면 만일 A가 건달일 경우, 그의 진술
은 거짓이 되며, 따라서 A는 범인이며 기사가 될 것인데 이 또한
모순이기 때문이다. 그러므로 A는 보통 사람이며 결백하다. A가
결백하기 때문에, B의 진술은 참이다. 따라서 B는 건달이 아니며
그는 기사이거나 보통 사람이다.

먼저 B가 보통 사람이라고 가정해보자. 이는 A, B, C 가운데 기사가 없으며 따라서 이들 중 어느 누구도 범인이 아니라는 것을 의미하는데, 이는 주어진 조건에 상반된다. 그러므로 B는 보통 사람이 아닌 기사일 수밖에 없으며 따라서 범인이기도 하다.

87.

크레이그 경감이 도착하기 전: 편의상 피고를 A라고 하고, B를 피고 측 변호인, C를 검사라고 하자. 우선 A는 건달일 수 없다. 만일 A가 건달이라면, A의 진술은 거짓이 될 것이고 따라서 A는 범인이 되는데 이러한 결과는 범인은 건달이 아니라는 문제의 조건과 배치된다. 그러므로 A는 기사이거나 혹은 보통 사람이다.

경우 1 — A가 기사일 경우: 이 경우 A의 진술은 참이며 따라서 그는 결백하다. 그렇다면 B의 진술 역시 참이 된다. 따라서 B는 기사이거나 혹은 보통 사람이다. 그러나 A가 기사이므로 B는 보통 사람이다. 따라서 C는 자동적으로 건달이 된다. 여기서 범인은 건달이 아니라는 사실이 이미 알려졌다고 했으므로, 범인은 B이다.

경우 2 — A가 보통 사람이면서 동시에 결백할 경우: 이 경우에도 B의 진술은 참이 된다. 따라서 (A가 보통 사람이므로) B는 기사가 된다. 그러므로 A는 결백하고 C 또한 건달이 되는 만큼 결백하기 때문에, 범인은 B가 된다.

경우 3 — A가 보통 사람이지만 범인일 경우: 이 경우 검사의 진술은 참이 된다. 따라서 검사는 기사가 될 수밖에 없다. (왜냐하면 A가 보통 사람인 만큼 검사인 C는 보통 사람이 될 수 없기 때문이다.) 따라서 B는 자동적으로 건달이 된다.

이제 위에서 말한 세 가지 경우를 요약하면 다음과 같은 표를 만들어 보기로 하자.

	(1)	(2)	(3)
피고	결백한 기사	결백한 보통 사람	범인인 보통 사람
피고 측 변호인	범인인 보통 사람	범인인 기사	결백한 건달
검사	결백한 건달	결백한 건달	결백한 기사

크레이그 경감이 도착하기 전에 관련 당사자들이 진술했던 내용에 비추어 위의 세 가지 경우가 각각 사실인 것으로 드러날 가능성이 있었다.

크레이그 경감이 도착한 후: 경감은 검사에게 검사 자신이 범인인지를 물었다. 크레이그 경감이 그러한 질문을 던졌을 때에는 이미 검사가 결백하다는 사실을 알고 있었다. (왜냐하면 위에서 말한 세 가지 가능한 경우를 살펴보면 검사는 어느 경우건 결백하기 때문이었다.) 따라서 검사의 대답은 결백 유무보다는 단지 그가 기사인지 아니면 건달인지를 확인할 수 있는 자료로 활용될 따름이었다. 만일 검사가 "아니요"라고 사실대로 대답을 함으로써 자신의 신분이 기사임을 밝혔다면, 크레이그 경감은 (1)의 경우밖에는 사실로 성립될 수 있는 가능성이 없다는 것을 알았을 것이다. 따라서 더 이상의 질문을 하지 않았을 것이다. 그러나 검사가 대답한 연후에 경감은 또 다른 질문을 던졌다. 따라서 검사는 건달이며 또한 "그렇다"라고 대답하였음에 틀림없다. 그렇기 때문에 (독자들과 마찬가지로) 크레이그 경감도 이제 (3)이 사실일 가능성이 배제됨을 확인했고, 따라서 남은 가능성은 (1)과 (2)가 된다. 이는 피고 측 변호인이 범인이라는 사실을 의미하는데, 그러나 피고와 피고 측 변호인 중 누가 기사이고 누가 보통 사람인지는 아직 알 수가 없다. 그래서 크레이그 경감은 피고에게 검사가 범인인지를 물었는데, 대답을 들은 연후에 그는 상황의 전체적인 내용을 파악할 수 있었다. 그런데 피고가 기사였다면 그가 경감의 물음에 "아니요"라고 대답을 했을 것이고, 반대로 보통 사람이었다면 "예" 또는 "아니요"라고 대답했을 것이다. 여기서 피고의 대답이 "아니요"였다면, 크레이그 경감은 피고가 기사인지 보통 사람인지를 도저히 분간할 수 없었을 것이다. 그러나 경감은 피고의 신분을 알아낼 수 있었다. 결국 크레이그 경감은 피고로부터 "예"라는 대답을 들은 것이 틀림없다. 따라서 피고는 보통 사람이며 피고 측 변호인은 (비록 범인이기는 하지만) 기사이다.

7 늑대인간 퇴치법을 비롯한 실용적인 지혜

이 장에서는 논리학에는 지적인 오락적 요소는 물론이고 실용적인 측면도 있다는 것을 보여주고자 한다. 사람이 살다 보면 상황에 대처할 지혜와 요령을 제대로 알고 있음으로 해서 크게 이득을 보는 경우가 한둘이 아니다. 그래서 이제부터 (A) 숲속에 살고 있는 늑대인간을 퇴치하는 방법, (B) 신붓감을 고르는 방법, (C) 법정에서 자신을 변호할 수 있는 방법, (D) 공주를 색시로 얻는 방법 등에 관해 독자들에게 차근차근 알려주고자 한다.

물론 독자들이 위에서 열거한 상황에 꼭 부닥칠 것이라고 장담할 수는 없다. 하지만 백색기사(White Knight)가 앨리스에게 충고해준 것처럼, **만사에** 유비무환의 자세를 갖추는 것이 아무튼 현명한 일일 것이다.

A. 늑대인간의 숲에서 위기를 모면할 수 있는 지혜

모든 주민이 기사가 아니면 건달인 숲속에 독자가 발을 들여놓았다고 하자. (여기서 기사는 언제나 참말만을 하며 건달은 언제나 거짓말만을 한다는 사실을 다시 한 번 상기하기로 하자.) 그런데 주민들 가운데 일부는 늑대인간들이어서 밤이 되면 간혹가다 늑대로 돌변하여 사람들을 잡아먹는 무시무시한 습성이 있다고 한다. 늑대인간 역시 기사일 수도 있고 건달일 수도 있다.

88.

숲속에 사는 세 명의 주민 A, B, C와 이야기를 나누고 있다. 그런데 이들 가운데 딱 한 사람이 늑대인간이라고 한다. 그들은 각기 다음과 같이 말했다.

> A: C는 늑대인간이다.
> B: 나는 늑대인간이 아니다.
> C: 우리들 가운데 적어도 두 사람은 건달이다.

독자가 풀어야 할 문제는 다음의 두 가지이다.

(a) 늑대인간은 기사인가 건달인가?
(b) 독자가 그들 가운데 한 사람을 여행의 길동무로 선택해야 하는데, 건달을 길동무로 선택해서도 안되겠지만 그보다는 늑대인간을 길동무로 선택하지 않는 것이 훨씬 중요하다고 할 때, 독자는 그들 가운데 누구를 길동무로 선택하겠는가?

89.

이번 경우에도 주민 A, B, C가 각각 기사이거나 건달이며, 그들 가운데 꼭 한 사람만이 늑대인간이라고 하자. 이들은 각기 다음과 같이 말했다.

A: 나는 늑대인간이다.
B: 나는 늑대인간이다.
C: 우리들 가운데 많아야 한 사람만이 기사이다.

A, B, C가 각기 기사인지 건달인지 그리고 늑대인간인지 아닌지의 여부를 모두 밝혀보아라.

90.

이번 문제와 아래의 두 문제에도 A, B, C 세 사람의 주민이 등장한다. 이들 각자는 기사이거나 건달인데 그들 가운데 어떤 진술을 한 사람은 A, B뿐이다. 그러나 A, B가 한 말 가운데 '우리'란 낱말은 A와 B만을 가리키는 것이 아니라 A, B, C 세 사람 모두를 가리키고 있다.

이 문제에서 A와 B가 한 진술은 다음과 같다고 가정하기로 한다.

A: 우리 세 사람 가운데 적어도 한 사람은 기사이다.
B: 우리 세 사람 가운데 적어도 한 사람은 건달이다.

그들 가운데 적어도 한 사람은 늑대인간이고, 늑대인간이면서 동시에 기사이기도 한 사람은 없다고 할 때, 늑대인간은 과연 누구인가?

91.

이번에는 A와 B가 다음과 같이 말했다고 하자.

　A: 우리들 세 사람 가운데 적어도 한 사람은 건달이다.
　B: C는 기사이다.

　여기서 늑대인간은 딱 한 사람이고 또 그가 기사라고 할 때, 늑대인간은 과연 누구인가?

92.

이번에는 다음과 같은 진술을 했다고 하자.

　A: 우리들 세 사람 가운데 적어도 한 사람은 건달이다.
　B: C는 늑대인간이다.

　이번 경우에도 늑대인간은 꼭 한 사람이고 그 늑대인간은 또한 기사라고 할 때, 늑대인간이면서 동시에 기사인 사람은 누구인가?

93.

이번 문제에서는 늑대인간이 딱 한 사람 있는데 그 유일한 늑대인간은 기사이고 나머지 두 사람은 건달이라고 한다. 그 세 사람 가운데 B만이 "C는 늑대인간이다"라고 진술하였다.

　그렇다면 늑대인간은 과연 누구인가?

94.

이번 문제는 A, B 단 두 명의 주민만이 등장하는 아주 간단한 문제이다. 이들 가운데 한 사람만이 늑대인간이다. 이들은 각기 다음과 같이 말했다.

A: 늑대인간은 기사이다.
B: 늑대인간은 건달이다.

그렇다면 A, B 중 누구를 길동무로 선택해야 하겠는가?

B. 멋진 신붓감을 얻는 방법

95. 괴팍한 신붓감 설득하기

독자가 기사와 건달들이 사는 섬의 주민이라고 가정하자. 독자는 마침 그 섬에 사는 한 아가씨에게 푹 빠져서 그녀와 결혼하기를 간절히 바라고 있다. 그렇지만 이 아가씨는 성격이 좀 괴팍한 데가 있어 좀 묘한 이유로 결혼 상대자로서 기사를 꺼리고 오히려 건달인 사람하고만 결혼하겠다고 고집을 피우고 있다. 그러나 그녀가 바라는 건달은 가난뱅이가 아니라 돈 많은 건달이었다. (편의상, 그 섬에 사는 모든 사람은 돈 많은 부자이거나 가난한 사람이라고 가정하기로 한다.)

여기서 독자가 돈 많은 건달이라고 하자. 독자가 그 아가씨에게 단 한마디의 말만을 할 수 있도록 허용되었다고 할 때, 어떤 말을 하면 독자가 돈 많은 건달임을 아가씨가 알아차릴 수 있겠는가?

96.

이번에는 독자가 사랑하는 그 아가씨가 결혼 상대로서 오직 돈 많은 기사만을 생각하고 있다고 해보자. 이 경우 독자가 어떻게 하면

단 한마디 말로 자신이 돈 많은 기사임을 그 아가씨가 납득하도록
할 수 있겠는가?

97. 신붓감을 고르는 방법

이번에는 독자가 기사와 건달들이 사는 섬을 찾아온 손님이었다
고 하자. 그 섬에 사는 모든 여성들은 기사이거나 건달이다. 독자
는 그 섬에 사는 여성 중 엘리자벳이라는 이름의 아가씨에게 반해
서 그녀와의 결혼을 꿈꾸게 되었다. 그러나 독자는 우선 자신을 사
로잡은 그 아가씨의 정체가 무엇인지부터 확인해야겠다고 마음먹
고 있다. 왜냐하면 독자는 무슨 일이 있어도 건달인 아가씨와는 결
혼할 생각이 없기 때문이다. 그런데 그 아가씨에게 직접 궁금한 것
을 물어볼 수만 있다면 아무 문제가 없었을 것이다. 그러나 옛날부
터 전해져 내려온 그 섬의 금기 사항에 의해, 남자는 이미 아내로
맞은 여자 이외에 외간 여자와는 아무 이야기도 나눌 수가 없었다.
그런데 엘리자벳에게는 아서라는 오빠가 하나 있었는데 그 오빠
역시 기사 아니면 건달이었다. (그러나 오누이가 반드시 동시에 기
사이거나 건달인 것은 아니었다.) 독자에게는 단지 그 오빠에게 단
한 번의 질문을 할 수 있는 기회가 주어져 있었는데, 그 물음은 반
드시 "예" 아니면 "아니요"로 답변할 수 있는 것이어야 했다.

문제는 질문의 답변을 듣기만 하면 곧장 엘리자벳이 기사인지
건달인지를 확실하게 가릴 수 있는 그러한 질문을 고안해내는 것
이다.

그렇다면 독자는 어떤 질문을 해야 하는가?

98.

이번에는 독자가 바하바 섬을 방문하였는데, 그 섬에는 언제나 참말만을 하는 기사들과 언제나 거짓말만을 하는 건달들과 때로는 참말을 하고 때로는 거짓말을 하는 보통 사람들이 살고 있다. 또한 이미 나온 이야기이지만(앞의 3장 C절 참조) 이 섬은 여성 해방론자들의 섬이기 때문에, 이 섬의 여성들 역시 남자들과 마찬가지로 기사, 건달 또는 보통 사람들로 분류되어 있다. 독자는 외지에서 온 방문객인 탓에 반드시 기사는 기사인 남녀끼리 결혼을 해야 하고, 건달은 건달하고만 결혼을 할 수 있다는 이 섬의 금지 규정이 적용되지 않는다. 따라서 독자는 마음에 드는 아무 여성과도 결혼을 할 수 있는 자유가 있다.

이제 독자는 A, B, C 세 명의 여성 가운데 한 여인을 신붓감으로 골라야 할 처지에 있다. 그들 중 한 여인은 기사이고, 또 한 여인은 건달이며, 나머지 한 여인은 보통 사람이라는 사실이 알려져 있다. 그러나 어처구니없게도 보통 사람은 늑대인간이고, 보통 사람이 아닌 나머지 두 여인은 늑대인간이 아니라는 것이다. 여기서 독자는 결혼할 여자가 건달이건 기사이건 전혀 상관이 없지만, 아무리 여자가 없더라도 늑대인간인 여인과 결혼할 생각은 추호도 없다고 하자. 아울러 세 명의 여인 가운데 아무나 한 여인을 선택하여 독자 마음대로 한 가지 질문을 하도록 허용되어 있으나, 이번 경우에도 그 물음은 반드시 "예" 혹은 "아니요"로 답변할 수 있는 것이어야 한다.

독자가 늑대인간인 여인과의 결혼을 피하려면 어떤 질문을 해야겠는가?

C. 자신의 결백을 입증하는 법

이제 그중에도 각별하게 사람의 마음을 사로잡는 일단의 흥미진진한 퍼즐을 풀 차례가 되었다. 이 퍼즐들도 모두가 기사, 건달, 그리고 보통 사람들이 살고 있는 섬에서 생긴 일이다. 이번 경우에는 독자도 그 섬의 주민 가운데 한 사람으로 취급된다.

그 섬에서 한 건의 범죄가 발생했는데, 모종의 수수께끼 같은 이유로 해서 독자가 난데없이 범행을 했다는 혐의를 받고 기소되어 법정에 서게 되었다. 독자는 이제 법정에서 자신을 변호하기 위해 단 한 번의 진술을 할 수 있는 기회를 허용받았다. 독자의 목적은 두말할 것도 없이 자신의 결백을 배심원들에게 납득시키는 것이다.

99.

범인이 건달임이 밝혀졌다고 가정해보자. 또한 독자는 (비록 배심원들은 전혀 그 사실을 모르고 있으나) 사실은 건달인데 그러나 결코 이번 사건과는 아무 관련이 없다고 하자. 독자가 노리는 것은 배심원들에게 자신이 건달이 아님을 납득시키는 것이 아니라, 단지 독자 자신의 결백을 증명하는 것이다.

그렇다면 독자는 무엇이라고 말해야 하는가?

100.

독자가 범인이라는 사실만 제외하고, 나머지는 99번 문제의 상황과 똑같다고 가정해보자. 또한 배심원들이 이성적인 사람들이라고 가정했을 때, 배심원들이 독자의 결백을 믿도록 하기 위해서는 독자는 어떤 진술을 해야 하겠는가?

101.

이번 문제에서는 범인이 기사인 것으로 밝혀졌다고 가정해보자. (이것은 전혀 모순이 아니다. 왜냐하면 반드시 거짓말쟁이어야 범죄를 저지를 수 있는 것은 아니기 때문이다.) 또한 (배심원들은 그 사실을 전혀 알지 못하고 있지만) 독자는 사실은 기사인데, 그러나 이번 사건과는 아무런 관련이 없다고 하자.

　그렇다면 독자의 결백함을 입증하기 위해 뭐라고 말해야 하겠는가?

102.

이번 문제는 좀 더 까다로운 편에 속하는데 이번 경우의 범인은 보통 사람이 아니라, 기사이거나 또는 건달이라는 것이 이미 알려져 있다고 가정해보자. 그런데 독자는 결백하다.

　독자가 기사이건 건달이건 혹은 보통 사람이건 간에 하여간 어떻게 말해야 배심원들이 독자의 결백을 믿어줄 것인가?

103.

이번 문제는 훨씬 쉬운 문제이다. 이번 문제에서는 범인이 보통 사람이 아님이 밝혀졌다고 하자. 위에서와 마찬가지로 독자는 범인이 아니지만 이번에는 보통 사람이다.

　독자는 결백한 기사도 할 수 없고 결백한 건달도 할 수 없는 진술을 함으로써 자신의 결백을 배심원들에게 납득시키려면 어떤 말을 해야 하는가?

104.

이번 문제는 더욱 흥미로운 문제로서, 이번 경우에도 범인이 보통 사람이 아닌 것으로 밝혀졌다고 하자. 아울러 (1) 독자는 결백하며, 또한 (2) 건달이 아닌 것으로 가정하기로 하자.

단 한 번의 법정 진술로 독자는 위의 두 가지 사실을 동시에 배심원들에게 납득시킬 수 있겠는가?

105.

이 문제는 위의 문제와 일종의 '짝'을 이루는 문제로서 이번 경우에도 범인은 보통 사람이 아니라고 하자. 또한 독자는 결백하지만 기사는 아니라고 가정하기로 하자. 그런데 모종의 수수께끼 같은 사연으로 인해 독자는 자신이 건달이라는 소문이나 보통 사람이라고 소문이 나는 것에는 전혀 개의치 않지만, 혹시 기사로 알려지는 것은 딱 질색이라고 하자.

그렇다면 독자는 단 한 차례의 법정 진술로 자신이 결백할 뿐더러 기사가 아니라는 사실을 배심원에게 납득시킬 수 있겠는가?

D. 왕의 사위가 되는 비결

이제 여러분 모두가 학수고대해왔을 문제에 이르렀다!

106.

독자는 기사와 건달 그리고 보통 사람들이 사는 섬의 주민 가운데 한 사람이다. 독자는 그 섬의 공주인 마고지타(Margozita)와의 사랑에 빠져 공주와 결혼하기를 간절히 바라고 있다. 그런데 그 섬의 왕은 공주가 보통 사람과 결혼을 하는 것을 극력 반대하고 있다. 왕은 공주에게 말했다.

"사랑스러운 공주야! 너도 잘 알겠지만 너를 보통 사람에게는 절대 출가시킬 수 없단다. 보통 사람이란 변덕이 심하고, 제멋대로여서 도무지 믿으려야 믿을 수가 없단 말이다. 그러니 보통 사람과 어울리면 뭐가 뭔지 갈피를 잡을 수 없게 되지 않겠느냐? 어떤 때는 참말을 하다가도 그다음 날이면 또 불쑥 거짓말을 해댈 터이니, 도무지 종잡을 수 없는 그런 녀석이 뭐가 좋겠니.

이에 반해 기사라면 믿을 만하지. 기사와 어울리면 그가 하는 말에 헷갈리는 법은 전혀 없을 테니까 말이다. 건달도 그런대로 쓸 만하지. 건달의 말은 항상 반대로 알아들으면 되는 만큼 건달의 경우에도 사물의 진상이 무엇인지에 관해 전혀 오해할 여지가 없을 테니까 말이다. 그게 아니더라도 뭐니 뭐니 해도 명색이 남자라면 자신이 고수하려는 원칙만큼은 있어야 하지 않겠느냐. 항상 참말만을 하겠다면 그래도 좋고 또 항상 거짓말만 하겠다면 그것도 일관성이 있으니만큼 그것도 좋겠지만, 이도 저도 아닌 주관도 없이 돈만 아는 보통 사람은 그게 뭐란 말이냐. 공주야, 그러니 그런 녀석들은 결코 공주의 배필로 삼을 수 없단다!"

그런데 사실 독자는 보통 사람이 아니다. 따라서 독자에게는 공주를 차지할 수 있는 기회가 없는 것이 아니다. 독자는 자신이 보통 사람이 아님을 왕에게 납득시켜야만 한다. 그렇지 못하면 왕은 독자와 공주와의 결혼을 결코 허용하지 않을 것이기 때문이다. 그런데 마침 독자에게 왕을 알현할 수 있는 기회가 주어졌다. 그에 따라 독자는 몇 차례건 왕의 면전에서 자신이 원하는 만큼의 진술을 할 수 있게 되었다.

문제는 다음과 같이 두 가지이다.

(a) 독자가 보통 사람이 아니라는 것을 참인 진술을 통해 왕에게 납득시키려고 할 경우, 최소한 몇 개의 참인 진술을 해야 하겠는가?

(b) 독자가 보통 사람이 아니라는 것을 거짓인 진술을 통해 왕에게 납득시키려고 할 경우, 최소한 몇 개의 거짓인 진술을 해야 하겠는가?

107.

또 다른 섬에도 마찬가지로 기사와 건달, 그리고 보통 사람들이 살고 있었는데, 이 섬의 왕은 공주의 신랑감에 대해 반대의 생각을 갖고 있었다. 왕은 공주에게 이렇게 말했다.

"공주야, 기사나 건달과 같은 녀석들은 네 신랑감으로서는 마땅치 않다고 생각된다. 그보다는 쓸 만하고 건실한 보통 사람이 백번 나은 것 같구나. 기사인 녀석들은 저 혼자만 정직한 척하는 통에 결혼하겠다는 생각이 싹 가실 것이고, 반면에 건달 녀석들은 도대체 믿을 구석이라곤 전혀 없으니 그 또한 결혼할 생각이 나지 않을 것이다. 그러니 공주야! 오히려 쓸 만하고 상식적이면서도 재산도 좀 지니고 있는 보통 사람이야말로 너에게 마땅한 배필이 아니겠니?" 독자가 마침 이 섬에 사는 보통 사람이라고 하자. 독자의 과제는 이제 왕에게 자신이 보통 사람임을 납득시키는 것이다.

(a) 독자가 보통 사람이라는 것을 참인 진술을 통해 왕에게 납득시키려고 할 경우, 최소한 몇 개의 참인 진술을 해야 하겠는가?

(b) 독자가 보통 사람이라는 것을 거짓인 진술을 통해 왕에게 납득시키려고 할 경우, 최소한 몇 개의 거짓인 진술을 해야 하겠는가?

108.

이번에는 위의 문제를 좀 어렵게 고쳐보았다. 이 문제의 해결 방식을 이용하면 위의 문제를 또 다른 방식으로 (부질없이 복잡한 방식이긴 하지만) 해결할 수도 있다. 그러나 위의 문제에 대한 해답에서 주어진 해결책만으로는 족히 이 문제를 풀 수가 없다.

여기서도 독자는 기사와 건달 그리고 보통 사람들이 사는 섬에 거주하는 보통 사람이라고 하자. 왕은 이번 역시 공주가 오직 보통 사람과 결혼하기를 바랐고, 게다가 영리하고 지성적인 면모를 갖춘 신랑감이라는 것을 증명해보이기를 원했다. 따라서 공주를 신부로 얻기 위해서 독자는 왕을 알현한 자리에서 단 한마디 말로 다음의 두 가지 조건을 충족시켜야만 했다.

(1) 독자가 보통 사람임을 왕에게 납득시켜야 하며

(2) 왕이 그 진술이 과연 참인지 거짓인지의 여부를 알 수 없도록 해야 한다.

독자가 어떤 진술을 하면 위의 두 조건을 만족시킬 수 있겠는가?

88.

C는 기사이거나 건달인데, 우선 C를 기사라고 가정해보자. 그 경우 C의 말에 따라 적어도 두 명의 건달이 실제로 존재한다. (C를 기사라고 가정했으므로) A와 B가 그 두 명의 건달이 될 수밖에 없다. (B는 자신이 늑대인간이 아니라고 말했으나 그는 건달이기 때문에) B는 실제로 늑대인간이어야 한다. 따라서 C가 기사라면 (B가 바로 늑대인간이 될 수밖에 없으므로) 늑대인간은 건달이다.

반대로 C가 건달이라고 할 경우, 그들 가운데 적어도 두 사람이 건달이라는 진술은 참이 아니고 따라서 건달은 기껏해야 한 사람밖에는 존재하지 않는다. 이 하나밖에 없는 건달은 C일 수밖에 없으므로 A와 B는 모두 기사이다. 기사인 A가 C는 늑대인간이라고 주장하므로 C는 실제로 늑대인간이다. 따라서 이 경우에도 늑대인간은 건달, 다시 말해 C이다.

그러므로 C가 기사이건 건달이건 관계없이 (비록 각각의 경우 늑대인간은 서로 다른 사람이지만) 늑대인간은 건달이다. 따라서 "늑대인간은 건달이다"가 첫 번째 물음에 대한 해답이 된다. 또한 늑대인간은 B이거나 C라는 사실이 이미 입증되었다. 따라서 이 사람만큼은 절대 늑대인간이 아니라고 장담할 수 있는 사람을 선택하려면, A를 선택해야 한다.

89.

먼저 C가 기사임을 증명하기로 한다. 만일 C가 건달이라고 가정해보자. 그러면 C의 진술은 거짓이며 따라서 적어도 두 사람의 기사가 있어야 한다. (C를 건달이라고 가정한 만큼) A와 B가 모두 기사여야 한다. 이는 또한 A와 B의 진술이 모두 참이고 따라서 이들이 모두 늑대인간이라는 것을 의미하게 되는데 이것은 문제에서 주어진 조건과 배치된다. 그러므로 C는 기사이다. C의 말이 참이므로 건달은 실제로 두 명이 존재하는데 그 두 명의 건달은 A와 B가 될 수밖에 없다. 그렇다면 A와 B의 진술은 거짓이며, 따라서 A도 B도 늑대인간이 아니다. 그러므로 늑대인간은 C일 수밖에 없다. 결국 C는 늑대인간이면서 기사인 셈이다. 또한 A와 B는 모두 건달이기는 하지만, 이들 가운데 어느 누구도 늑대인간이 아니다.

90.

만일 B가 건달이라면, 그들 가운데 적어도 한 사람의 건달이 있다는 B의 진술은 참이 된다. 그렇지만 건달인 B가 참인 진술을 한다는 것은 모순이다. 따라서 B는 기사이다. 그렇다면 A의 진술은 참이며 A 역시 기사이다. 그러므로 A와 B는 둘 다 기사이다. B가 기사이기 때문에, 그의 진술은 참이다. 그러나 건달이 적어도 한 사람 존재해야 하는데 이 건달은 C일 수밖에 없다. 따라서 C는 건달이며 그들 가운데 단 하나밖에 없는 늑대인간이기도 하다.

91.

위의 90번 문제에서 B가 기사인 것과 똑같은 이유로 A는 기사이다. 즉 A가 건달이라면, 그들 가운데 적어도 한 사람이 건달이라는 그의 진술은 참이 되어 건달이 참인 진술을 하는 모순에 빠진다. A가 기사이기 때문에 그의 진술은 참이며, 따라서 적어도 한 사람의 건달이 실제로 있다. 만일 B가 기사라면 기사인 B의 진술 덕분에

C 역시 기사이므로 세 사람의 기사가 있게 된다. 그러나 기사인 A
는 적어도 한 사람의 건달이 있다고 말했다. 따라서 B는 건달이어
야 한다. 또한 B는 C가 기사라고 말했기 때문에, C는 사실은 건달
이다. 그러므로 A가 그들 가운데 단 하나인 기사이며 따라서 늑대
인간은 바로 A이다.

92.
A의 진실로 미루어 A는 기사임이 분명하고 적어도 한 사람의 건달
이 있는 것도 틀림없다. 만일 B가 기사라면, C는 늑대인간이 된다.
이 경우 C는 또한 기사가 되어 세 사람 모두가 기사라는 모순된 결
과를 얻게 된다. 그러므로 B는 건달이다. 따라서 C는 늑대인간이
아니다. (늑대인간은 기사라는 조건이 주어졌으므로) B 또한 늑대
인간일 수 없다. 이번 문제에서도 늑대인간은 역시 A이다.

93.
만일 B가 기사라면, C는 늑대인간이며 동시에 기사가 되므로 두
사람의 기사가 있게 된다. 이는 문제의 조건에 위배되므로 B는
건달이다. 따라서 C는 늑대인간이 아니다. B도 건달이기 때문에
역시 늑대인간이 아니다. 그러므로 이번 경우에도 늑대인간은 A
이다.

94.
B를 선택해야 한다. 우선 B가 기사라고 가정해보자. 그러면 B의
진술은 참이므로 늑대인간은 건달이며 따라서 B일 수가 없다. 또
한 B가 건달이라고 가정하면 B의 진술은 거짓이며, 이는 실제로

기사가 늑대인간임을 의미한다. 따라서 이 경우에도 늑대인간은 B
일 수가 없다.

95.

독자는 "나는 가난한 건달입니다"라고 말해야 한다. 그러면 그 아
가씨는 독자가 기사가 아니라 (기사라면 자신이 가난한 건달이라
고 거짓말을 하지는 않을 것이므로) 건달이라는 사실을 당장 알아
차릴 것이다. 또한 독자의 진술이 거짓이므로 독자는 가난한 건달
이 아니다. 결국 독자는 부유한 건달임에 틀림없다.

96.

"나는 가난한 기사가 아닙니다"라고 말하면 된다. 그러면 아가씨
는 다음과 같이 추리할 것이다. 독자가 만일 건달이라면, 가난한
기사는 물론 아니므로 독자의 말은 참이 된다. 그렇게 되면 건달인
독자가 참인 진술을 하는 모순된 결과가 나온다. 그러므로 독자는
건달이 아니라 기사이다. 따라서 독자가 한 말은 참이며 그러므로
독자는 가난한 기사가 아니다. 그러나 독자가 기사라는 것은 사실
이므로 결국 독자는 돈 많은 기사일 수밖에 없다.

97.

엘리자벳의 정체를 밝힐 수 있는 질문으로는 여러 가지가 있다. 내
가 생각해낼 수 있는 가장 간단한 질문은 엘리자벳의 오빠에게 "당
신과 엘리자벳은 같은 부류의 사람입니까?" 하고 묻는 것이다. 흥
미로운 사실은 오빠가 "예"라고 대답한다면, 그가 기사이건 건달
이건 간에 관계없이 엘리자벳은 기사이며, 반대로 대답이 "아니

요"라면, 그가 무엇이건 간에 엘리자벳은 건달이라는 점이다. 이것을 증명해보기로 하자.

먼저 오빠인 아서의 대답이 "예"일 경우를 생각해보자. 엘리자벳의 오빠는 기사이거나 건달이다. 우선 오빠가 기사라면 동생과 같은 부류에 속한다는 그의 진술은 참이며, 따라서 엘리자벳 역시 기사임에 틀림없다. 또한 오빠가 건달이라면, 그의 답변은 거짓이며 따라서 아서와 엘리자벳은 서로 다른 부류에 속한다는 이야기가 된다. 따라서 엘리자벳은 이 경우에도 기사가 된다. 그러므로 아서가 "예"라고 대답하면 엘리자벳은 기사이다.

이번에는 아서가 "아니요"라고 대답했다고 가정해보자. 아서가 기사라면, 그는 참말을 하는 것이며, 따라서 그와 엘리자벳은 사실은 서로 다른 부류의 사람이라는 이야기가 되므로 엘리자벳은 건달이어야 한다. 또한 아서가 건달이라면 그의 답변은 거짓이며 따라서 엘리자벳은 사실은 오빠와 같은 부류에 속한다. 그러므로 이 경우에도 그녀는 건달이 된다. 따라서 아서의 대답이 "아니요"라면 엘리자벳은 건달이다.

98.

이 문제 역시 서너 가지의 해결 방식이 있다. 내가 아는 가장 단순하면서도 근사한 해결 방식은 그들 가운데 아무나 한 여인을 ── 그 여인을 편의상 A라고 하자 ── 선택하여 그녀에게 "B는 C보다 신분이 낮은가요?"라고 묻는 것이다.*

A가 "예"라고 대답했다고 가정해보자. 그러면 독자는 다음과 같

---

* 여기서 기사의 신분이 가장 높고, 보통 사람은 중간 신분이며, 건달은 신분이 가장 낮다는 사실을 상기하기 바란다. 앞의 3장의 문제 42를 참조할 것(원주).

은 이유로 B를 신부로 맞아야 할 것이다. 우선 A가 기사라면, B는 실제로 C보다 신분이 낮으며 따라서 B는 건달이고 C는 보통 사람이다. 따라서 C는 늑대인간이고 B는 늑대인간이 아니다. A가 건달일 경우 사실은 B가 C보다 신분이 높기 때문에 B가 기사이고 C는 보통 사람이다. 따라서 이 경우에도 B는 늑대인간이 아니다. 마지막으로 A가 보통 사람이라면 A가 늑대인간이기 때문에, B는 분명히 늑대인간이 아니다. 결국 A가 기사이건 건달이건 혹은 보통 사람이건 상관없이, 독자의 물음에 A가 "예"라고 답변할 경우 B를 신부로 맞아들여야 한다.

이와 반대로 A가 "아니요"라고 대답한다면, 이는 B의 신분이 C보다 낮은 게 아니라 반대로 C의 신분이 B보다 낮다고 주장하는 것과 다름없다. 따라서 이 경우에는 (위에서 설명한 것과 같은 이유로) C를 신부로 선택해야 한다.

99.

독자가 무죄로 석방될 수 있는 길은 "제가 범인입니다"라고 진술하는 것이다. 그 진술은 거짓이기 때문에 건달인 독자로서는 얼마든지 할 수 있는 말이다. 그 말은 또한 독자가 실은 무죄임을 밝혀 줄 것이다.

왜냐하면 독자의 그 말을 들은 배심원들이 정확한 추리를 할 경우 다음과 같이 생각할 것이기 때문이다. 만일 독자가 진짜 범인이라면 (범인은 건달임이 밝혀졌다고 문제에서 가정했기 때문에) 독자는 건달일 것이다. 그러나 그렇다면 건달인 독자가 참인 진술을 하는 셈이 된다. 때문에 독자가 범인이라는 독자 자신의 진술로부터 모순이 야기되며 따라서 독자는 실은 결백하다.

위의 추리는 간접 추리의 일종인 귀류논증(歸謬論證, reductio ad absurdum) 다시 말해 어떤 진술이 참이라는 가정으로부터 모순인 결론을 이끌어냄으로써 그 진술이 거짓임을 입증하는 증명 방식의 한 사례이다. 다음과 같이 보다 직접적인 논증 방식을 사용해서도 배심원들은 같은 결론을 이끌어 낼 수가 있었을 것이다. 독자는 건달이거나 혹은 건달이 아니다. (배심원들은 독자가 건달인지의 여부를 모르고 있다는 사실을 상기할 것.) 독자가 건달이라면, 독자의 진술은 거짓이며 따라서 독자는 결백하다. 독자가 건달이 아니라면, 범인은 건달이라고 했기 때문에 독자는 물론 결백하다.

100.

그런 진술은 있을 수 없다. 독자의 진술을 듣고 난 배심원들이 이성적으로 독자가 범죄와는 무관한 결백한 사람이라고 추리를 했다면, 그들은 이성적이고 더구나 올바른 추리를 하였기 때문에 독자는 진짜로 결백한 사람이지 않으면 안 된다. 그러나 이는 독자가 범인이라는 문제의 가정에 위배된다.

101.

이 문제는 99번 문제와 일종의 '짝'을 이루는 문제이다. 그보다는 오히려 쉬운 편에 속한다. 독자는 "저는 결백합니다"라고 진술해야 한다. 이 경우 배심원들은 (독자가 기사라는 사실을 모르고 있지만) 다음과 같이 추론할 것이다. 만일 독자가 기사라면 독자의 진술은 참이며 따라서 독자는 결백한 사람이다. 또한 독자가 기사가 아니라면, 범인은 기사임이 밝혀졌다고 문제에서 가정했기 때문에 독자는 또한 결백하다. 따라서 독자는 기사이건 아니건 간에 결백하다.

102.

한 가지 해결책은 "저는 기사이며 결백하거나, 혹은 건달이자 죄
인입니다"라고 말하는 것이다. 위의 진술을 보다 간결하게 줄여서
"저는 결백한 기사이거나 혹은 범인인 건달입니다"라고 말했다고
가정해도 무방하다. 그러면 배심원들은 독자의 진술을 토대로 다
음과 같이 추론을 할 것이다.

단계 1: 그가 (독자가) 기사라고 가정해보자. 그러면 그의 진술
은 참이며, 따라서 그는 결백한 기사이거나 혹은 범인인 건달이다.
그러나 그는 건달이 아니기 때문에 범인인 건달이 아니며 따라서
그는 결백한 기사일 수밖에 없다. 그러므로 그는 결백하다.

단계 2: 그가 건달이라고 하자. 그러면 그의 진술은 거짓이며, 따
라서 그는 결백한 기사도 범인인 건달도 아니다. 특히 범인인 건달
은 아니다. 그러나 가정에 의해 그는 건달이다. 그렇다면 그는 결
백한 건달일 수밖에 없다. 따라서 그는 결백하다.

단계 3: 그가 보통 사람이라면, 범인은 보통 사람이 아님이 알려
져 있으므로 더 이상 물어볼 것도 없이 그는 결백하다.

103.

이 문제는 아주 간단하다. 독자는 "저는 건달입니다"라고 진술하
기만 하면 된다. 기사도 건달도 결코 그와 같은 진술은 할 수가 없
다. 따라서 독자는 보통 사람일 수밖에 없으며 또한 결백하다.

104.

물론이다. 독자는 "저는 범인인 기사가 아닙니다"라고 말하기만 하면 된다. 그러면 배심원들은 다음과 같은 추리를 할 것이다.

단계 1: 그가 (여기서의 '그'란 독자를 뜻한다) 건달이라고 가정해보자. 그러면 그는 기사는 아니며, 범인인 기사는 더욱이 아니다. 따라서 그의 진술은 참이 될 것이다. 그러나 건달은 참인 진술을 하지 않기 때문에 이는 불가능하다. 그러므로 그는 건달일 수가 없다.

단계 2: 이제 우리는 그가 기사이거나 혹은 보통 사람임을 알고 있다. 그가 보통 사람이라면, 그는 결백하다. 또한 그가 기사라고 가정하면, 그의 진술은 참이다. 따라서 그는 범인인 기사가 아니다. 그러나 그는 기사이다. 따라서 그는 결백한 기사일 수밖에 없다.

"저는 기사가 아니거나 혹은 결백합니다"라거나 또는 "제가 기사라면 저는 결백합니다"와 같은 진술을 해도 독자의 결백이 증명된다는 사실을 아울러 알아두기 바란다.

105.

물론이다. 독자는 "저는 범인인 건달입니다"라고 말하면 된다. 그러면 배심원들은 다음과 같이 추리할 것이다. "분명히 그는 기사가 아니다. 따라서 그는 보통 사람이거나 건달이다. 그가 보통 사람이라면 그는 결백하다. 또한 그가 건달이라면, 그의 말은 거짓이며 따라서 그는 죄가 있는 건달이 아니다. 따라서 그는 결백한 건달이다."

106.

아무리 많은 진술을 한다고 해도 독자가 보통 사람이 아님을 납득시킬 수는 없다. 보통 사람은 무슨 말이건 다 할 수 있기 때문에 독자가 어떤 진술들을 하건 간에 보통 사람도 얼마든지 같은 진술을 할 수가 있다. 따라서 독자가 왕의 사위가 될 수 있는 길은 전혀 없다. 유감이다! 다음 섬에서 보다 많은 행운을 얻기를!

107.

두 경우 모두 하나의 진술이면 족하다. 참인 진술로 왕을 납득시키기 위해서는 "저는 기사가 아닙니다"라고 말하면 된다. (기사는 물론 건달 역시 결코 그와 같은 진술을 할 수가 없다.) 또한 거짓인 진술로 왕을 납득시키기 위해서는 "저는 건달입니다"라고 말하면 된다.

　여기서 (다음 문제와 관련하여) 다음과 같은 사실을 짚고 넘어갔으면 한다. 독자가 위의 첫 번째 진술을 한다면, 왕은 독자가 보통 사람임과 동시에 참인 진술을 했음을 알게 될 것이며, 두 번째 진술을 할 경우에는 독자가 보통 사람이기는 하지만 거짓말을 했다는 것을 알게 될 것이다.

108.

왕이 참인지 거짓인지를 전혀 알 수 없을 만한 명제를 ──예를 들어 지금 독자의 호주머니 속에 만 원짜리 지폐가 딱 한 장 있다는 명제와 같은 것을 ──아무것이나 하나 들어 다음과 같이 말하면 된다. "저는 보통 사람이며 지금 제 호주머니 속에는 만 원짜리 지폐가 딱 한 장 있거나, 혹은 저는 건달입니다."

건달은 그와 같은 진술을 할 수가 없다. 왜냐하면 "저는 호주머니 속에 만 원짜리 지폐를 지니고 있는 보통 사람이거나 혹은 건달입니다"라는 진술은 건달이 할 경우 참이 되기 때문이다. 또한 기사 역시 그와 같은 진술을 할 수가 없다. 왜냐하면 기사는 만 원짜리 지폐를 가지고 있는 보통 사람은 아니지만 또한 건달도 아니기 때문이다. 그러므로 왕은 독자가 보통 사람이라는 것은 알겠지만, 독자의 호주머니 속에 실제로 얼마나 많은 돈이 들어 있는지를 알지 못하는 이상, 독자의 진술이 참인지 거짓인지까지는 알아낼 수가 없다.

8 논리 퍼즐

머리말

이 장에 등장하는 퍼즐의 태반은 이른바 조건적인 진술 내지는 조건문(條件文, conditional statement)을 대상으로 하고 있다. 조건문이란 P, Q를 우리가 고찰하고 있는 진술이라고 할 때 "P가 참이면 Q는 참이다(If P is true then Q is true)"라는 형식을 지니는 문장을 말한다. 위에서 말한 유형에 속하는 퍼즐을 풀기에 앞서 앞으로 발생할 가능성이 다분히 있는 애매한 사항들을 조심스럽게 밝히고 넘어가야 할 필요가 있다. 조건문에 관해서는 모든 사람들이 이견의 여지없이 동의하는 사실이 있는 반면에 사뭇 커다란 의견의 차이를 보이는 사실들도 있는 실정이다.

이제부터 구체적인 사례를 보기로 하자. 다음 진술을 한 번 생각해보자.

(1) 김철수 씨가 유죄라면, 그의 아내는 유죄이다.

김철수 씨가 유죄이고 진술 (1)이 참이라면, 그의 아내 역시 유죄라는 데에는 누구나 의견을 같이 할 것이다. 또한 김철수 씨가 유죄이며 그의 아내가 결백하다면, 진술 (1)은 거짓인 진술이 될 수밖에 없다는 데에도 이견이 없을 것이다.

그런데 그의 아내가 유죄임은 밝혀졌지만 김철수 씨가 유죄인지 여부는 아직도 알려지지 않고 있다고 하자. 그 경우 진술 (1)이 참이 아니면 거짓이라고 말하겠는가? 그렇게 말하는 대신 "김철수 씨가 유죄이건 혹은 결백하건 간에, 좌우간 그의 아내는 유죄이다"라고 말하지 않을까? 혹은 그렇게 말하지 않는다면 "김철수 씨가 유죄인 경우, 그의 아내는 유죄이며, 또한 김철수 씨가 무죄인 경우에도 그의 아내는 유죄이다"라고 말하지 않을까?

문학작품 속에서는 언어를 그러한 방식으로 사용한 예를 얼마든지 찾아볼 수 있다. 러디어드 키플링(Rudyard Kipling)의 소설 《리키-티키-태비*Riki-Tiki-Tavi*》에 등장하는 코브라는 겁에 질린 가족들에게 다음과 같이 말하고 있다. "움직이면 물어버리겠다. 그리고 움직이지 않는다면 역시 물어버리겠다." 이 말은 단순히 "물어버리겠다"는 말이 의미하는 바와 한 치의 차이도 없다. 유명한 선사(禪師)인 도쿠산(Tokusan)의 일화에도 비슷한 이야기가 나온다. 그 선사는 물음이 아닌 것은 물론이거니와 질문인 경우에도 그것이 무슨 질문이건 간에 그에 대한 답변으로 항상 자신이 들고 다니던 지팡이 세례를 주곤 하였는데, 그가 한 유명한 말 가운데에는 "네가 무언가 할 말이 있다면 30대를 맞을 것이고, 아무 할 말이 없을 경우에도 마찬가지로 30대를 맞을 것이다"와 같은 것도 있었다고 한다.

위의 이야기는 요컨대, 진술 Q가 단적으로 참인 진술이라면, ("P

가 아니면 Q이다"는 진술은 물론이지만), "P이면 Q이다"라는 진술도 역시 참이 된다는 것이다.

그런데 그중에서도 가장 논란의 대상이 되고 있는 것은 다음과 같은 경우이다. 예를 들어 P와 Q가 모두 거짓이라고 가정해보자. 그 경우 "P이면 Q이다"라는 진술은 참인가 혹은 거짓인가? 아니면 P와 Q가 어떤 진술인가에 따라 그 진술의 참과 거짓이 결정되는가? 앞에서 든 예로 되돌아가, 김철수 씨와 그의 아내가 둘 다 결백하다면, 진술 (1)은 참이라고 말해야 하는가 혹은 거짓이라고 말해야 하는가? 이 핵심적인 물음에 대해서는 잠시 후에 다시 생각해보기로 하자.

이와 관련된 문제로서 다음과 같은 것이 있다. 앞서 김철수 씨가 유죄이고 그의 아내가 결백한 경우, 진술 (1)은 반드시 거짓이어야 한다는 데는 별반 이의가 없었다. 그렇다면 그 역(逆)도 또한 성립하는가? 즉 진술 (1)이 거짓이라면, 김철수 씨는 유죄이며 그의 아내는 결백해야 한다는 결론이 나오는가? 바꾸어 말하자면 진술 (1)이 거짓인 것은 오직 김철수 씨가 유죄이고 그의 아내가 결백한 경우밖에는 없는가? 대부분의 논리학자와 수학자, 그리고 과학자들이 "…이면 이다(if … then)"라는 표현을 사용하는 방식에 의하면 그 질문에 대한 대답은 "그렇다"이다. 따라서 우리도 그러한 용법을 받아들이기로 한다.

다시 말해 어떤 두 진술 P와 Q에 대해, "P이면 Q이다"라고 할 때 그 진술이 의미하는 바는 "P가 참이고 동시에 Q가 거짓인 것은 아니다(It is not the case that P is true and Q is false)"라는 것 이상도 아니고 그 이하도 아니다. 이 말은 특히 김철수 씨와 그의 아내가 모두 결백한 경우, 진술 (1)은 참인 것으로 간주된다는 것을 의미한다. 왜냐하면 진술 (1)이 거짓이 될 경우는 오직 김철수 씨가 유죄이고 그의 아내가 결백한 경우밖에 없는데 그러한 사태는 명백히 김철수 씨와 그의 아내가 모두 결백한 경우에는 성립하지 않기 때문이다. 이것을 달리 표현한다면 김철수 씨와 그의 아내가 모두 결백하다면, 그것은 김철수 씨가 유죄이며 동시에 그의 아내가 결백한 경우는 분명히 아니라는 말이다. 그러므로 김철수 씨와 그의 아내가 둘 다 결백할 경우에 그 진술은 거짓이 될 수 없다.

이보다 더욱 이상하다는 느낌을 주는 것은 다음의 예이다:

(2) 공자(孔子)가 텍사스에서 태어났다면, 나는 드라큘라이다.

진술 (2)가 의미하고자 하는 바는 단지 공자가 텍사스에서 태어나지 않았다는 것과 또한 나도 드라큘라가 아니라는 것이다. 그런데 공자는 분명히 텍사스에서 태어나지 않았기 때문에, 그 말은 맞는 이야기이다. 그러므로 진술 (2)는 참이라고 생각해야 한다.

문제를 보는 각도를 달리하여 진술 (2)가 거짓이 될 수 있는 것은 공자가 텍사스에서 태어났고 또한 내가 드라큘라가 아닌 경우에 한한다는 측면에서 생각해도 그 진술의 참 거짓을 판별해낼 수 있다. 공자는 실제로 텍사스에서 태어나지 않았다. 따라서 공자가 텍사스에서 태어났고 또한 내가 드라큘라가 아니라는 말은 참이 될 수가 없다. 다시 말해 진술 (2)는 거짓이 될 수 없으며 따라서 참일 수밖에 없다.

이제 임의의 두 진술 P, Q의 그 진술을 사용하여 만든 다음 진술을 고찰해보기로 하자.

(3) P이면 Q이다.

이 진술을 기호로는 P → Q와 같이 나타내고, "P는 Q를 함축한다(P implies Q)"라고 읽기도 한다. '함축한다'는 낱말을 이런 식으로 사용하는 것은 다소 문제가 있다고 생각될 수도 있으나 좌우간 여러 논리학 문헌들에서 이미 그 용법이 그러한 의미로 정착되어 버렸다. 앞에서도 본 것처럼, 그 진술이 의미하는 바는 오직 P가 참이며 동시에 Q가 거짓인 것은 아니라는 것이다. 따라서 우리는 다음의 사실을 알 수 있다.

사실 1: P가 거짓이면, P → Q는 자동적으로 참이다.
사실 2: Q가 참이면, P → Q는 자동적으로 참이다.
사실 3: P → Q가 거짓일 수 있는 것은 P가 참이며 동시에 Q가 거짓인 경우 그리고 오직 그 경우에 한한다.

사실 1을 간혹 "거짓인 명제는 모든 명제를 함축한다"라고 돌려서 표현하기도 한다. 거짓인 명제는 모든 명제를 함축한다는 진술은 많은 철학자들에게 충격적인 사실로 받아들여졌다. (이에 관한 보다 상세한 논의는 이 책의 14장의 문제 244번을 참조하라.) 또한 **사실 2**는 간혹 "참인 명제는 모든 명제에 의해 함축된다"라고 표현되기도 한다.

조건문에 관한 진리표
임의의 두 진술 P와 Q에 대해 항상 다음과 같은 네 가지 경우가 있을 수 있다. (1) P, Q가 모두 참인 경우, (2) P는 참이고 Q는 거짓인 경우, (3) P는 거짓이고 Q는 참인 경우, (4) P, Q가 모두 거짓인 경우.

위의 네 가지 경우 가운데 한 가지, 그리고 꼭 한 가지 경우밖에는 성립할 수가 없다. 이제 "P이면 Q이다"라는 진술을 (이것을 기호화한 P → Q를) 생각해보자. 위의 네 가지 경우 가운데 어느 경우에 "P이면 Q이다"가 참이고 또한 어느 경우에 참이 아닌지를 가려낼 수 있는가? 물론 가려낼 수 있는데 다음과 같은 방식으로 따져가면 된다.

경우 1: P와 Q가 모두 참이다. 이 경우 Q는 참이며, 따라서 P → Q는 사실 2에 의해 참이다.

경우 2: P는 참이고 Q는 거짓이다. 이 경우 P → Q는 사실 3에 의해 거짓이다.

경우 3: P는 거짓이고 Q는 참이다. 그러면 P → Q는 사실 1에 의해 (또한 사실 2에 의해서도) 참이다.

경우 4: P는 거짓이고 Q도 거짓이다. 그러면 P → Q는 사실 1에 의해 참이다.

위와 같은 네 가지 경우를 함축을 나타내는 진리표(眞理表, truth-table)라고 불리는 다음과 같은 도표로 나타낼 수 있다.

	P	Q	P → Q
(1)	T	T	T
(2)	T	F	F
(3)	F	T	T
(4)	F	F	T

이 진리표에서 첫 번째 줄의 T, T, T(true, true, true)는 P가 참이고 Q가 참일 경우, P → Q는 참임을 뜻한다. 두 번째 줄의 T, F,

F(true, false, false)는 P가 참이고 Q가 거짓일 경우, P는 거짓임을 뜻하며, 세 번째 줄은 P가 거짓이고 Q가 참일 경우, P → Q는 참임을 나타낸다. 네 번째 줄은 P가 거짓이고 Q가 거짓일 경우, P → Q는 참임을 말하고 있다.

우리는 여기서 P → Q가 위의 네 가지 경우 가운데 세 가지 경우에서 참이며 오직 두 번째 줄의 경우에서만 거짓임을 알 수 있다.

함축이 지니고 있는 또 한 가지 성질. 함축은 또 한 가지 중요한 성질을 지니고 있는데 그것은 다음과 같다. "P이면 Q이다"라는 진술이 참임을 증명하기 위해서는, P를 전제로 가정한 다음 그 전제로부터 필연적으로 Q가 따라 나온다는 것을 보이면 된다. 다시 말해, P라고 가정했을 경우, 그로부터 Q가 결론으로 귀결된다면 진술 "P이면 Q이다"는 증명된 셈이라는 뜻이다.

이 사실을 앞으로 **사실 4**로 부르기로 한다.

A. 기사와 건달 문제의 응용

109.

A와 B 두 사람이 있는데 그들은 각기 기사이거나 건달이라고 한다. A가 "내가 기사라면, B도 역시 기사이다"라고 말했다고 한다.

A와 B가 어떤 부류의 사람인지 가릴 수 있는가?

110.

어떤 사람이 A에게 "당신은 기사입니까?"라고 묻자, 그는 "내가 기사라면, 나는 내 모자를 삼킬 것이다"라고 대답했다.

　A는 자신의 모자를 삼키지 않으면 안 된다는 것을 증명하라.

111.

A가 "내가 기사라면, 2+2=4"라고 말했다.

　A는 기사인가, 아니면 건달인가?

112.

A가 "내가 기사라면, 2+2=5이다"라고 말했다.

　A가 어떤 사람인지에 대해 어떤 결론을 내리겠는가?

113.

A, B 두 사람이 있는데 그들은 각기 기사가 아니면 건달이다. 이들 가운데 A가 "B가 기사라면 나는 건달이다"라고 말했다.

　A와 B는 각각 어떤 사람인가?

114.

X와 Y 두 사람이 어떤 강도 사건에 가담했다는 혐의로 기소되어 법정에 섰다. A와 B가 이 사건의 증인으로 법정에서 증언을 하게 되었는데 그들은 각기 기사이거나 건달이었다. 증인들의 진술은 다음과 같았다.

　A: X가 유죄라면, Y 역시 유죄이다.
　B: X가 결백하거나 혹은 Y가 유죄이다.

　A와 B는 반드시 같은 부류의 사람인가? (기사와 건달들의 섬에

사는 두 사람이 모두 기사이거나 혹은 모두 건달일 경우, 그들을 같은 부류의 사람이라고 한다는 것을 상기할 것.)

115.

기사와 건달의 섬에 사는 A, B, C 세 사람이 이야기를 하고 있는데 그 자리에서 A와 B가 각각 다음과 같은 진술을 하였다.

A: B는 기사이다.
B: A가 기사이면, C도 역시 기사이다.

A, B, C 세 사람에 대해 그들이 각기 어떤 사람인지를 가려낼 수 있는가?

B. 사랑과 논리학

116.

다음의 두 진술이 참이라고 가정해보자.

(1) 나는 베티(Betty)를 사랑하고 있거나 혹은 제인(Jane)을 사랑하고 있다.
(2) 만일 내가 베티를 사랑하고 있다면, 나는 제인을 사랑하고 있다.

위의 사실로부터 내가 베티를 사랑하고 있다는 결론이 반드시 따라 나오는가? 또한 내가 제인을 사랑하고 있다는 결론이 반드시 나오는가?

117.

"당신이 베티를 사랑하고 있다면, 당신은 또한 제인도 사랑하고 있다는 것이 참말입니까?"라는 질문에 대해 내가 "그게 참말이라면, 나는 베티를 사랑하고 있습니다"라고 대답하였다고 하자.

위의 사실로부터 내가 베티를 사랑하고 있다는 결론이 따라 나오는가? 제인을 사랑하고 있다는 결론이 귀결되는가?

118.

에바(Eva)와 마가렛(Margaret)이라는 두 아가씨가 있는데, 누군가가 나에게 "당신이 에바를 사랑하고 있다면, 당신은 또한 마가렛도 사랑하고 있다는 것이 참말입니까?"라고 물었다. 그 질문에 대해 나는 "그것이 참말이라면 나는 에바를 사랑하고 있으며, 또한 내가 에바를 사랑하고 있다면 그것은 참말입니다"라고 답변했다.

내가 사랑하는 아가씨는 과연 누구인가?

119.

이번 문제에는 수잔(Susan)과 마르시아(Marcia), 다이앤(Dianne) 세 아가씨가 등장하는데, 이들에 대해 다음과 같은 사실들이 주어져 있다고 하자.

(1) 나는 적어도 세 아가씨 가운데 한 아가씨를 사랑하고 있다.
(2) 내가 수잔은 사랑하고 있지만 다이앤을 사랑하고 있지 않다면, 나는 또한 마르시아를 사랑하고 있다.
(3) 나는 다이앤과 마르시아 두 아가씨를 모두 사랑하고 있거나 혹은 그 두 아가씨를 모두 사랑하고 있지 않다.

(4) 내가 다이앤을 사랑하고 있다면, 나는 또한 수잔을 사랑하고 있다.

세 아가씨 가운데 내가 사랑하고 있는 아가씨는 과연 누구인가?

논의 : 논리학자들이란 어딘가 좀 모자란 사람들 같지 않은가? 책상머리에 앉아 내가 베티, 제인, 에바, 마가렛, 수잔, 마르시아, 다이앤 등을 과연 사랑하고 있는지 그렇지 않은지 곰곰이 논리적으로 따져보아야만 꼭 그것을 알게 된다는 말인가?

학문 연구에 골몰한 어떤 학자의 부인이 남편에게 "당신, 진정 저를 사랑하세요?"라고 물었더니 그가 "여보, 잠깐만" 하고는 반 시간이나 종이와 연필로 한참을 계산한 후에야 "여보, 맞아. 내가 당신을 사랑한다는 것이 증명되었어"라고 답변했다면 우스꽝스럽기 짝이 없는 이야기가 아닌가?

여기서 독일의 철학자 라이프니츠에 관한 실화라고 전해지는 이야기 한 토막이 생각나는데 그에 의하면 라이프니츠가 언젠가 어떤 연인과 결혼해야 할지 말아야 할지를 두고 고심하고 있었다고 한다. 궁리 끝에 그는 종이와 연필을 갖고 책상에 앉아서는 두 개의 리스트를 작성했다. 하나는 자신이 그 여인과 결혼을 할 경우 생길 수 있는 이점을 나열한 것이고, 또 하나의 리스트는 결혼 생활에서 자신이 겪게 될 불리한 점들을 적은 것이었다. 결혼 생활의 불리한 점을 기록한 리스트가 더 길어지자, 라이프니츠는 결혼을 하지 않기로 결심하였다고 한다.

120.
이 문제는 간단하면서도 다소 의외의 요소가 있다.

내가 기사이거나 건달이라고 가정하기로 하자. 나는 다음과 같은 두 가지 진술을 하였다.

(1) 나는 린다(Linda)를 사랑하고 있다.
(2) 내가 린다를 사랑하고 있다면 나는 캐시(Kathy)를 사랑하고 있다.

나는 기사인가 혹은 건달인가?

121. 옛 속담을 변형시킨 문제

예로부터 전해져 내려온 속담 가운데 "주전자도 지켜보면 끓지 않는다"라는 속담이 있다. 그런데 나는 우연한 기회에 그 속담이 거짓임을 알게 되었다. 언젠가 한 번은 뜨거운 난로 위의 주전자를 지켜보고 있었는데 그럼에도 불구하고 주전자는 결국에 가서는 끓는 것이 아닌가? 그렇다면 다음의 속담은 어떠한가?

"지켜본 주전자라도 누군가가 그것을 지켜보지 않는 한 끓는 법이 없다." 이를 보다 정확히 풀이하자면 다음과 같다. "지켜본 주전자라도 그것을 지켜보지 않는 한 끓지 않는다."

이 속담은 참인가? 거짓인가?

C. 보물섬

위의 두 절에서 취급한 퍼즐들은 주로 조건문 ——"P가 참이면 Q도 참이다"와 같은 형식의 진술 ——을 대상으로 한 것이었다. 이 절에서 살펴볼 퍼즐들은 대부분이 이른바 쌍조건문(biconditional statement)──"Q가 참인 경우 그리고 오직 그 경우에 한해 P는 참이다(P is true if and only if Q is true)"와 같은 형식의 진술── 에 관한 것이다. 이 진술은 만일 P가 참이면 Q도 참이며, 또한 Q가 참이면 P도 참이라는 것을 의미한다. 다시 말해, P와 Q 가운데 어느 하나라도 참이면 나머지 하나도 참이라는 뜻이다. 또한 P와 Q는 동시에 참이거나 혹은 동시에 거짓임을 뜻하기도 한다. "Q인 경우 그리고 오직 그 경우에 한해 P(P if and only if Q)"인 진술을 기호로는 "P ↔ Q"와 같이 쓴다.

P ↔ Q에 대한 진리표는 다음과 같다.

P	Q	P → Q
T	T	T
T	F	F
F	T	F
F	F	T

"Q인 경우 그리고 오직 그 경우에 한해 P"라는 진술은 때에 따라서는 "P는 Q와 동치(同値)이다(P is equivalent to Q)" 혹은 "P와 Q는 동치이다(P and Q are equivalent)"라고 읽기도 한다. 여기서 동치관계에 대해 주목해야 할 사실이 두 가지 있다.

F_1: 참인 명제와 동치인 명제는 모두가 참이다.
F_2: 거짓인 명제와 동치인 명제는 모두가 거짓이다.

122. 그 섬에는 정말로 금이 있는가?

기사와 건달이 살고 있는 어떤 섬에 금이 매장되어 있다는 소문이

돌았다. 독자가 소문을 듣고 그 섬에 도착하여 섬의 주민인 A에게 그 섬에 금이 묻혀 있다는 소문이 과연 사실인지를 물었다. 그 질문에 그는 "내가 기사일 경우 그리고 오직 그 경우에 한해 이 섬에는 금이 있다"라고 답변했다.

우리가 해결해야 할 문제는 다음 두 가지이다.

(a) A가 기사인지 혹은 건달인지 가릴 수 있는가?
(b) 그 섬에 금이 있는지의 여부를 가릴 수 있는가?

123.

이번에는 A가 금에 관한 이야기를 스스로 털어놓은 것이 아니라, 독자가 그에게 "당신이 기사라는 진술과 이 섬에 금이 있다는 진술은 서로 동치입니까?"라고 물었다고 하자. 만일 A가 "예"라고 대답했다면, 문제는 앞의 문제와 같게 될 것이다.

그런데 A가 "아니요"라고 대답했다고 할 때, 이 섬에 과연 금이 있는지의 여부를 가릴 수 있는가?

124. 내가 부자가 된 사연

다음 이야기는 유감스럽게도 사실이 아니다. 그러나 이야기 자체가 너무 흥미진진하기에 사실 여부를 떠나 여러분에게 들려주기로 한다.

우연한 기회에 나는 서로 인접해 있는 세 개의 섬 A, B, C에 얽힌 비밀을 알게 되었다. 세 섬 가운데 적어도 한 섬에는 금이 묻혀 있다는 것을 알아냈으나 어느 섬이 보물섬인지는 구체적으로 알지 못했다. 섬 B와 C는 사람이 살지 않는 무인도였다. 섬 A에는 기사와 건달들이 살고 있다. 또한 보통 사람이 살고 있을 가능성도 있었으나 실제로 그 섬에 보통 사람이 있는지의 여부는 알 수 없었다. 그런데 나는 우연치 않게 문제의 보물섬에 금을 몰래 묻었다는 저 유명한 변덕쟁이 해적인 마스턴(Marston) 선장이 남긴 섬의 지도를 발견하는 행운을 차지하였다. 보물섬 지도는 물론 암호로 쓰여져 있었다. 암호를 해독해보니, 지도의 비밀 쪽지는 두 개의 문장으로 이루어져 있다.

그 쪽지의 내용을 베껴둔 사본은 다음과 같다.

---

(1) 섬 A에는 금이 없다.
(2) 만일 섬 A에 보통 사람이 산다면, 세 개의 섬 가운데 두 섬에 금이 있다.

나는 섬 A로 황급히 달려갔다. 나는 그곳의 원주민들도 금에 관한 이야기를 훤히 알고 있다는 사실을 알았다. A 섬의 왕은 내가 무엇 때문에 그 섬에 왔는가를 대강 짐작하고 있었다. 그래서 왕은 내가 아무렇게나 선택한 원주민에게 단 한 번의 질문을 하는 것을 허락하겠노라고 분명하게 말했다. 내가 선택한 원주민이 기사인지, 건달인지 아니면 보통 사람인지는 알 길이 전혀 없었다.

내가 풀어야 할 문제는 그에 대한 답변을 듣는 즉시, 위에서 말한 세 섬 가운데 어느 섬에 과연 금이 있는지, 그 섬을 자신 있게 짚어낼 수 있는 물음을 생각해내는 것이었다.

125.

다음 기회에 나는 기사와 건달 그리고 보통 사람들이 사는 다른 섬을 방문하게 되었다. 그 섬에도 금이 있다는 소문이 나돌았기 때문에 나는 소문대로 그 섬에 금이 있는지를 확인하고 싶었다. 기사인 그 섬의 왕은 자상하게도 나에게 원주민인 A, B, C 세 사람을 소개하면서, 그들 가운데 보통 사람은 기껏해야 한 사람밖에 없다는 것을 일러주었다. 또한 그 세 사람 가운데 아무나 내 마음대로 선택하여 예/아니요로 대답할 수 있는 질문 두 가지를 던지도록 허락해주었다.

그 섬에 금이 있는지를 두 번의 질문으로 알아낼 수 있는 방법이 있는가?

126. 추리로 푸는 퍼즐

(보통 사람은 전혀 살고 있지 않고) 오직 기사와 건달들만이 살고 있는 서로 이웃한 두 섬이 있다고 하자. 두 섬 가운데 한 섬에는 기사들의 수가 짝수이며, 또 다른 한 섬에는 기사들의 수가 홀수라고 한다. 그리고 기사들의 수가 짝수인 섬에는 금이 있고, 홀수인 섬에는 금이 없다는 사실도 알려졌다.

독자는 두 섬 가운데 어느 한 섬을 임의로 택해서 그 섬을 방문하였다. 주민들 모두는 그 섬에 살고 있는 기사와 건달의 수를 정확히 알고 있다. 독자는 그 섬에 사는 A, B, C 세 사람과 이야기를 나누었는데 그들은 그 자리에서 다음과 같은 말을 하였다.

A: 이 섬에 사는 기사들의 수는 짝수이다.

B: 바로 이 시각에 이 섬에 있는 사람의 수는 홀수이다.

C: A와 B가 동일한 부류의 사람인 경우 그리고 오직 그 경우에 한해 나는 기사이다.

독자는 기사도 건달도 아닐 뿐더러 현재 그 섬을 방문한 사람은 독자밖에 없다고 가정할 때, 그 섬에는 금이 있는가 혹은 없는가?

해답

109~112.

이 네 문제의 밑바탕에 깔린 기본적인 발상은 모두 동일하다. 그것은 어떤 임의의 명제 P에 대해 기사와 건달이 사는 섬의 어떤 주민 A가 "내가 기사이면 P이다"라고 말했다면, 그 말을 한 당사자는 기사이며 또한 P는 참이어야 한다는 것이다! 그러한 사실은 생각밖으로 놀라운 사실인데 그것을 다음 두 가지 방식으로 증명할 수 있다.

(1) A가 기사라고 가정해보자. 그러면 (기사는 언제나 참말만을 하므로) "A가 기사이면 P이다"라는 진술은 참인 진술이어야 한다. 따라서 A는 기사이며 또한 "A가 기사이면 P이다"는 참이다. 이와 같은 두 가지 사실로부터 P는 참이어야 한다는 결론이 나온다. 이렇게 해서 A가 기사라는 가정으로부터 P가 결론으로 이끌려 나온다는 것이 증명된다. 그렇다면 (함축이 지니는 또 다른 속성인 사실 4를 상기할 때) 결국 "A가 기사이면 P이다"라는 진술을 증명한 셈이 된다. 그런데 그것은 A가 주장한 바로 그 진술이었다! 따라서 A는 기사일 수밖에 없다. 또한 방금 "A가 기사이면 P이다"라는 진술을 증명했으므로 결국 P는 참이어야 한다는 결론이 귀결된다.

(2) 이 문제는 다음과 같은 방식으로도 해결할 수 있다. 여기서

다시 한 번 지적하거니와 거짓인 명제는 어떤 명제도 함축한다. 그러므로 A가 기사가 아니라면, "A가 기사이면 P이다"라는 진술은 자동적으로 참이 된다. 건달이라면 결코 그러한 진술을 하지는 않았을 것이다. 따라서 기사이거나 건달인 사람이 그러한 진술을 했다면, 그 사람은 오직 기사일 수밖에 없고 또한 P는 참인 진술일 수밖에 없다.

이러한 원리를 퍼즐들을 푸는 데 응용해보자. 109번 문제에서 "B는 기사이다"라는 명제를 P로 잡으면, A는 기사여야 하고 그의 진술은 참이라는 것을 곧장 알 수 있다. 그러므로 B는 기사이다. 따라서 A와 B가 모두 기사라는 것이 문제의 답이다.

110번 문제에서는, "A는 자기 모자를 삼킬 것이다"라는 명제를 P로 잡으면, A는 기사여야 하고 또한 자기 모자를 삼켜야 한다는 것을 알 수 있다. (기사가 상당한 인격과 품위를 지닌 사람임에는 틀림없을지 모르지만 간혹가다 약간 멍청한 소리도 할 수 있다는 것이 이 문제를 통해 부수적으로 증명된다.)

111번 문제의 답도 역시 "A는 기사이다"라는 것이다.

112번 문제에 대한 정확한 결론은 이 책의 저자가 또 속임수를 썼다는 것이다! 이 문제는 역설이다. 왜냐하면 어떤 기사나 건달도 그런 진술을 할 수 없기 때문이다.

113.

A는 기사이고 B는 건달이어야 한다. 이것을 증명하기 위해서는, 그에 앞서 우선 "P이면 나는 건달이다"라는 형식의 진술을 할 수 있는 사람은 기사밖에 없음을 증명해야 한다. 위에서 말한 바와 같이 참인 명제는 어떤 명제에 의해서도 함축된다. 그러므로 "나는

건달이다"라는 진술이 참이면, 온전한 하나의 문장인 "P이면 나는 건달이다"도 참이 된다. 그러나 건달이라면 결코 그와 같은 참인 진술을 할 수 없다. 그러므로 누군가가, "P이면 나는 건달이다"라고 했다면 그는 기사일 수밖에 없다.

따라서 A는 기사이어야 하며 또한 "B가 기사이면 나는 건달이다"라는 A의 진술은 참이다. 그런데 만일 B가 기사라면 이는 A가 실제로 건달이라는 말이 되는데 그러나 A는 기사이기 때문에 B는 건달이 될 수 없다.* 그러므로 B는 건달이다.

114.

A의 주장은 사실상 X가 유죄이고 동시에 Y가 결백한 것은 아니라는 말과 다름없다. 그 말은 또한 X는 결백하거나 혹은 Y가 유죄라는 주장을 달리 표현한 것에 지나지 않는다. A와 B는 표현은 다르지만 사실은 같은 이야기를 하고 있는 것이다. 그러므로 두 진술은 동시에 참이 되거나 혹은 동시에 거짓이 된다. 따라서 A와 B는 같은 부류에 속하는 사람임이 분명하다.

115.

A가 기사라고 가정해보자. 그 경우 B는 기사라고 A가 말한 만큼 B도 기사이다. 그러면 B가 한 "A가 기사이면, C도 역시 기사이다"라는 진술도 참이 된다. 그러나 A는 가정에 의해 기사이므로 C는 (A

---

* 어떤 명제가 거짓인 명제를 함축한다면 그 명제 자체도 반드시 거짓이어야 한다. 왜냐하면 참인 명제는 결코 거짓인 명제를 함축할 수 없기 때문이다. 위의 경우에서는 "B는 기사이다"라는 명제가 "A는 건달이다"라는 거짓인 명제를 함축하므로 B가 기사라는 명제 자체도 반드시 거짓이어야 한다. 그러한 추론도 또한 귀류논증의 한 사례에 해당한다.(해답 113)

가 기사라는 가정하에서) 기사이다.

위에서 우리는 A가 기사이면, C 또한 기사임을 증명한 셈이다.[*] 그런데 이는 바로 B의 주장이다. 따라서 B는 기사이다. 그러면 "B는 기사이다"라는 A의 진술은 참이며, 따라서 A 또한 기사이다. 그런데 우리는 A가 기사이면, C 또한 기사라는 것을 증명한 바 있다. 그러므로 C 역시 기사이다. 따라서 세 사람 모두가 기사이다.

116.

내가 베티를 사랑하고 있다는 결론은 나오지 않지만 내가 제인을 사랑하고 있다는 결론은 따라나온다. 다음과 같은 추리를 통해 내가 제인을 사랑하고 있음을 알 수 있다.

나는 베티를 사랑하고 있거나 혹은 사랑하고 있지 않다. 내가 베티를 사랑하고 있지 않다면, 조건 (1)에 의해 나는 사랑하고 있음이 틀림없다. (왜냐하면 그 조건에 의하면 나는 그 두 아가씨 중 적어도 한 아가씨를 사랑하고 있기 때문이다.) 한편 내가 베티를 사랑하고 있다면, 조건 (2)에 의해 나는 제인도 마찬가지로 사랑하고 있다. 따라서 (내가 베티를 사랑하건 그렇지 않건 간에) 좌우간 나는 제인을 사랑하고 있다는 결론이 따라나온다.

그런데 말이 나온 김에 하는 이야기인데 '베티'란 이름을 가진 여성 독자들은 만에 하나라도 내가 자신을 사랑하지 않으면 어쩌나 하고 괜스레 걱정할 필요는 없다. 내가 베티를 사랑하고 있지 않다는 것이 주어진 조건으로부터 논리적으로 귀결되지 않는다는

---

[*] 위에서 A가 기사라는 것을 전제로 가정한 다음, 그 전제로부터 "C는 기사이다"라는 결론을 이끌어냈다. 따라서 함축에 관한 사실 4에 의해 "A가 기사이면 C 역시 기사이다"라는 것이 귀결됨으로 결국 그 진술을 증명한 것이다(원주).

것일 뿐, 그렇다고 해서 내가 베티를 사랑하지 않고 있다는 결론이 나온다는 뜻은 아니기 때문이다. 내가 베티를 사랑하고 있을 가능성이 있음은 물론이고 경우에 따라서는 제인보다도 더 깊이 사랑하고 있을지도 모르는 일이다.

117.

이번에는 내가 제인을 사랑하고 있다는 결론이 아니라 내가 베티를 사랑하고 있다는 결론이 나온다. 내가 베티를 사랑하고 있지 않다고 가정해보자. 그 경우 (거짓인 명제는 모든 명제를 함축하기 때문에) "내가 베티를 사랑하고 있다면 나는 제인을 사랑하고 있다"는 것은 참인 진술이 된다. 그러나 문제의 조건에 의하면 그 진술이 참이라면, 나는 베티를 사랑한다. 그러므로 내가 베티를 사랑하고 있지 않다면, 그로부터 나는 베티를 사랑하고 있다는 결론이 나오게 되는데 이것은 모순이다. 이 모순에서 벗어날 수 있는 유일한 방법은 내가 베티를 사랑하고 있다는 것이다.

그러나 내가 제인을 사랑하고 있는지 그렇지 않은지는 분명히 가릴 수가 없다.

118.

내가 두 아가씨를 모두 사랑하고 있다는 결론이 귀결된다. 여기서 "내가 에바를 사랑하고 있다면 나는 또한 마가렛을 사랑하고 있다"라는 진술을 P라고 하자. 그러면 문제에서의 나의 대답은 다음과 같이 바꾸어 쓸 수 있다.

(1) P가 참이면, 나는 에바를 사랑하고 있다.

(2) 내가 에바를 사랑하고 있다면, P는 참이다.

여기서 (1)로부터 내가 에바를 사랑하고 있다는 결론이 귀결된다는 것은 이미 117번 문제를 해결하는 과정에서 본 바 있다. 그러므로 나는 에바를 사랑하고 있다. 그렇다면 (2)에 의해 P는 참이어야 한다. 즉, 내가 에바를 사랑하고 있다면 나는 또한 마가렛을 사랑하고 있다는 것은 참이다. 그러나 나는 에바를 사랑하고 있다. 그러므로 나는 또한 마가렛을 사랑하고 있다.

119.

나는 세 아가씨를 모두 사랑하고 있다. 이것을 증명하는 데는 여러 가지 방식이 있으나 그 가운데 한 가지 방식은 다음과 같다.

(3)에 의해 나는 다이앤과 마르시아를 동시에 사랑하고 있거나 혹은 그 두 아가씨 가운데 아무도 사랑하고 있지 않다. 내가 두 아가씨를 모두 사랑하고 있지 않다고 가정해보자. 그러면 (1)에 의해서 나는 수잔을 사랑하고 있어야 한다. 그러므로 나는 수잔을 사랑하고 있으나 다이앤을 사랑하지 않으며 또한 마르시아도 사랑하고 있지 않다. 그러나 그것은 진술 (2)와 모순이 된다. 그러므로 내가 다이앤과 마르시아 모두 사랑하지 않고 있다는 것은 사실이 아니다. 따라서 나는 두 아가씨를 모두 사랑하고 있다. 내가 다이앤을 사랑하기 때문에, (4)에 의해서 나는 수잔도 역시 사랑한다. 결국 나는 세 아가씨를 모두 사랑한다.

120.

나는 기사일 수밖에 없다. 만일 내가 건달이라면, (1)과 (2)는 동시에 거짓이 되어야만 할 것이다. (2)가 거짓이라고 가정해보자. 그러면 나는 린다를 사랑하고 있으나, 캐시는 사랑하지 않는다. 따라서 나는 린다만큼은 사랑하고 있으며 이는 곧 (1)이 참임을 뜻한다. 따라서 (1)과 (2)가 동시에 거짓이 될 수는 없으므로 나는 건달일 수가 없다.

121.

"Q가 아닌 한 P는 거짓이다(P is false unless Q)"라고 말하는 것은, "P이면 Q이다(If P then Q)"를 달리 표현한 것에 지나지 않는다. (예를 들어서, "네가 나와 함께 가지 않는다면 나는 영화관에 가지 않겠다"라고 말하는 것은 "내가 영화관에 간다면, 너는 나와 함께 간다"라고 말하는 것과 다름없다.) 그러므로 "지켜본 주전자라도 그것을 지켜보지 않는 한 끓지 않는다"라는 진술은 "지켜본 주전자가 끓는다면, 그 주전자를 누군가 지켜보고 있다"라는 말과 다를 바 없다. 주전자가 끓건 끓지 않건, 지켜본 주전자는 분명히 누군가가 지켜보는 것이기에 이는 물론 참이다.

122.

답변을 한 A가 기사인지 건달인지는 확실하게 가릴 수는 없지만 섬에 금이 매장되어 있는 것은 틀림없다.

　이 문제를 포함하여 이 절에서 제시된 문제들을 풀기 위해 이번 기회에 다음과 같은 기본 원리를 확실하게 증명하고 넘어가기로 하자. (기사이건 혹은 건달이건) 어떤 사람이 "P일 경우 그리고 오직 그 경우에 한해 나는 기사이다"라고 했다면, (그 사람이 기사이건 건달이건 관계없이) P는 반드시 참이어야 한다.

이것을 증명하기 위해 "그 말을 한 사람은 기사이다"라는 명제를 K라고 하자. 그 사람은 K가 P와 동치라고 주장하고 있는 셈이다. 그 사람이 정말로 기사라면, K는 실제로 P와 동치이고 K는 참이다. 그 경우 P는 참인 진술과 동치가 되므로 P 역시 참이다. 한편 그 말을 한 사람이 건달이라면, 그의 진술은 거짓이며 따라서 P는 K와 동치가 아니다. 또한 그는 건달이므로, K는 거짓이다. P는 거짓 명제인 K와 동치가 아닌 만큼 P는 참이 될 수밖에 없다. (왜냐하면 만일 P가 거짓일 경우, 그 명제는 K와 동치가 될 것이기 때문이다.) 따라서 그 사람이 기사이건 건달이건 관계없이 P는 반드시 참이 된다.

이 원리를 앞 절에서 확립한 원리와 비교해보면 흥미로운 점이 발견된다. 기사이거나 혹은 건달인 어떤 사람이 "내가 기사이면 P이다"라고 말했다면, 그는 기사이고 P는 참이라는 결론을 내릴 수 있다는 사실을 앞 절에서 증명한 바 있다. 그러나 기사이거나 혹은 건달인 어떤 사람이 "P일 경우 그리고 오직 그 경우에 한해 나는 기사이다"라고 말했다면 P가 참이라는 결론은 얻을 수 있으나 그가 기사인지 아닌지의 여부는 확실하게 가릴 수 없다.

123.

그렇다. 알 수 있다. 이 경우 섬에는 금이 묻혀 있지 않다.

그 섬에 금이 있다는 진술을 G라 하고, "A가 기사이다"라는 진술을 위와 마찬가지로 K라고 하자. A는 "아니요"라고 답변했는데 그러한 답변은 G와 K는 동치가 아니라고 주장하는 것과 다름없다. A가 기사라면, G가 K와 동치가 아니라는 그의 진술은 참이다. 그리고 A는 기사이기 때문에 K는 참인 진술이다. 따라서 G는 참인 명제 K와 동치가 아니므로 거짓이어야 한다. 반대로 A가 건달이라고 가정하면, (건달인 그가 G와 K가 동치가 아니라고 주장하고 있으니만큼) G는 사실은 K와 동치이다. 그러나 A는 건달이기 때문에 K는 거짓이다. 따라서 G는 거짓인 진술 K와 동치가 되므로 그 자신도 거짓인 진술이 될 수밖에 없다. 따라서 A가 기사이건 건달이건 관계없이 그가 그 질문에 대해 "아니요"라고 답변했다는 것은 G가 거짓이라는 것을 의미한다. 따라서 그 섬에는 금이 없다.

논의 : 위의 두 문제는 '기사—건달'의 문제에 정통한 전문가들이라면 잘 알고 있는 매우 중요한 한 가지 원리를 암시하고 있다. 위의 두 문제의 풀이 과정을 통해서도 알 수 있는 것처럼 진위(眞僞)가 아직 확인되지 않은 임의의 진술 P에 대해 만일 P의 진위를 알아내려 할 때, 기사가 아니면 건달이라는 것이 알려진 어떤 사람이 P에 대한 답을 안다면 그에게 단 한 번의 질문을 던져 P가 참인지 거짓인지를 알아낼 수 있다. 즉, 그에게 "당신이 기사라는 진술과 P가 참이라는 진술은 동치입니까?"라고 묻기만 하면 된다. 그가 "예"라고 대답하면 P는 참이며, 그가 "아니요"라고 대답하면 P는 거짓임을 알 수가 있다.

이 원리는 뒤이어 나오는 세 문제를 해결하는 데도 유용하게 쓰일 것이다. 그런 만큼 앞으로 이 원리를 기본 원리(fundamental principle)라 부르기로 한다.

124.

금은 A 섬에는 없으며, B 섬이나 C 섬에 있다는 것, 그리고 그와 더불어 만에 하나 A 섬에 보통 사람이 살고 있으면, B와 C 섬에 모두 금이 있다는 사실을 이미 알고 있다.

내가 임의로 택한 원주민에게 제기해야 할 질문은 "당신이 기사라는 진술과 B 섬에 금이 있다는 진술은 동치입니까?"이다.

그 질문에 대해 그 원주민이 "예"라고 대답했다고 가정해보자. 그가 기사이거나 혹은 건달이라면 (앞의 문제를 해결하는 과정에서 확립한 기본 원리에 의해서), 섬 B에는 금이 있다. 한편 그가 보통 사람이라면, B 섬과 C 섬에 모두 금이 있다는 이야기가 된다. 따라서 이 경우에도 B 섬에는 물론 금이 있다. 그러므로 원주민이 "예"라고 대답했다면 B 섬에는 금이 있다.

그가 "아니요"라고 대답했다고 가정해보자. 그가 기사 또는 건달이라면 (앞에서 말한 기본 원리에 의해) B 섬에는 금이 없다. 따라서 C 섬에는 금이 있을 수밖에 없다. 이와 반대로 그가 보통 사람이라면, 금은 B 섬과 C 섬에 모두 있다는 말이 되므로, C 섬에는 물론 금이 있다. 그러므로 그 원주민이 "아니요"라고 대답했다면 그것은 C 섬에 금이 있다는 것을 뜻한다.

125.

이 문제는 기본 원리를 두 번 사용하면 해결된다. (기본 원리가 무엇인지에 대해서는 123번 문제의 해답을 참조할 것.)

우선 한 번의 질문으로 A, B, C 세 사람 가운데 보통 사람이 아님이 틀림없는 사람을 짚어낼 수 있다. 그 사람을 짚어내기 위해서는 A에게 "당신이 기사라는 진술과 B가 보통 사람이라는 진술은 동치입니까?"라는 질문을 던지면 된다. A가 "예"라고 대답했다고 가정해보자. A가 기사이든가 혹은 건달이라면, (기본 원리에 의해) B는 보통 사람이어야 한다. 이는 C가 보통 사람이 아님을 뜻한다.

A가 기사이지도, 건달이지도 않다면, A는 보통 사람이어야 하며, 따라서 이 경우에도 C는 보통 사람일 수 없다. 그러므로 A가 "예" 라고 답변했다면 그것은 C가 보통 사람이 아님을 의미한다.

A가 "아니요"라고 대답했다고 가정해보자. A가 기사이거나 혹은 건달이라면, (기본 원리에 의해) B는 보통 사람이 아니다. 반대로 A가 기사도, 건달도 아니라면 아는 보통 사람이니만큼), 이 경우에도 B는 보통 사람이 아니다. 그러므로 A가 "아니요"라고 대답했다면 그것은 B가 보통 사람이 아님을 뜻한다.

따라서 만일 A가 "예"라고 대답했다면 C를 택해서, 반대로 그가 "아니요"라고 대답했다면, B를 붙들고 두 번째 질문을 던지면 된다. 이제 나는 나에게서 두 번째 질문을 받을 사람이 기사이거나 건달이라는 사실을 알고 있다. 따라서 그에게 122번 문제와 같은 질문, 즉 그가 기사라는 진술과 그 섬에 금이 있다는 진술이 동치인가를 묻는 질문을 제기하면 된다. 그가 만일 "예"라고 대답했다면, 금이 있다는 뜻이며, 반대로 "아니요"라고 대답했다면 그것은 금이 없다는 것을 의미한다.

126.

만일 기본 원리를 모르고 이 문제에 달려들면 문제를 풀기가 상당히 난감할 것이다. 그러나 다행히 기본 원리를 알고 있으므로 (기본 원리에 대해서는 문제 123을 참조할 것), 이 문제를 손쉽게 풀수가 있다. 짝수에 짝수를 더하면 짝수가 되고, 홀수에 홀수를 더하면 짝수가 된다는 사실 정도는 독자도 익히 알고 있을 것이라고 생각된다. 이 말은 또한 짝수에서 짝수를 빼면 짝수가 되고, 홀수에서 홀수를 빼도 역시 짝수가 나온다는 것을 의미한다. (예를 들어 12-8=4 ; 13-7=6.)

    C의 진술로부터 (기본 원리에 의해) A와 B는 같은 부류에 속하는 사람이라는 사실이 따라 나온다. 즉, A와 B는 모두 기사이거나 혹은 모두 건달이다. 그러므로 그들이 한 진술은 동시에 참이거나 혹은 동시에 거짓이다. 그들의 진술이 모두 참이라고 가정해보자. 그 경우 A의 진술에 의해 그 섬에 사는 건달의 수는 짝수이고, B의 진술에 의해 그 섬에 있는 사람의 수는 독자를 포함하여 홀수임을 알 수 있다. 그러나 독자는 기사도 아니고 건달도 아니며, 단지 그 섬을 찾은 단 한 사람의 방문객일 따름이다. 따라서 그 섬에 살고 있는 원주민들의 수는 짝수이다. 다시 말해 그 섬에 거주하고 있는 기사와 건달을 합친 수는 짝수로서 그 수에서 또한 짝수인 건달의 수를 빼면 기사가 짝수임을 알 수 있다. 따라서 이 경우에는 그 섬에 금이 있다.

    이와 반대로 A와 B의 진술이 모두 거짓이라고 가정해보자. 그들의 진술이 모두 거짓이라는 것은 그 섬에 살고 있는 건달들의 수가 홀수이며, (독자를 포함하여 현재 그 섬에 있는 사람은 짝수이므로) 기사와 건달을 합친 수는 홀수라는 것을 의미한다. 따라서 이 경우에도 기사는 짝수가 되며, 따라서 그 섬에는 금이 있다.

9 벨리니 대 첼리니

이번 이야기는 포샤의 상자에 관한 이야기의 속편에 해당된다.

우선 벨리니는 자신이 제작한 보석함에 항상 참말을 적어 넣었으며, 반대로 첼리니는 언제나 거짓말을 적어 넣었다는 사실을 다시 한 번 상기하기로 하자. 이제 벨리니와 첼리니에게는 각각 아들들이 있었는데, 이들 역시 부친의 가업을 이어받아 보석함 제조업에 종사했다. 그들은 또한 자신들의 부친을 닮아 벨리니 가(家)의 아들들은 자신들이 제작한 보석 상자에 오직 참말만을 적어 넣었으며, 첼리니 가의 아들들은 오직 거짓말만을 적어 넣었다.

르네상스 시대의 이탈리아에는 보석함을 만드는 가문이 벨리니와 첼리니 집안 말고는 달리 없었다고 하자. 모든 보석 상자들은 벨리니가 아니면 첼리니가 만들었거나 혹은 그의 아들들이 제작했다.

독자들은 앞으로 만에 하나 그들이 제작한 보석함을 발견하면 그 상자들이 귀중한 상자임을, 특히 벨리니나 첼리니가 만든 상자들은 어마어마한 가치를 지니고 있음을 부디 잊지 말기 바란다.

A. 누가 만든 상자인가?

127.
나는 우연한 기회에 다음과 같은 글귀가 적혀 있는 상자를 본 적이
있다.

> 이 보석함은 벨리니의
> 아들의 작품이 아님.

　이 보석함은 그렇다면 누가 만든 것인가? 벨리니인가, 첼리니인
가? 벨리니의 아들인가 혹은 첼리니의 아들인가?

128.
또 다른 기회에 나는 다른 상자 하나를 발견했는데, 그 상자에 적
혀 있는 글을 보고 그 보석함은 첼리니가 만든 것임이 틀림없다는
것을 추론할 수 있었다.
　그렇다면 그 상자에 어떤 글귀가 적혀 있었는지 알아낼 수 있겠
는가?

129.
보석함 가운데서 가장 귀중한 상자는 뭐니 뭐니 해도 벨리니나 첼
리니의 작품임이 틀림없다는 것은 추론해낼 수 있으나 구체적으로
둘 중 누가 제작한 것인지는 알 수 없는 글귀가 적혀 있는 상자이
다. 그런데 운이 좋게도 내가 그러한 상자를 하나 발견하게 되었다.
그 상자에 어떤 글귀가 적혀 있었는지를 알아낼 수 있겠는가?

130. 진지하면서도 엉뚱한 문제

이번에는 다음과 같은 글이 적혀 있는 상자를 발견했다고 가정해 보자.

```
이 상자는 내가
제작한 것임.
```

이 상자를 제작한 주인공에 대해 어떤 결론을 내리겠는가?

131. 피렌체의 귀족

이탈리아의 지방 도시인 피렌체에 사는 한 귀족이 매우 호화로운 파티를 열었는데 그 파티의 하이라이트는 상으로 값진 보석을 탈수 있는 게임이었다. 파티를 연 그 귀족은 포샤의 상자에 관한 이야기를 알고 있었기 때문에 그녀의 상자를 본뜬 퍼즐 게임을 자신이 직접 구상하였다. 그는 금, 은, 동으로 된 세 개의 상자를 마련한다음, 그 가운데 한 상자에 보석을 집어넣었다. 그는 이어 파티에 참석한 손님들에게 상자들은 각기 벨리니나 첼리니가 제작한 것이며 양 가문의 아들들은 그 상자와는 관련이 없다는 사실을 주지시켰다. 그 귀족은 또한 이 세 상자 가운데 어느 상자 속에 보석이들어 있는지를 남보다 앞서 정확하게 짚어내고 또한 자신의 추측이 어째서 정확한지를 제대로 증명할 수 있는 사람에게 상으로 상자 속에 든 보석을 줄 것이라고 선언했다. 각 상자에 쓰여져 있는글귀는 다음과 같았다.

금상자	은상자	동상자
만일 보석이 은상자 안에 들어 있다면 은상자는 벨리니가 제작한 것임.	만일 보석이 이 상자 안에 들어 있다면 금상자는 첼리니가 제작한 것임.	진짜로 보석이 들어 있는 상자는 첼리니가 제작한 것임.

보석은 과연 어느 상자에 들어 있는가?

B. 쌍둥이 보석함

어떤 박물관에 가보면 쌍둥이 보석함들을 볼 수가 있는데 그 보석함들은 본래부터 금상자와 은상자를 하나의 세트로 제작하였으며 팔기도 세트로만 판 것들이다. 사실 벨리니 집안과 첼리니 집안은 아주 절친한 우정을 나누는 사이였으며, 때로는 합동으로 쌍둥이 보석함을 제작하기도 했었다. 물론 상자 하나에 대해서는 단 한 사람만이 제작에 참여하였다. 그러나 쌍둥이 보석함의 경우에는 두 사람이 각기 서로 하나씩 나누어 상자를 만든 경우도 간혹 있었다. 두 가문의 사람들은 미래에 총명한 후손들이 상자들을 제작한 주인공이 누구인지를 모두 알아내든가 혹은 일부만이라도 알아낼 수 있도록 쌍둥이 보석함을 설계하는 데 상당한 재미를 느끼고 있었다. 여기 하나의 쌍둥이 보석함이 주어져 있을 경우, 그 보석함 세트를 만든 제작자에 대해 16가지의 가능성이 있을 수 있다. 즉, 금상자는 벨리니와 그의 아들 그리고 첼리니와 그의 아들이 만들 수가 있으며, 그 각각의 경우에 대해 그 네 사람이 각기 은상자를 만드는 경우를 생각할 수가 있다.

132.

언젠가 나는 다음과 같은 쌍둥이 보석함을 본 적이 있다.

금상자	은상자
이 한 쌍의 상자는 모두 첼리니 가문의 사람들이 제작한 것임.	이 상자들은 모두 벨리니 가문의 아들이나 혹은 첼리니 가문의 아들이 제작한 것이 아님.

이 한 쌍의 상자는 각각 누가 제작한 것인가?

133.

언젠가 나는 다음과 같은 쌍둥이 보석함을 본 적이 있다.

금상자	은상자
이 상자를 벨리니 가문의 사람이 만들었다면 은상자는 첼리니가 제작하였음.	금상자는 벨리니의 아들이 제작하였음.

두 상자는 각각 누가 만들었는가?

134.

다음과 같은 한 쌍의 상자를 생각해보자.

금상자	은상자
은상자는 벨리니의 아들이 제작하였음.	금상자는 벨리니의 아들이 제작하지 않았음.

이 두 상자 가운데 적어도 한 상자는 벨리니가 제작했음을 증명해보라.

135.

마찬가지로 다음과 같은 한 쌍의 상자를 생각해보자.

금상자	은상자
은상자는 첼리니가 제작하였음.	금상자는 첼리니가 제작하지 않았음.

위의 두 상자 가운데 적어도 하나는 첼리니의 아들이 만들었음을 증명하라.

136.

역시 다음과 같은 한 쌍의 상자를 생각해보자.

금상자	은상자
은상자는 벨리니의 아들이 제작하였음.	금상자는 첼리니의 아들이 제작하였음.

위의 두 상자 가운데 적어도 하나는 벨리니나 첼리니가 만들었음을 증명하라.

137.

그다음에 내가 겪은 모험은 평생 두고 잊지 못할 희한한 경험이었다. 어느 날 나는 우연히 쌍둥이 상자를 볼 기회가 있었다. 그때 마침 그 쌍둥이 상자 가운데 벨리니가 제작한 상자가 하나라도 있는지 알고 싶어서 그중 한 상자에 적혀 있는 글귀를 읽었으나 그 글만 보아서는 도무지 내가 알고 싶은 것을 알아낼 수가 없었다. 그래서 다른 상자를 보았더니, 놀랍게도 처음 상자와 똑같은 글귀가 적혀 있는 것이었다. 그러나 그보다 더욱 기막힌 사실은 다른 상자의 글을 읽고 나서는 두 상자 모두 벨리니가 제작한 것임이 틀림없다는 것을 알 수 있었다는 것이다.

두 상자에 어떤 글귀가 적혀 있었는지 알아낼 수 있는가?

138.

그다음 번에도 똑같은 글귀가 적혀 있는 한 쌍의 상자를 발견했는데 그 글을 읽고는 두 상자 모두 첼리니가 제작한 것임을 추론해낼수 있었다. 그러나 만일 그 두 상자 가운데 한 상자만 보았더라면 첼리니가 만든 상자가 단 한 상자라도 있는지조차 알아낼 길이 없었을 것이다.

그렇다면 그 두 상자에 어떤 글이 쓰여 있었는지 말할 수 있는가?

139.

그다음 기회에도 역시 똑같은 글귀가 적혀 있는 한 쌍의 상자를 발견했는데 그 글을 읽고는 그 두 상자 모두 벨리니가 만들었거나 혹은 두 상자 모두 첼리니가 만들었다는 것까지는 추론해낼 수 있겠다. 그러나 그 가운데 누가 과연 그 상자들을 만든 주인공인지는 알 수가 없었다. 또한 그 두 상자 가운데 한 상자만 보았더라면 그러한 추론마저 불가능했을 것이다.

그렇다면 그 두 상자에 어떤 글이 쓰여 있었는지 말할 수 있는가?

140.

다음의 두 조건을 충족시키는 상자야말로 이 세상에서 가장 귀한 쌍둥이 상자이다.

> (1) 그 두 상자에 적혀 있는 글들을 보면 그 가운데 한 상자는 벨리니가 제작했으며 다른 하나는 첼리니가 제작한 것임을 추론해낼 수는 있으나, 누가 어느 상자를 만들었는지는 알 수가 없다.
>
> (2) 그 두 상자 가운데 하나만 보아서는 그 한 쌍의 상자를 벨리니와 첼리니가 각각 하나씩 나누어 제작했음을 알아낼 수가 없다.

언젠가 나는 운 좋게도 그러한 조건에 부합하는 쌍둥이 상자를 본 적이 있다. (내가 알기에 지금까지 제작된 쌍둥이 상자 가운데 그와 같은 상자는 내가 본 것이 유일한 것이다.)

그렇다면 그 두 상자에 각기 어떤 글이 쓰여 있었는지 말할 수 있는가?

141. 즐거운 모험담

총각 시절 나는 한때 이탈리아의 피렌체 지방에 머문 적이 있었다. 그 당시 나는 신문을 읽다가 우연히 '**논리학자를 구함**'이라는 구인 광고를 발견했다. (나는 이탈리아어를 전혀 할 줄 몰랐는데 다행스럽게도 그 신문은 영자신문이었다.) 그래서 나는 구인 광고를 낸 박물관을 찾아갔더니, 박물관 측에서는 풀기 힘든 문젯거리가 하나 생겨서 그 문제를 해결하는 데 도움을 얻을까 해서 논리학자를 구하는 광고를 냈다는 것이었다. 박물관 측의 설명에 의하면 네 개의 보석함이 발견되었는데, 그 가운데 두 개는 금상자였고 다른 두 개는 은상자였다. 애당초 그것들은 두 개의 세트로 된 쌍둥이 상자들이었는데 어떤 이유에선지 서로 뒤섞이는 바람에 어느 상자가 어느 상자의 짝인지를 알 수가 없게 되었다는 것이다.

그 네 개의 상자를 보자마자 나는 그 자리에서 문제를 해결할 수 있었다. 그 대가로 상당한 액수의 사례비를 받았다. 또한 누가 어느 상자를 만들었는지도 알아낼 수 있었기 때문에 그로 인해 별도의 보너스도 받았다. (그 보너스 가운데에는 키안티[Chianti] 산 최고급 적포도주도 포함되어 있었다.) 뿐만 아니라 무엇보다도 남들 앞에서 자랑할 만했던 것은 피렌체 지방에서 가장 매력적인 아가씨로부터 감사의 키스를 받았다는 사실이다.*

다음이 문제의 네 개의 상자이다.

<table>
<tr><td style="text-align:center">상자 A (금상자)</td><td style="text-align:center">상자 B (금상자)</td></tr>
<tr><td>은상자는 첼리니 가문의 사람이 제작하였음.</td><td>은상자를 첼리니 가문의 사람이 제작했거나 혹은 두 상자 모두 벨리니가 제작하였음.</td></tr>
</table>

---

* 벤베누티 첼리니는 상당한 허풍쟁이였다고 하는데, 나라고 그보다 못하란 법은 없지 않은가?

상자 C (금상자)	상자 D (금상자)
금상자는 벨리니 가문의 사람이 제작하였음.	금상자는 벨리니 가문의 사람이 제작했으며 또한 이 두 상자 가운데 적어도 하나는 벨리니의 아들이나 혹은 첼리니의 아들이 제작하였음.

이제 해결해야 할 문제는 다음 두 가지이다.

(a) A의 짝은 C인가, 혹은 D인가?
(b) 네 개의 상자는 각기 누가 만들었는가?

해 답

127.

그 상자는 벨리니가 만든 것이다. 만일 벨리니의 아들이 그 상자를 만들었다고 하면, 상자에 적혀 있는 글귀는 거짓이 될 것인 바, 그러한 일은 있을 수 없다. 또한 첼리니나 그의 아들이 상자를 만들었다고 하면, 상자에 써 있는 글은 참이 될 것이다. 그러나 그와 같은 일도 마찬가지로 있을 수 없다. 따라서 상자는 벨리니가 만든 것이다.

128.

상자에 적혀 있는 글귀는 다음과 같다: 이 상자는 첼리니의 아들의 작품임.

129.

"이 상자는 벨리니나 혹은 첼리니의 아들이 제작한 것임."

130.

그 글귀는 말할 것도 없이 참이다. 따라서 상자는 벨리니나 혹은 벨리니의 아들이 만든 것이다.

131.

단계 1: 먼저 벨리니가 동상자를 만들었다고 가정해보자. 그 경우 동상자에 적혀 있는 글귀는 참이다. 그러므로 보석은 첼리니가 만든 상자 속에 들어 있으며, 따라서 동상자 안에는 있을 수 없다. 이와 반대로, 첼리니가 동상자를 만들었다고 가정해보자. 이 경우 동상자의 글귀는 거짓이다. 그러므로 보석은 벨리니가 만든 상자 속에 들어 있으며, 따라서 동상자 속에는 있을 수 없다. 이렇게 해서 동상자 안에는 보석이 들어 있지 않다는 것이 증명된다.

단계 2: 다음으로 은상자 안에도 보석이 들어 있을 수 없다는 것을 알 수 있다. 만약 보석이 은상자 안에 있다면, 다음과 같은 모순이 생기게 된다.

보석이 은상자 속에 있다고 가정해보자. 그런 다음 첫째로 금상자를 벨리니가 만들었다고 가정해보자. 그 경우 금상자에 적힌 글귀는 참이 된다. 그런데 (가정에 의해) 보석은 은상자 안에 들어 있으므로, 은상자는 벨리니의 작품이다. 따라서 은상자에 적힌 글귀도 참이 되며 또한 은상자의 글귀와 가정으로부터 금상자는 첼리니가 만든 것이라는 결론이 나온다. 이렇게 해서 금상자가 벨리니의 작품이라면, 그것은 또한 첼리니의 작품이기도 하다는 모순된 결론을 얻게 된다.

　이번에는 반대로, 금상자를 첼리니가 만들었다고 가정해보자. 그 경우 금상자에 적혀 있는 글귀는 거짓이 된다. 따라서 은상자는 벨리니가 아닌 첼리니의 작품이라는 이야기가 된다. 그러므로 은상자의 글귀는 거짓이며 또한 그로부터 금상자는 벨리니가 만든 것이라는 결론을 얻게 된다. 이렇게 해서 금상자를 첼리니가 만들었다면, 그것은 또한 벨리니가 만든 것이기도 하다는 위와 유사한 모순에 이르게 된다.

　이것으로 은상자 안에는 보석이 있을 수 없다는 것이 증명된다. 따라서 보석은 결국 금상자 안에 있다는 결론이 나온다.

132.

금상자에 적혀 있는 글귀는 절대 참이 될 수 없다. 왜냐하면 그 글이 참이라고 할 경우 모순이 나오기 때문이다. 따라서 금상자는 첼리니 가의 사람이 제작한 것이다. 금상자에 쓰여져 있는 글귀가 거짓이니만큼 두 상자를 모두 첼리니 가의 사람들이 만든 것은 아니다. 따라서 은상자는 벨리니 가의 사람이 만들었다는 이야기가 된다. 그렇다면 은상자의 글은 참이 되고 따라서 어느 상자도 양쪽 집안의 아들들이 제작한 것이 아니다. 그러므로 금상자는 첼리니가 만들었고, 은상자는 벨리니의 작품이다.

133.

기사와 건달들의 섬에 사는 사람이 "내가 기사이면 이러이러한 것은 참이다"라고 주장할 경우, 그는 기사이고 이러이러한 것은 참이어야 한다는 사실을 알고 있다. 이제 이와 비슷한 증명 방식에 의해 금상자에 적혀 있는 글귀가 참임을 증명하기로 한다.

금상자를 벨리니 가문의 사람이 만들었다고 가정해보자. 그러면 금상자에 적혀 있는 "이 상자를 벨리니 가문의 사람이 만들었다면, 은상자는 첼리니가 제작하였음"이라는 문장은 참이 된다. 그러나 (가정에 의하면) 금상자는 벨리니 가문의 사람이 만들었다. 따라서 은상자는 첼리니가 만들었다는 이야기가 된다. 이렇게 해서 금상자를 벨리니 가문의 사람이 만들었다면, 은상자는 첼리니가 만든 것임이 증명되었다.* 다시 말해, 금상자에 쓰인 문장이 참임이 증명된 셈이다. 따라서 금상자는 실제로 벨리니 가문의 사람이 만들었다.

이것과 위에서 증명한, 금상자를 벨리니 가문의 사람이 만들었다면 은상자는 첼리니가 만든 것이라는 사실을 결합하면 은상자는 첼리니가 제작했다는 결론을 얻을 수 있다. 그러므로 은상자에 있는 문장은 거짓이며, 따라서 금상자는 벨리니 아들이 만든 것이 아니다. 그러나 위에서 증명한 대로 금상자는 벨리니 가문의 사람이 만든 것이다. 그러므로 금상자는 벨리니의 작품이라는 이야기가 된다. 결국 금상자는 벨리니가 만들었고, 은상자는 첼리니가 제작한 것이다.

134.
먼저, 금상자에 적혀 있는 글귀가 참이라고 가정해보자. 그 경우

---

* 금상자는 벨리니 가문의 사람이 만들었다는 전제로부터 은상자는 첼리니가 만들었다는 결론을 이끌어 냈기 때문이다. 이 과정에서 함축에 관한 사실 4가 다시 한 번 사용되었다. (사실 4에 관해서는 8장의 머리말 중 마지막 구절을 참조할 것.)

은상자는 벨리니의 아들이 만든 것이며, 따라서 은상자의 글귀는 참이 된다. 이것은 곧 금상자는 벨리니의 아들이 만든 것이 아니라는 이야기가 되는데, 그러나 금상자의 글귀는 참이기 때문에 금상자는 결국 벨리니가 만든 것일 수밖에 없다.

금상자에 적혀 있는 글귀가 거짓이라고 가정해보자. 그 경우 은상자는 벨리니의 아들이 만든 것이 아니다. 그러나 은상자에 쓰여져 있는 글은 참이어야 한다. (왜냐하면 금상자에 써 있는 글은 ──가정에 의해── 거짓인 바, 거짓인 글을 벨리니의 아들이 적어넣었을 리가 없기 때문이다.) 따라서 은상자는 벨리니가 만들었다.

위의 증명을 한마디로 요약하자면, 금상자에 적혀 있는 글귀가 참일 경우, 금상자는 벨리니가 만든 것이 되며, 금상자의 글귀가 거짓일 경우, 은상자는 벨리니의 작품이 된다.

135.

우선 은상자에 적혀 있는 글귀가 참이라고 가정해보자. 그 경우 은상자의 글이 참이므로, 은상자는 벨리니 가문의 사람이 만들었다는 이야기가 된다. 따라서 금상자에 적혀 있는 "은상자는 첼리니가 제작하였음"이라는 글귀는 거짓일 수밖에 없다. 그러나 가정에 의해 은상자에 적혀 있는 글귀는 참이므로, 금상자는 첼리니의 작품일 수가 없다. 그러므로 금상자의 글은 거짓이나 금상자 자체는 첼리니가 제작한 것이 아니다. 따라서 금상자는 첼리니의 아들이 만든 것이다.

이와 반대로, 은상자에 적혀 있는 글귀가 거짓이라고 가정해보자. 그 경우 금상자는 첼리니가 만들었다는 이야기가 된다. 그러므로 금상자에 쓰여진 글귀는 거짓이며, 따라서 은상자는 첼리니가 제작한 것이 아니다. 그러므로 은상자에 쓰여진 글귀는 거짓이지만 은상자 자체는 첼리니가 제작한 것이 아니다. 따라서 은상자는 첼리니의 아들이 만든 것이다.

위의 증명을 한마디로 요약하자면, 은상자에 적혀 있는 글귀가 참일 경우, 금상자는 첼리니의 아들이 만든 것이며, 반대로 그 글귀가 거짓일 경우, 은상자는 첼리니의 아들이 제작한 보석함이 된다.

136.

금상자에 쓰여 있는 글귀가 참이라고 가정해보자. 그 경우 은상자에 적혀 있는 글귀 역시 참이 될 수밖에 없는데, 이는 곧 금상자에 적힌 글이 거짓임을 의미한다. 이것은 모순이며, 따라서 금상자에 적혀 있는 글귀는 거짓이다. 이 말은 또한 은상자가 벨리니의 아들이 제작한 것이 아님을 의미한다. 그러므로 은상자에 쓰여 있는 글귀가 참이라면, 은상자는 벨리니가 만든 것이 된다. 반대로 은상자의 글이 거짓이라면, 금상자는 첼리니의 아들이 만든 것이 아니라는 말이 된다. 그러나 금상자에 쓰여 있는 글귀는 거짓임이 입증된 만큼, 금상자는 이 경우 첼리니가 제작한 것이다.

위의 증명을 한마디로 요약하자면, 은상자에 쓰여진 글이 참이면 은상자는 벨리니가 제작한 것이며, 은상자의 글이 거짓이면, 금상자는 첼리니가 만든 것이다. 따라서 은상자를 벨리니가 제작했거나 혹은 금상자를 첼리니가 제작했거나 둘 중의 하나이다.

137.

이번 문제와 다음에 이어지는 세 문제의 정답은 여러 가지로 나올 수가 있다. 이번 문제에 대한 가능한 해답 가운데 한 가지는 두 상자에 "두 상자 모두 벨리니가 제작했거나 혹은 그 가운데 적어도 하나는 첼리니 가문의 사람이 제작한 것임"이라는 글이 적혀 있었다는 것이다.

그 두 상자 가운데 어떤 상자라도 첼리니 가문에 속한 사람이 제작한 것일 수가 없다. 왜냐하면 그중 한 상자라도 첼리니 가문의 사람이 제작했을 경우, 그 상자에 쓰인 글귀는 참이 될 것이기 때문이다. 따라서 두 개의 상자는 모두 벨리니 가문의 사람이 만든 것이다. 그러므로 두 상자는 모두 벨리니가 제작했거나 혹은 그 가운데 적어도 하나는 첼리니 가문의 사람이 제작한 것이라는 글귀는 참이다. 상자에 적혀 있는 그 선언문에서 두 번째 선언지(選言肢), 다시 말해 그 가운데 적어도 하나는 첼리니 가문의 사람이 만들었다는 부분은 거짓이다. 따라서 두 상자는 모두 벨리니가 제작한 것이다.

138.

이 문제에 대한 한 가지 해답은 두 상자에 "적어도 이 두 상자 가운데 하나는 첼리니의 아들이 제작한 것임"이라는 글귀가 적혀 있었다는 것이다. 만일 이 글귀가 참이라면, 두 상자 가운데 적어도 하나는 첼리니의 아들이 만들었을 것이다. 그러나 첼리니의 아들이 참인 글을 적어넣었을 수는 없다. 그러므로 그 글은 거짓이며, 따라서 두 상자 모두 첼리니의 아들이 만들지 않았다는 이야기가 된다. 따라서 두 상자 모두 첼리니가 만든 것이다.

139.

그 두 상자에 적어넣을 수 있는 글귀 가운데 하나는 다음과 같은 것이다. "두 상자 모두 벨리니가 제작했거나 혹은 그 가운데 적어도 하나를 첼리니의 아들이 제작하였음."

여기서 위의 글귀가 참이면 두 상자는 모두 벨리니가 만들었으며, 그 글이 거짓일 경우, 두 상자 모두 첼리니가 제작한 것임을 증명해보기로 한다.

먼저 상자에 쓰인 글이 참이라고 가정해보자. 그 경우 실제로 두 상자 모두 벨리니가 제작했거나 혹은 그 가운데 적어도 하나는 첼리니의 아들이 제작했다. 그런데 첼리니의 아들이 참인 글을 적어넣을 수는 없으니만큼, 위의 선언문에서 두 번째 선언지는 참일 수가 없다. 따라서 두 상자 모두 벨리니가 제작한 것임에 틀림없다.

상자에 쓰인 글귀가 거짓이라고 가정해보자. 그 경우 위의 선언문을 이루는 두 선언지가 동시에 거짓이 된다. 이 가운데 특히 두 상자 가운데 적어도 하나는 첼리니의 아들이 제작했다는 두 번째 선언지는 거짓이다. 이 말은 곧 두 상자 가운데 어느 것도 첼리니의 아들의 작품이 아님을 의미한다. 그런데 상자에 쓰인 글귀는 거짓이라고 했으므로, 두 상자 모두 첼리니가 제작한 것이다.

140.

한 가지 해답은 다음과 같다 :

금상자: "은상자를 첼리니 가문의 사람이 제작했을 경우 그리고 오직 그 경우에 한해 이 두 상자는 벨리니와 첼리니가 만든 것임."
은상자: "금상자는 첼리니 가문의 사람이 제작한 것임."

여기서 문제의 상자들을 벨리니와 첼리니가 제작했다는 명제를 P라 하고, 은상자를 첼리니 가문의 사람이 제작했다는 명제를 Q라고 하자. 그 경우 금상자에 적혀 있는 글은 P가 Q와 동치(equivalent)라는 것이다. 한편 은상자에 적혀 있는 글은 금상자의 글을 적어넣은 사람이 거짓말쟁이임을 의미하는데, 그 말은 금상자에 적혀 있는 글이 거짓이라는 말과 다름없다. 그것은 또한 금상자와 은상자에 써 있는 글귀 가운데 하나는 참이고 다른 하나는 거짓이라는 것을 의미한다.

이제 금상자에 쓰여져 있는 글이 참이라고 가정해보자. 그 경우 (위에서 이미 증명한 대로 금상자와 은상자에 적혀 있는 글귀 가운데 하나는 참이고 다른 하나는 거짓이므로) 은상자에 쓰인 글은 거짓이어야 한다. 따라서 은상자는 첼리니 가문의 사람이 제작했다는 이야기가 되므로 Q는 참이다. 또한 금상자에 쓰인 글이 참이기 때문에, P는 실제로 Q와 동치이다. 그 경우 (Q는 참이므로) P역시 참이어야 한다.

이번에는 반대로 금상자에 쓰여져 있는 글귀가 거짓이라고 가정해보자. 그 경우 은상자에 쓰인 글은 참이 되며 따라서 은상자는 첼리니 가문의 사람이 제작한 것이 아니라는 이야기가 된다. 그러므로 Q는 거짓이 될 수밖에 없으며, 또한 P와 Q가 이 경우 동치가 아니므로 P는 또다시 참이 된다.

이렇게 해서 어느 경우건 P는 참이 된다는 것, 다시 말해 두 상자 가운데 하나는 벨리니가 또 다른 하나는 첼리니가 각각 나누어 제작했음을 알 수 있다.

141.

A 상자의 짝은 D 상자임이 분명하다. 왜냐하면 만일 A의 짝이 C 상자라면 다음과 같은 모순이 생길 것이기 때문이다.

A의 짝이 C라고 하고, A에 쓰여 있는 글이 참이라고 가정해보자. 그 경우 C에 적혀 있는 글은 거짓이 된다. 이것은 또한 A에 쓰여 있는 글이 거짓임을 의미한다. 그러나 그것은 모순이다. 이와 반대로, A에 쓰인 글이 거짓이라고 가정해보자. 그러면 C에 적혀 있는 글은 참이 된다. 이것은 또한 A에 쓰여 있는 글이 참임을 의미하는데, 이것 또한 모순이다. 그러므로 A의 짝은 C가 될 수 없다. 이상의 증명으로 첫 번째 문제는 해결된 셈이다.

이번에는 B—C 쌍을 고찰해보기로 하자. 우선 C에 적혀 있는 글귀가 거짓이라고 가정해보자. 그 경우 B는 첼리니 가문의 사람이 제작한 것이며, 따라서 B에 적힌 글귀는 거짓이 된다. B의 글이 거짓이라는 것은 곧 선언문인 B의 글에 나오는 두 선언지가 모두 참이 아님을 의미한다. 따라서 첫 번째 선언지도 거짓이 되는데, 이는 즉 C가 벨리니 가문의 사람이 만든 보석함이라는 것을 뜻한다. 그러므로 C의 글이 거짓이면, C는 벨리니 가문의 사람이 제작했다는 이야기가 되는데 이러한 일은 있을 수 없다. 따라서 C의 글은 참이다. 그런데 C의 글은 금상자 B를 벨리니 가문의 사람이 제작했다고 주장하고 있는 만큼 B에 적혀 있는 글귀 역시 참이 된다. 그러나 은상자인 C의 글이 참인 만큼 첼리니 가문의 사람이 은상자를 제작하지는 않았으며, 따라서 B의 글에서 첫 번째 선언지는 참이 될 수 없다. 그러므로 두 번째 선언지가 참이며, 따라서 B 상자와 C 상자는 모두 벨리니가 제작한 것이다.

이번에는 A—D 쌍을 생각해보기로 하자. 우선 A의 글이 거짓이라고 가정해보자. 그 경우 D는 벨리니 가문의 사람이 제작한 것이며, 따라서 D에 적혀 있는 글은 참이 된다. D의 글이 참이라는 것은 곧 A도 벨리니 가문의 사람이 만들었다는 것을 의미하는데 이것은 모순이다. 따라서 A의 글은 참이다. 이것은 또한 D에 적혀 있는 글이 거짓임을 함축한다. 따라서 두 명제를 '또한(and)'으로 연결한 연언문(連言文)인 D의 글에서 연결된 두 글귀, 즉 두 연언지(連言肢) 가운데 적어도 하나는 거짓이어야 한다. 그런데 A의 글이 참이므로, 첫 번째 연언지는 참이 되며 따라서 두 번째 연언지가 거짓이어야 한다. 이 말은 곧 벨리니의 아들과 첼리니의 아들은 아무 상자도 만들지 않았음을 의미한다. 따라서 A 상자는 벨리니가 제작한 것이며 D 상자는 첼리니의 작품이다.

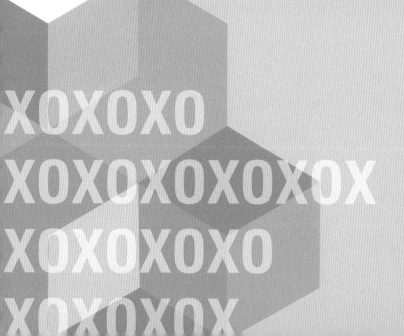

3부

괴기담에 얽힌 퍼즐

10 발 섬

A. 절대자를 찾아서

어느 철학 교과서에 이런 글이 실린 것을 읽은 적이 있다. 아홉 살 난 한 소녀가 물끄러미 창밖을 내다보다가 문득 어머니에게 질문을 던졌다.

"그런데 엄마, 도대체 어떻게 해서 무엇인가가 있는 것인지, 그것이 저는 무척 궁금해요."

이 어린 소녀야말로 진정한 철학자이다.

이것은 실로 수많은 철학자를 괴롭힌 문제이다. 철학의 유일한 근본 문제가 바로 이것이라고 본 철학자도 있었다. 그들은 그 문제를 "왜 아무것도 없지 않고 무엇인가가 존재하는가?(Why is there something instead of nothing?)"라는 형태로 제시했다.

되새겨보면 볼수록 참으로 좋은 질문이 아닌가? 정말 아무것도 없지 않고 무엇인가가 **존재하는** 이유가 무엇인가? 옛날에 자신의 전 생애를 걸고 이 문제의 해답을 찾겠다고 결심한 철학자가 한 사람 있었다. 그는 우선 그 해답을 찾기 위해 모든 철학책을 독파했다. 그렇지만 그 어떤 책에서도 왜 아무것도 없지 않고 무엇인가가 존재하는지의 진정한 이유를 알 수가 없었다. 그래서 신학으로 방향을 돌려 박학다식한 신학 박사와 제사장, 주교, 목사를 비롯한 종교 지도자들을 닥치는 대로 찾아다니며 도대체 왜 아무것도 없지 않고 무엇인가가 존재하는가를 물어보았다. 그러나 어느 누구로부터도 속 시원한 설명을 들을 수가 없었다. 그래서 이번에는 동양철학으로 방향을 바꾸어 12년간을 인도와 티베트를 돌아다니며 각양각색의 종교인들을 만나보았으나 아무것도 없지 않고 무엇인가가 존재하는지 그 이유를 알고 있는 사람은 한 사람도 없었다. 그 뒤 중국과 일본에서 여러 도사(道士)와 선사(禪師)를 찾아다니느라 12년을 더 허비한 끝에 마침내 죽음을 목전에 둔 현인을 한 사람 만나게 되었는데 그는 죽기 직전 다음과 같은 이야기를 들려주었다.

"여보게, 왜 아무것도 없지 않고 무엇인가가 존재하는지는 나 자신도 모르네. 그러나 지구상에서 그 해답을 알 수 있는 장소가 딱 하나 있는데 바로 발(Baal) 섬이라네. 발 사원의 대제사장 가운데 한 분이 바로 그 해답을 알고 계시네."

"그러면 발 섬은 도대체 어디에 있습니까?" 철학자가 안타깝게 물었다.

그 질문에 현인은 이렇게 답변하였다.

"아, 그것은 나도 모르네. 발 섬에 실제로 찾아간 사람이 있다는 이야기도 들어본 적이 없으니까. 사실 내가 알고 있는 것이라고는 지도에도 나와 있지 않는 섬들이 무리 지어 있는 장소뿐이네. 그 섬들 가운데 한 섬에 발 섬으로 갈 수 있는 지도와 완벽한 안내서가 있네. 그런데 그 섬들 중 어떤 섬에 가야 문제의 지도를 얻을 수 있는지는 나로서도 모르겠네. 내가 알고 있는 것은 오직 그 섬들 가운데 한 섬에 지도가 있으며 그 섬의 이름은 '마야'라는 사실뿐일세. 그런데 그 섬들에는 항상 진실만을 말하는 기사와 항상 거짓말만을 하는 건달들만이 살고 있네. 따라서 상당히 신중을 기하지 않으면 큰일나네!"

그 철학자로서는 지난 24년 동안 이보다 더 희망적인 이야기를 들은 적이 없었다! 여하간 그는 그 섬들이 무리를 지어 있는 장소까지는 큰 어려움 없이 찾아갔다. 그러고는 희망에 부풀어 어느 섬이 마야 섬인지 알아내기 위해 섬들을 하나씩 체계적으로 뒤지기 시작했다.

142. 첫 번째 섬

그가 첫 번째 섬을 뒤지고 있을 때, 그 섬의 원주민, A와 B를 만났는데 그들은 다음과 같이 말했다.

A: B는 기사이고 이 섬은 마야 섬이다.
B: A는 건달이고 이 섬은 마야 섬이다.

이 섬은 마야 섬인가?

143. 두 번째 섬

두 번째 섬에 사는 원주민, A와 B는 다음과 같이 말했다.

A: 우리 둘은 모두 건달이고 이 섬은 마야 섬이다.
B: 그 말은 참이다.

이 섬은 마야 섬인가?

144. 세 번째 섬

이 섬에 사는 A와 B는 이렇게 말했다.

> A: 우리 둘 가운데 적어도 한 사람은 건달이고 이 섬은 마야 섬
> 이다.
> B: 그 말은 참이다.

> 이 섬은 마야 섬인가?

145. 네 번째 섬

이 섬에 사는 두 원주민, A와 B는 이렇게 말했다.

> A: 우리 둘은 모두 건달이고 이 섬은 마야 섬이다.
> B: 우리 둘 가운데 적어도 한 사람은 건달이고 이 섬은 마야 섬
> 이 아니다.

> 이 섬은 마야 섬인가?

146. 다섯 번째 섬

이 섬의 원주민, A와 B는 이렇게 말했다.

> A: 우리 둘은 모두 건달이고 이 섬은 마야 섬이다.
> B: 우리 둘 가운데 적어도 한 사람은 기사이고 이 섬은 마야 섬
> 이 아니다.

> 이 섬은 마야 섬인가?

147. 여섯 번째 섬

이 섬에 사는 두 원주민 A와 B는 다음과 같이 말했다.

A: B가 기사이거나 혹은 이 섬은 마야 섬이다.
B: A가 건달이거나 혹은 이 섬은 마야 섬이다.

이 섬은 마야 섬인가?

148. 발 섬으로 가는 지도

우리의 철학자는 마침내 마야 섬을 찾는 데 성공했다. 그러나 발섬으로 가는 지도와 안내서를 찾는 작업은 당초 예상만큼 쉬운 일이 아니었다. 그것들을 얻기 위해서는 마야 섬의 대제사장을 만나지 않으면 안 되었다. 대제사장은 철학자를 어떤 방으로 안내했는데 그 방의 탁자 위에는 세 장의 지도 X, Y, Z가 놓여 있었다. 대제사장의 설명에 의하면 그 세 장의 지도 가운데 오직 하나만이 발섬으로 갈 수 있는 진짜 지도이고, 나머지 두 장은 마귀의 섬으로 가는 지도라는 것이다. 그런데 만에 하나 마귀의 섬으로 가게 되면 상륙한 즉시 형체도 없이 죽는다는 것이다. 철학자는 그 세 장의 지도 가운데 한 장을 선택해야만 했다.

문제의 방에는 다섯 명의 마법사 A, B, C, D, E가 있었는데 그들도 각기 기사가 아니면 건달이었다. 그들은 저마다 다음과 같은 귀띔을 하나씩 해주었다.

A: X가 옳은 지도이다.
B: Y가 옳은 지도이다.
C: A와 B 둘 다 건달인 것은 아니다.

D : A가 건달이거나 혹은 B가 기사이다.

E : 내가 건달이거나 혹은 C와 D가 같은 부류(즉, 둘 다 기사이
든가 둘 다 건달)이다.

지도 X, Y, Z 가운데 어느 것이 옳은 지도인가?

B. 발 섬

기사와 건달들이 사는 섬들 가운데 발 섬이 가장 기괴할 뿐더러 유
별나다. 이 섬에는 오로지 인간과 원숭이만이 살고 있다. 원숭이들
도 인간만큼 키가 크고 말도 유창하게 한다. 더구나 인간만이 아니
라 원숭이도 기사이든가 건달이다. 이 섬의 바로 한가운데에 있는
발 사원은 전 세계에서 가장 훌륭한 사원 가운데 하나였다. 그곳의
대제사장들은 모두 형이상학자들이었다. 특히 사원의 내밀실(內
密室)에는 우주 최후의 비밀인 왜 아무것도 없지 않고 무엇인가가
존재하는가에 대한 해답을 알고 있다고 소문난 제사장이 한 분 있
었다.

그러한 성스러운 지식을 얻고자 하는 사람들은 내밀실에 들어
오도록 허용되었는데 단, 그에 앞서 세 단계의 시험에 잇달아 합격
함으로써 자신의 지혜를 입증하여야 했다. 나는 우연치 않게 이 비
밀을 몰래 훔쳐 알게 되었다. 그 비밀을 몰래 훔쳐 내기 위해 나는
원숭이로 변장을 하고 사원 안으로 들어가야만 했다. 그것은 나로
서는 손에 땀을 쥐게 하는 아슬아슬한 모험이었는데 만일 붙들리
기라도 하는 날에는 상상할 수도 없을 정도의 큰 형벌이 뒤따랐을

것이다. 제사장들은 나를 죽이는 것이 아니라 아예 우주의 법칙들을 바꾸어버려 내가 태어날 수조차 없게 만들었을 것이다!

여하간 우리의 철학자는 옳은 지도를 선택하여 발 섬까지 무사히 올 수 있었다. 섬에 도착한 그는 시험을 치르기로 했다. 첫 단계의 시험은 외밀실(外密室)이라고 부르는 큼지막한 방에서 3일 동안 계속해서 행해졌다. 그 방 한가운데에는 모자가 달린 검은 망토를 휘감은 한 인물이 황금으로 된 의자에 앉아 있었는데, 그는 인간일 수도 있고 원숭이일 수도 있으며 또한 기사일 수도 있고 건달일 수도 있었다. 그가 성스러운 문장을 하나 던지면 철학자는 그 문장으로부터 그의 정체를 ──그가 기사인지 건달인지 그리고 인간인지 원숭이인지를 정확하게 추리해내야만 했다.

149. 첫 번째 시험
그는 "나는 건달이거나 혹은 원숭이이다"라고 말했다.
　그는 정확히 무엇인가?

150. 두 번째 시험
그는 "나는 건달이고 또한 원숭이이다"라고 말했다.
　그는 정확히 무엇인가?

151. 세 번째 시험
그는 "나는 원숭이이고 동시에 기사인 것은 아니다"라고 말했다.
　그는 정확히 무엇인가?

　철학자는 이 세 가지 시험에 다 합격하였으며 그에 따라 2단계의 시험을 치르도록 허용되었다. 2단계의 시험은 중밀실(中密室)로 알려진 큰 방에서 3일 동안 계속해서 행해졌다. 그 방에는 백금으로 된 의자에 모자가 달린 검은 망토를 휘감은 두 인물이 앉아 있었는데 그들이 성스러운 문장들을 말하면 철학자는 그가 어떤 부류에 속하는지를 완벽하게 알아맞혀야 했다. 그 두 인물을 A와 B라고 하자.

152. 네 번째 시험

A: 우리 둘 가운데 적어도 한 사람은 원숭이이다.
B: 우리 둘 가운데 적어도 한 사람은 건달이다.

A와 B는 각기 무엇인가?

153. 다섯 번째 시험

A: 우리는 모두 원숭이이다.
B: 우리는 모두 건달이다.

A와 B는 각기 무엇인가?

154. 여섯 번째 시험

A: B는 건달이자 원숭이이다. 나는 사람이다.
B: A는 기사이다.

A와 B는 각기 무엇인가?

철학자는 2단계의 시험도 모두 통과하여 3단계의 시험을 치르게 되었다. 이 3단계의 시험에는 단 하나의 질문밖에는 없었지만 대신 그 질문은 복잡했다.

155.

중밀실에서 나가는 문은 X, Y, Z, W 네 개가 있었는데 그중에 적어도 하나의 문은 내밀실로 통하게 되어 있다. 만일 엉뚱한 문으로 나가게 되면 무시무시한 용에게 잡아먹힌다.

그 자리에는 마침 A, B, C, D, E, F, G, H, 여덟 명의 제사장이 있었는데 그들도 각자 기사이거나 건달이었다. 그들은 각자 철학자에게 다음과 같이 일러주었다.

A : X는 바른 문이다.
B : Y, Z 가운데 적어도 한 문은 바른 문이다.
C : A와 B는 모두 기사이다.
D : X와 Y는 모두 바른 문이다.
E : X와 Z는 모두 바른 문이다.
F : D이든가 E는 기사이다.
G : C가 기사이면 F도 기사이다.
H : G와 내가 모두 기사이면, A도 기사이다.

철학자는 어떤 문으로 나가야 했는가?

156. 내밀실에서 생긴 일!

철학자는 옳은 문을 선택하여 무사히 내밀실로 들어섰다. 그 방에는 다이아몬드로 된 두 개의 의자에 온 세상에서 가장 위대한 두 사람의 제사장이 앉아 있었다! 그중에 적어도 한 제사장은 "왜 아무것도 없지 않고 무엇인가가 존재하는가?"라는 대철학문제(大哲學問題)에 대한 해답을 알고 있을 가능성이 있었다.

물론 이 두 위대한 제사장도 각기 기사이든가 건달이었다. (그들이 인간인가 혹은 원숭이인가 하는 것은 여기에서는 상관이 없다.) 따라서 그 두 제사장 가운데 어느 누구에 대해서도 그가 기사인지 건달인지 혹은 그가 대철학문제에 대한 해답을 알고 있는지 여부를 알지 못한다. 그런데 두 제사장은 다음과 같이 말했다.

> **첫 번째 제사장**: 나는 건달이고 왜 아무것도 없지 않고 무엇인가가 존재하는지를 알지 못한다.
> **두 번째 제사장**: 나는 기사이고 왜 아무것도 없지 않고 무엇인가가 존재하는지를 알지 못한다.

이 두 제사장 가운데 왜 아무것도 없지 않고 무엇인가가 존재하는지 정말로 알고 있는 사람은 누구인가?

157. 대철학문제의 답

이제 왜 아무것도 없지 않고 무엇인가가 존재하는가 하는 대철학문제에 대한 해답을 얻을 수 있는 단계에 도달하였다.

그런데 그 두 제사장 가운데 대철학문제에 대한 정답을 실제로 알고 있는 제사장이 철학자로부터 "왜 아무것도 없지 않고 무엇인가가 존재하는가?"라는 질문을 받자 다음과 같이 응답하였다 :

"아무것도 없지 않고 무엇인가가 존재한다."

이상의 모든 이야기로부터 어떤 극적인 결론이 귀결되는가?

142.

B가 기사라고 하자. 그 경우 이 섬은 마야 섬이고 A는 건달이다. 따라서 A가 한 말은 거짓이 되며 그에 따라 B는 기사이고 이 섬이 마야 섬이라는 진술도 참이 아니게 된다. 그러나 가정에 의해 B는 기사이므로 그 진술의 전반부는 참이다. 따라서 그 진술의 후반부는 거짓이며 이 섬은 마야 섬이 아니다. 결국 B가 기사라면 이 섬은 마야 섬이기도 하고 동시에 마야 섬이 아니기도 하다는 결론이 된다. 따라서 B는 건달이어야만 한다.

B가 건달이므로 A 또한 건달이라는 결론이 나온다. 왜냐하면 A는 B가 기사라고 주장하고 있기 때문이다. B가 건달이므로 그의 진술은 거짓이다. 따라서 A는 건달이며 이 섬은 마야 섬이라는 진술은 참이 아니다. 그러나 그 진술의 전반부는 (A가 건달이므로) 참이다. 따라서 후반부가 거짓이어야 하므로 이 섬은 마야 섬이 아니다.

143.

A는 명백히 건달이다. (그렇지 않고 기사였다면 A와 같은 진술을 결코 할 수 없었을 것이다.) B가 A의 말을 참이라고 했으므로, B 또한 건달이다. A의 진술이 거짓이므로 (1) 그들이 모두 건달이며 (2) 이 섬이 마야 섬이라는 주장은 동시에 참이 될 수 없다. 그러나 (1)은 참이므로, (2)가 거짓이어야 한다. 따라서 이 섬도 마야 섬이 아니다.

144.

B가 A의 말에 수긍했으므로 그들 모두가 기사이든가 혹은 모두가 건달일 수밖에 없다. 그들 모두가 기사일 경우 그들 가운데 적어도 하나는 건달이라는 말이 성립하지 않게 되며 따라서 A의 진술은 거짓이 된다. 그러나 이것은 불가능하다. 왜냐하면 모두가 기사일 경우, A도 기사일 것이기 때문이다. 따라서 그들 모두는 건달이다. 그런데 이 말은 곧 A의 진술이 거짓임을 의미한다. 그러나 A의 진술의 전반부는 (그들 모두가 건달이기 때문에 그들 가운데 적어도 한 사람은 건달이므로) 참일 수밖에 없다. 따라서 후반부가 거짓이어야 하며 이 섬은 마야 섬이 아니다.

145.

A가 기사였다면 그러한 말은 할 수 없었을 것이므로 A는 건달임이 분명하다. 만일 B가 기사라면 그가 한 진술에 의해 이 섬은 마야 섬이 아니다. B가 건달이라면 A의 진술의 전반부는 참이 된다. 그런데 A는 건달이기 때문에 A의 진술은 거짓이다. 따라서 그의 진술의 후반부는 거짓일 수밖에 없으며 이 섬 또한 마야 섬이 아니다.

146.

이 경우에도 A는 건달이어야 한다. B는 기사일 수도, 건달일 수도 있으나 어느 경우이건 이 섬은 마야 섬이 아니다.

147.

A가 만일 건달이라면 그가 한 선언적인 진술의 두 선언지가 모두 거짓이 될 것이다. 이것은 곧 B가 건달이라는 것을 의미하는데 B

가 건달이라는 것은 또한 그가 한 선언적인 진술의 두 선언지가 모두 거짓이라는 것을 뜻한다. 그러므로 A는 기사가 될 것이다. 이것은 모순이며 따라서 A는 기사이다.

A가 기사이므로 그가 한 말은 참이 된다. 따라서 B는 기사이거나 이 섬은 마야 섬이다. 이 선언문의 후반부가 참이라면 말할 것도 없이 이 섬은 마야 섬이다. 전반부가 참이라고 하자. 다시 말해 B가 기사라고 하자. 그 경우 B가 한 말, 즉 "A가 건달이거나 혹은 이 섬은 마야 섬이다"라는 진술은 참이 된다. 그러나 A는 건달이 아니므로 그 선언문의 전반부는 거짓이다. 따라서 후반부가 참이 되어야 하므로 이 섬은 마야 섬이다.

위의 논증 가운데 후반부를 다시 정리해보기로 하자. 우리는 이미 B가 기사이거나 이 섬이 마야 섬임을 알고 있다. 그러나 B가 기사라고 하더라도 이 섬은 역시 마야 섬이다. 따라서 이 섬은 결국 마야 섬이라는 결론이 나온다.

이렇게 해서 온갖 우여곡절 끝에 마침내 마야 섬을 찾는 데 성공한 것이다.

148.

만일 E가 건달이라면, E가 건달이거나 혹은 C와 D가 같은 부류라는 진술이 참이 될 것이다. 그렇다면 건달이 참말을 한 셈이 되는데 그것은 불가능하다. 따라서 E는 기사이며 그의 말은 참이다. 그러므로 그는 건달이거나 혹은 C와 D가 같은 부류이다. 그러나 그는 건달이 아니므로 C와 D가 같은 부류에 속해야 한다.

C가 건달이라고 가정하자. 그 경우 A와 B는 모두 건달이 될 것이다. 그러면 D의 진술은 참이 되므로 D는 기사이다. 따라서 C는

건달이고 D는 기사라는 이야기가 되는데 이것은 C와 D가 같은 부류에 속한다는 사실에 반한다. 그러므로 C는 기사여야 하며 또한 D도 마찬가지로 기사이다. C가 기사이므로 A와 B가 모두 건달인 것은 아니다. 따라서 X가 옳은 지도이거나 혹은 Y가 옳은 지도이다. X가 옳은 지도라고 가정하자. 이 경우 A는 기사이고 B는 건달이라는 이야기가 되는데 이것은 A가 건달이거나 혹은 B가 기사라는 D의 진술과 어긋난다. 따라서 X는 옳은 지도일 수가 없으며 옳은 지도는 Y이다.

149.
그 말을 한 주인공이 만일 건달이라면, 그가 건달이거나 혹은 원숭이일 것이라는 그의 진술은 참이 될 것이다. 그러나 그것은 그가 건달이라는 사실에 반한다. 따라서 그는 기사이다. 그가 기사라는 것은 또한 그의 진술이 참이라는 것을 의미하며 따라서 그는 건달이든가 혹은 원숭이이다. 그런데 그는 건달이 아니므로 그는 원숭이이다. 다시 말해 그는 원숭이 기사이다.

150.
그 말을 한 주인공은 분명 기사는 아니다. 따라서 그는 건달이고 그의 진술은 거짓이다. 그러므로 그는 기사이거나 혹은 인간이다. 그런데 그는 기사가 아니므로 인간이다. 그는 즉, 인간 건달이다.

151.
그 말을 한 주인공이 건달이라고 가정해보자. 그 경우 그가 원숭이이자 동시에 기사이지는 않다는 그의 진술은 참이 된다. 그렇다면 건달이 참말을 했다는 이야기가 된다. 따라서 그 말을 한 당사자는 기사이다. 그러므로 그가 원숭이이고 동시에 기사는 아니라는 것은 참이다. 그런데 만일 그가 원숭이라면 그는 원숭이이자 동시에 기사가 된다. 따라서 그는 인간이다. 그는 인간 기사이다.

152.

B가 건달이라면 그의 진술이 참이 되므로 그는 건달일 수 없다. 따라서 그는 기사이고 그의 진술은 참이다. 그러므로 A는 건달일 수밖에 없다. 그 경우 A의 진술은 거짓이 되며, 그들은 모두 인간이다. 즉, A는 인간 건달이며 B는 인간 기사이다.

153.

B가 만일 기사라면 B와 같은 진술은 할 수 없었을 것이므로 B는 건달일 수밖에 없다. 따라서 A와 B가 모두 건달인 것은 아니다. 그러므로 A는 기사이고 그가 한 말은 참이다. 따라서 그 둘은 모두 원숭이이다. 즉, A는 원숭이 기사이고 B는 원숭이 건달이다.

154.

B가 기사라고 하자. 그 경우 (B가 A는 기사라고 했으므로) A는 기사이다. 따라서 B는 건달이자 기사일 수밖에 없는데 이것은 모순이다. 그러므로 B는 건달이다. B의 진술에 비추어볼 때 A 또한 건달이다. A의 진술의 전반부는 거짓이므로 B는 건달이자 동시에 원숭이인 것은 아니다. 그러나 B는 건달이다. 따라서 B가 원숭이일 수는 없다. 따라서 B는 인간 건달이다. 또한 A의 진술의 후반부로부터 A는 원숭이라는 결론이 나온다. 따라서 A는 원숭이 건달이다.

155.

우선 G가 기사임을 보이기로 하자. 그러기 위해서는 G의 진술이 참임을 증명하기만 하면 된다. 따라서 C가 기사이면, F도 기사임을 보여야 한다. 그것을 증명하기 위해 C가 기사라는 가정하에 F가 기사임을 보이기로 한다

이제 C가 기사라고 하자. 그 경우 A와 B는 모두 기사이다. 따라서 X는 바른 문이고 Y 혹은 Z가 바른 문이다.

경우 1: Y가 바른 문이다. 이 경우, X와 Y가 모두 바른 문이 된다. 따라서 D는 기사이다.

경우 2: Z가 바른 문이다. 이 경우, X와 Z가 모두 바른 문이 된다. 따라서 E는 기사이다.

그러므로 D 혹은 E는 기사일 수밖에 없다. 따라서 F가 한 말은 참이 되며, F는 곧 기사이다.

C가 기사라는 가정하에 우리는 F도 기사라는 결론을 얻었다. 따라서 C가 기사이면 F도 기사라는 진술은 참이다. 그런데 이것은 바로 G의 진술이다. 따라서 G는 기사이다.

이제 H가 한 말이 참임을 증명하기로 하자. H는 G와 H가 모두 기사이면 A도 기사라고 말했다. H가 기사라고 하자. 그러면 G와 H가 모두 기사가 된다. (H가 기사라고 가정했기에 H가 한 말은 참이 되므로) G와 H가 모두 기사이면 A도 기사라는 것은 참이다. 따라서 H가 참이라면, (1) G와 H는 모두 기사이며 (2) G와 H가 모두 기사이면 A도 기사이다. (1)과 (2)로부터 A는 기사라는 결론을 얻는다. 따라서 만일 H가 기사이면 A도 기사이다. 그런데 이것은 바로 H가 한 말이므로 H는 기사일 수밖에 없다. 따라서 그의

진술은 참이다. 또한 G와 H가 모두 참이므로 A는 기사이다.

이제 A가 기사임이 밝혀졌다. 따라서 X가 실제로 바른 문이다. 그러므로 철학자는 X문을 선택해야 한다.

156.

첫 번째 제사장은 기사일 수가 없다. 그는 건달일 수밖에 없으며 따라서 그의 진술은 거짓이다. 그의 진술이 거짓이라는 것은 그가 건달이라는 것과 그가 대철학문제에 대한 해답을 모르고 있다는 것이 동시에 참이 되지는 않음을 의미한다. 그러나 그는 건달이다. 따라서 그의 진술의 전반부는 참이다. 따라서 그의 진술의 후반부가 거짓이어야 하므로 그는 해답을 알고 있다. 그러므로 첫 번째 제사장은 건달이고 대철학문제에 대한 해답을 알고 있다.

두 번째 제사장의 신원은 불확실하다. 다시 말해 그는 해답을 모르는 기사일 수도 있으며 혹은 건달일 수도 있다. 어쨌거나 (그리고 이 점이 다음 문제를 푸는 데 결정적인 역할을 한다!) 만일 그가 해답을 알고 있다면 그는 건달이다.

157.

위의 문제로부터 첫 번째 제사장은 대철학문제에 대한 해답을 알고 있으며 또한 건달이라는 사실과 두 번째 제사장이 만일 해답을 알고 있을 경우, 그는 건달이라는 사실이 밝혀졌다. "아무것도 없지 않고 무엇인가가 존재한다"라고 말한 제사장이 해답을 알고 있다는 사실은 주어져 있다. 따라서 그 말을 한 제사장은 건달이므로 "아무것도 없지 않고 무엇인가가 있다"라는 진술은 거짓이어야 한다. 그런데 그것은 곧 이 세상에 아무것도 없다는 것을 의미한다!

따라서 언뜻 보면 철학자가 전 생애를 기울여 추구해온 문제에 대한 해답은 결국 이 세상에는 아무것도 존재하지 않는다는 것인 듯하다. 그러나 여기에는 한 가지 문제가 있다. 이 세상에 아무것도 존재하지 않는다면 그 진술을 한 제사장은 도대체 어떻게 존재할 수 있는가?

따라서 위로부터 이끌어 낼 수 있는 타당한 결론은 내가 지금까지 이야기한 발 섬이란 존재할 수 없다는 것이다. 다시 말해 발 섬은 **실제로** 존재하지 않을 뿐만이 아니라 (그러한 섬이 실제로 존재하지 않으리라는 공산은 이 이야기를 시작할 때부터 높았었다) **존재할 수 없다**는 것이 논리적으로 확실하다는 것이다. 왜냐하면 그러한 섬이 존재하고 나의 이야기가 만일 참이라면 아무것도 존재하지 않는다는 것이 (지금까지의 증명 과정에 의해) 논리적으로 귀결될 것이며 따라서 발 섬은 존재하지 않을 것이기 때문이다. 이것은 모순이므로 발 섬은 존재할 수 없다.

재미있는 것은 이 마지막 이야기(문제 157)를 제외하고는 내가 들려준 모든 이야기는 물론 있을 법하지는 않지만, 논리적으로 불가능하지는 않은 이야기였다. 그러나 나의 마지막 이야기는 이미 무거운 짐을 짊어져서 너무 휘어진 낙타의 등을 부러뜨린 한 오라기의 지푸라기 역할을 한 셈이다!

11 좀비들의 섬

A. '발(Bal)'과 '다(Da)'

아이티 근처에 있는 어떤 섬은 주민의 반이 부두(Voodoo)교의 마법에 걸려 좀비(Zombie)로 변해버렸다. 그러나 이 섬의 좀비들은 우리가 보통 생각하는 좀비들과는 그 행동거지가 다르다. 이를테면 그들은 마치 죽은 사람처럼 침묵을 지키고 있지는 않다. 정상적인 인간들과 똑같이 잘 돌아다니며 이야기도 활기 있게 잘한다. 이 섬의 좀비들의 문제는 단지 항상 거짓말만 한다는 것이다. 반면에 이 섬의 인간들은 항상 참말만을 한다.

여기까지는 앞서 나온 기사─건달 이야기를 옷만 바꿔 입혀 윤색한 것에 지나지 않는다고 생각될 것이다. 그러나 그것이 아니다. 이번 이야기는 다음 사실 때문에 앞의 이야기보다는 훨씬 복잡해진다. 즉, 이 섬의 주민은 모두 우리말을 완벽하게 알아듣지만 옛날부터 전해져 내려온 이 섬의 금기 사항 때문에 말을 할 때, 이 섬의 토박이 언어 이외에 다른 나라 말은 사용할 수 없다. 따라서 그들에게 예 — 아니오로 답변해야 할 질문을 할 때, 그들은 "발" 혹은 "다"로 답변한다. 이 낱말 가운데 하나는 '예'를 의미하고 다른 것은 '아니요'를 의미하는데 문제는 어느 것이 '예'를 의미하고 어느 것이 '아니요'를 의미하는지를 알 수 없다는 것이다.

158.
언젠가 이 섬의 한 원주민과 마주칠 기회가 있었는데 그때 나는 그에게 "'발'이 '예'를 의미합니까?"라는 질문을 던졌다. 그는 "발"이라고 대답했다.

  (a) "발"이 무슨 뜻인지를 추리해낼 수 있는가?
  (b) 그 원주민이 사람인지 혹은 좀비인지를 추리해낼 수 있는가?

159.
이 섬의 원주민과 마주쳤을 때, 단 하나의 질문을 던져 '발'이 무엇을 의미하는지를 알아낼 수 있는가? (그 원주민이 "발" 혹은 "다"로 답변할 것이라는 점에 유의할 것.)

160.
'발'이 무슨 뜻인지에 관해서는 관심이 없고 단지 그 원주민이 좀비인지 아닌지만 알고 싶다고 하자. 이 경우 어떻게 하면 단 한 번의 질문으로 그가 좀비인지 여부를 알아낼 수 있겠는가? (이 경우에도 원주민이 "발" 혹은 "다"로 답변할 것이라는 사실에 유의할 것.)

161. 마법사로부터 "발"이란 답변을 얻어내기

이 섬에 도착한 어떤 사람이 이 섬의 공주와 결혼하고자 했다. 그런데 이 섬의 왕은 매우 영리한 사람이 아니면 사위로 맞아들이지 않으려 했다. 따라서 그는 왕이 내는 시험에 합격해야 했다.

시험은 마법사에게 한 가지 질문을 던져 그로부터 "발"이라는 답변을 얻어내야 한다는 것이었다. 그 마법사가 만일 "발"이라고 말하면 공주와 결혼할 수 있으나 "다"라고 답변하면 공주와 결혼할 생각은 아예 생각도 말아야 한다.

문제는 그 마법사가 인간이건 좀비이건 상관없이, 또한 '발'이 '예'를 의미하건 '아니요'를 의미하건 상관없이 마법사가 "발"이라고 답변할 수밖에 없는 질문을 고안해내는 일이다.

162.

이 문제는 한층 까다롭다. 이 섬에는 마침 금이 있다는 소문이 나돌았다. 그 소문을 듣고 어떤 사람이 이 섬에 상륙했다. 그러나 채굴에 착수하기에 앞서 정말로 금이 있는지 여부를 확인하고 싶었다. 원주민들은 모두 금이 있는지 없는지를 알고 있다고 한다.

어떻게 하면 원주민 가운데 아무나 한 사람에게 한 가지 질문을 던져서 금이 있는지 여부를 알아낼 수 있겠는가? (원주민은 "발"이 나 "다"로 답변할 뿐이며 '발'과 '다'가 무엇을 의미하건 그의 답변을 토대로 금이 있는지 여부를 알아내야 한다는 사실에 유의할 것.)

B. 크레이그 경감의 등장

163. 재판

이 섬의 이웃에도 인간과 좀비가 어울려 사는 섬이 있었는데 이 섬에서도 '발'과 '다'가 '예'와 '아니요'에 해당하는 토착어였다. 그러나 반드시 '발'이 '예'에, 그리고 '다'가 '아니요'에 해당하지는 않는다. 이 섬의 원주민 가운데 일부는 질문을 받으면 "발"과 "다"로 답변한다. 그러나 그 밖의 다른 원주민은 금기에서 탈피하여 "예"와 "아니요"로 답변한다고 한다.

무슨 이유 때문인지는 모르지만 이 섬의 원주민 가족은 각기 같은 부류로만 이루어져 있다. 특히 형제지간인 경우 모두 인간이든가 혹은 모두 좀비라고 한다.

이 섬의 한 주민이 대역(大逆)을 꾀했다는 혐의로 기소되었다. 당국은 이 사건을 중시했기 때문에 사건 수사를 위해 런던에서 크레이그 경감을 초빙하지 않을 수 없었다. 이 사건과 관련된 결정적인 증인이 A, B, C 세 사람 있었는데 그들은 모두 이 섬의 원주민이었다. 다음은 법정 신문 기록의 사본인데 신문 담당관은 크레이그 경감이었다.

질문(A에 대한): 피고는 무죄인가?
A의 답변: 발
질문(B에 대한): '발'이 무슨 의미인가?
B의 답변: '발'은 '예'라는 뜻입니다.
질문(C에 대한): A와 B는 형제지간인가?
C의 답변: 아니요.

C에 대한 두 번째 질문: 피고는 무죄인가?

C 의 답변: 예

피고는 무죄인가 유죄인가?

164.

위의 문제에서 A와 B가 같은 부류에 속하는지 여부를 알아낼 수 있는가?

165. 반좀비(semi-zombie)

재판이 끝난 후, 크레이그 경감은 그 이웃에 있는 이상한 섬을 방문하게 되었다. 그 섬의 원주민 가운데 일부는 인간이고 일부는 좀비이며 나머지는 반좀비로 알려진 사람이라고 한다. 반좀비란 부두교의 마법에 걸리기는 했으나 주술이 반만 들어버린 바람에 어느 때는 거짓말을 했다가 어느 때에는 참말을 한다. '예'와 '아니요'에 해당하는 이 섬의 토착어도 '발'과 '다'이다. (그러나 반드시 '발'이 '예'이고, '다'가 '아니요'인 것은 아니다.) 또한 이 섬의 원주민들은 예 — 아니요로 답변해야 할 질문에 대해 어느 때에는 "발"과 "다"로 답변하고 어느 때에는 "예"와 "아니요"로도 답변한다.

크레이그 경감은 이 섬의 원주민 한 사람과 만난 자리에서 "누군가 댁에게 '발'이 예라는 뜻입니까, 라고 물어왔을 때, 댁이 토착어로 답변한다면, '발'이라고 답변하겠습니까?"라고 질문했다.

그 원주민은 그에 대해 답변을 했지만, 크레이그 경감은 그 답변을 기록해두지 않았다. 또한 그 답변을 "발"과 "다"로 했는지 혹은 "예, 아니요"로 했는지의 여부도 기록해놓지 않았다. 기록해둔 것이라고는 단지 그 원주민의 답변으로부터 그가 인간인지 좀비인지 혹은 반좀비인지를 추리해낼 수 있었다는 것뿐이다.

원주민이 한 답변은 무엇인가? 그는 그 답변을 "예, 아니요"로 했는가 혹은 "발"과 "다"로 하였는가?

166. 어떤 답변을 들었는가?

크레이그 경감은 그 후 그 섬의 다른 원주민과 만나 다음과 같은 질문을 하게 되었다.

"누군가 댁에게 2 더하기 2는 4인지를 물어왔을 때, 댁이 토착어로 답변한다면, '발' 하고 답변하겠습니까?"

이번 경우에도 크레이그 경감은 그 답변이 "발"이었는지 "다"였는지 혹은 "예"였는지 "아니요"였는지를 기록해두지 않았다. 그러나 그 원주민이 인간인지 좀비인지 혹은 반좀비였는지는 추리해낼 수 있었다.

경감이 들은 답변은 어떤 답변이었는가?

해답

158.

"발"이 무슨 뜻인지는 알아낼 수 없지만, 답변한 원주민이 인간일 수밖에 없다는 사실은 알 수 있다.

"발"이 '예'라는 뜻이었다고 하자. 그 경우 "발"은 "발"이 '예'를 의미하는가라는 질문에 대해 참인 답변이 된다. 따라서 그 경우 원주민은 인간이다.

"발"이 '아니요'를 의미한다고 하자. 그 경우 "아니요"는 "발"이 '예'를 의미하는가라는 질문에 대한 참인 우리말 답변이 된다. 따라서 원주민의 언어로는 "발"이라고 해야 참인 답변이 된다. 따라서 이 경우에도 답변한 원주민은 인간이다. 그러므로 "발"이 '예'를 의미하건 '아니요'를 의미하건 상관없이 원주민은 인간이다.

159.

그에게 댁은 인간입니까?라고 묻기만 하면 된다. 이 섬의 모든 원주민은 자신이 인간이라고 주장할 것이므로 인간이건 좀비이건 위의 질문에 대해 긍정적인 답변을 할 것이다. 그러므로 만일 그 질문에 대해 원주민이 "발"이라고 답변하면 "발"이 '예'를 의미하는 말이 되고 "다"라고 답변하면 "다"가 '예'를 뜻하는 말이 (그리고 "발"은 '아니요'를 의미하는 말이) 될 것이다.

160.

문제 158의 질문이 해결책이 될 수 있다. 다시 말해 "발"이 '예'라는 뜻입니까라고 묻기만 하면 된다. "발"이 실제로 '예'를 의미한다면 앞의 질문에 대해 "발"이 옳은 답변이 될 것이다. 따라서 인간이라면 "발"이라고 답변할 것이고, 좀비라면 "다"라고 답변할 것이다. 만일 "발"이 '예'를 의미하는 말이 아닐 경우에도 "발"이 문제의 질문에 대한 옳은 답변이 될 것이다. 따라서 이 경우에도 인간은 "발"이라고 답변하는 반면, 좀비는 "다"라고 답변할 것이다.

161.

소기의 목적을 달성할 수 있는 길은 여러 가지 있다. 한 가지 방법은 마법사에게 그가 인간인가 하는 질문에 대해 "발"이 정답이 되겠습니까라고 묻는 것이다. 그 질문에 대해 마법사는 반드시 "발"이라고 답변하지 않으면 안 된다는 것을 증명할 수 있다. 설명에 약간의 편의를 위해 "댁은 인간입니까?"라는 질문을 H라고 하자. 여기서 한 가지 유의할 것은 마법사에게 묻는 것은 H가 참인가 거짓인가가 아니라 "발"이 H에 대한 정답인가 아닌가라는 점이다.

경우 1 —— 그가 인간인 경우: "발"이 '예'라면 H에 대한 옳은 답변은 "발"이 될 것이다. 또한 그는 인간이므로 사실을 사실대로 말할 것이므로 "발"이 H에 대한 정답이 되겠습니까라는 질문에 대해서도 "발"이라고 답변할 것이다. "발"이 만일 '아니요'란 의미였다면 "발"이 H에 대한 옳은 답변이 되지 못할 것이다. 마법사는 사실대로 답변할 것이므로 ('아니요'를 의미하는) "발"이라고 말할 것이다. 따라서 마법사가 인간이라면 "발"이 '예'를 의미하건 '아니요'를 의미하건 상관없이 "발"이라고 답변할 것이다.

경우 2 —— 그가 좀비인 경우: "발"이 예라면 "발"은 H에 대한 옳은 답변이 못될 것이다. 그러나 그는 좀비이므로 거짓인 답변을 정답이라고 제시할 것이며 따라서 "발"이 H에 대한 정답이 되겠습니까라는 질문에 대해 "발"이라고 답변할 것이다. ("발"이란 답변은 이 경우 "예, 그 답변이 옳습니다"라는 의미인데 그 답변은 물론 거짓된 답변이다.) "발"이 만일 '아니요'란 의미였다면 H에 대한 옳은 답변은 "발"이 될 것이다. 마법사는 거짓된 답변을 할 것이므로 ('아니요'를 의미하는) "발"이라고 말할 것이다. 따라서 마법사가 좀비라면 "발"이 '예'를 의미하건 '아니요'를 의미하건 상관없이 "발"이라고 답변할 것이다.

마법사로부터 바라는 답변을 얻어낼 수 있는 질문이 그 밖에도 더러 있는데 아래에 그중 일부를 제시하기로 한다.

(1) 댁이 인간이고 "발"이 '예'를 의미하든가 혹은, 댁은 좀비이고 "발"이 '아니요'를 의미합니까?
(2) "발"이 '예'를 의미할 경우, 그리고 오직 그 경우에 한해 댁은 인간입니까?

162.

이 경우에도 목적을 달성할 수 있는 길은 여러 가지가 있다. 그 가운데 한 가지는 다음과 같은 질문이다.

"댁이 만일 누군가로부터 이 섬에 금이 있습니까라는 질문을 받는다면 "발"이라고 답변하시겠습니까?"라는 질문을 던지는 것이다.

그 질문에 대해 그 원주민은 인간이건 좀비이건 혹은 "발"과 "다"가 무엇을 의미하건 상관없이 만일 섬에 금이 있으면 "발"이라고 답변하고 금이 없을 경우 "다"라고 답변할 것이다. 그 점을 이제부터 증명하기로 하자.

"이 섬에 금이 있습니까?"라는 질문을 G라고 하자.

경우 1 ── **원주민이 인간이고 "발"이 '예'인 경우**: 이 섬에 금이 있다고 하자. 그 경우 그는 질문에 G에 대해 "발"이라고 답변할 것이다. 그는 인간이므로 "발"이라는 답변을 할 것이라는 사실을 있는 그대로 일러줄 것이다. 따라서 질문 G에 대해 "발"이라고 답변하겠습니까라는 질문에 대해서도 "발"이라고 답변할 것이다. 반대로 섬에 금이 없다고 해보자. 그 경우 질문 G에 대해 "발"이라고 답변하지 않을 것이다. 또한 그는 인간이므로 그러한 사실을 사실대로 일러줄 것이다. 따라서 위의 질문에 대해 "다"라고 답변할 것이다.

경우 2 —— 원주민이 좀비이고 "발"이 '예'인 경우: 이 섬에 금이 있다고 하자. 이번 경우에도 "발"이 G에 대한 옳은 답변이 될 것이다. 따라서 그는 좀비이기 때문에 질문 G에 대해 "발"이라고 답변하지 않을 것이다. 그러나 그는 사실을 사실대로 일러주지 않기 위해 질문 G에 대해 "발"이라고 답변할 것이라고 말할 것이다. 따라서 G에 대해 "발"이라고 답변하겠습니까라는 질문에 대한 그의 답변은 "발"이 될 것이다. 반대로 섬에 금이 없다고 하자. 그 경우 "발"은 G에 대해 거짓된 답변이 될 것이다. 따라서 질문 G에 대해 답변하라고 하면 "발"이라고 답변할 것이다. 그러나 원주민은 사실을 거짓되게 알려주려 하는 만큼 G에 대해 결코 "발"이라고 답변하지 않겠다고 말할 것이다. 따라서 G에 대해 "발"이라고 답변하겠습니까라는 질문에 대해서는 그는 "다"라고 답변할 것이다.

경우 3 —— 원주민이 인간이고 "발"이 '아니요'인 경우: 문제의 섬에 금이 있다고 하자. 그 경우 G에 대해 "발"은 거짓된 답변이 될 것이다. 따라서 인간이라면 그러한 답변은 하지 않을 것이다. G에 대해 "발"이라고 답변하지 않을 것이라는 것을 그는 사실대로 밝히려 할 것이므로 G에 대해 "발"이라고 답변하겠습니까라는 질문에 대해서는 그는 "발'이라고 응답할 것이다. 반대로 섬에 만일 금이 없다고 하면 "발"이 G에 대해 옳은 답변이 될 것이다. 원주민은 인간이므로 질문 G에 대해서는 실제로 그렇게 답변할 것이다. 따라서 그는 G에 대해 "발"이라고 답변하겠습니까라는 질문에 대해서는 "다"라고 응답할 것이다. (그러한 응답은 "예, 나는 질문 G에 대해 '발'이라고 답변하겠습니다"라는 뜻이 될 것이다.)

경우 4 ── 원주민이 좀비이고 "발"이 '아니요'인 경우: 이 섬에 금이 있다고 하자. 그 경우 원주민은 질문 G에 대해서는 실제로 "발"이라고 답변할 것이다. 그러나 그는 사실을 사실대로 말하려 하지 않을 것이므로 댁은 G에 대해 "발"이라고 답변하겠습니까라 는 질문에 대해서도 "발"이라고 답할 것이다. 반대로 섬에 금이 없 다고 하자. 이 경우에는 그는 질문 G에 대해서는 실제로 "다"라고 응답할 것이며 "발"이라고는 말하지 않을 것이다. 그러나 그는 거 짓말을 하기 위해 G에 대해 "발"이라고 답변하겠습니까라는 질문 에 대해서는 긍정을 의미하는 "다"라는 답변을 할 것이다.

요컨대 위의 네 경우 가운데 어느 경우이건 위의 질문에 대해 섬 에 금이 있으면 "발"이라는 답변을 얻을 것이고, 금이 없으면 "다" 라는 답변을 얻게 될 것이다.

위의 질문 말고도 소기의 목적을 달성할 수 있는 질문이 또 한 가지 있는데 그것은 "이 섬에 금이 있습니까라는 질문에 대해 "발" 이 정답인 경우 그리고 오직 그 경우에 한해 댁은 인간입니까?"라 는 질문이다.

163.

우선 C가 좀비일 수가 없다는 점을 증명하기로 한다. C가 좀비 라고 가정해보자. 그 경우 A와 B는 형제지간이 되며 따라서 동시 에 인간이든가 혹은 동시에 좀비이다. 그들이 모두 인간이라고 하 자. 그 경우 "발"은 '예'를 뜻한다. 따라서 A는 피고가 무죄인가라는 질문에 대해 '예'라고 답변한 셈이 되므로 피고는 무죄이다. 반대로

A와 B가 모두 좀비라고 하자. 그 경우 "발"은 '**아니요**'를 의미하는 말이 된다. 그런데 A는 좀비이고 피고가 무죄인가라는 질문에 대해 '**아니요**'라고 답변한 셈이므로 피고는 무죄이다. 따라서 C가 좀비인 경우, 피고는 (A와 B가 모두 인간이건 혹은 모두 좀비이건 상관없이) 무죄이다. 그러나 한편 C는 피고가 무죄라고 증언했으므로, C가 좀비일 경우 피고는 유죄이어야 한다. 그것은 모순이다. 따라서 C는 좀비일 수 없으며 인간이어야 한다. 그런데 C가 피고는 무죄라고 주장한 만큼, 피고는 실제로 무죄이다.

164.

C가 인간이므로, A와 B는 형제지간이 아니다. 그러나 그렇다고 해서 그들이 반드시 서로 다른 부류에 속한다는 뜻은 물론 아니다. 형제지간이 아니더라도 같은 부류에 속할 수는 있는 것이다. 실제로 그들은 같은 부류에 속할 **수밖에 없다**. 왜냐하면 그들이 서로 다른 부류에 속한다면 피고는 유죄가 될 것이기 때문이다. 이 점은 독자 스스로도 쉽게 증명할 수 있을 것이다.

165.

"발", "다", "예", "아니요" 등 네 가지 가능한 답변 가운데 "아니요" 만큼은 인간과 좀비가 할 수 없는 답변이다. 보다 구체적으로 말한다면 답변을 한 원주민이 인간이든가 좀비였을 경우, 답변을 우리말로 하였다면 그 답변은 "예"가 되었을 것이다. 반면 우리말이 아닌 원주민 언어로 "발"이 '**예**'라는 의미였다면 (인간이건 좀비이건 관계없이) "발"이라고 답변했을 것이며 "발"이 '**아니요**'라는 의미였다면 "다"라고 답변했을 것이다. (이에 대한 증명은 독자에게 맡긴다.) 따라서 만일 크레이그 경감이 "아니요"가 아닌 다른 답변을 들었다면 원주민이 누구였는가 알아낼 수 없었을 것이다. 그러나 그는 답변을 한 원주민이 어떤 부류인지 알았다. 따라서 그가 들은 답변은 "아니요"였고 원주민은 반좀비였다.

166.

이 경우에도 답변을 한 주인공은 반좀비일 수밖에 없으며 크레이그 경감이 답변을 한 주인공의 신분을 알 수 있었던 유일한 길도 그로부터 "다"라는 답변을 들었기 때문이었다. 답변의 주인공이 만일 "예", "아니요"로 답변하였다면 크레이그 경감은 그가 누구인지를 알아낼 수 없었을 것이다. 왜냐하면 "발"이 '예'라는 의미일 경우, 인간도 좀비도 "예"라고 답변했을 것이고 '아니요'라는 의미일 경우, 인간도 좀비도 "아니요"라고 답변했을 것이기 때문이다. 원주민이 만일 "발"이라고 답변했다면 그는 인간일 수도, 좀비일 수도, 혹은 반좀비일 수도 있었을 것이다.

12 드라큘라는 아직도 살아 있는가?

A. 트란실바니아에서 생긴 일

브람 스토커(Bram Stoker)가 내게 들려준 이야기에 의하자면 드라큘라가 죽었다고 하지만 나로서는 드라큘라 백작이 정말로 죽었는지 의심할 만한 상당한 이유가 있었다. 그래서 트란실바니아(Transylvania)로 달려가서 직접 내 손으로 진상을 파헤치기로 결심했다. 내가 노린 바는 (1) 드라큘라 백작이 아직도 생존해 있는지를 확인하고, (2) 그가 죽었다면 유해를 내 눈으로 직접 확인하고, (3) 아직도 살아 있을 경우에는 그와 맞대면하는 것이었다.

내가 트란실바니아에 체류할 당시에 그곳 주민의 반은 인간이고 반은 흡혈귀였다. 인간과 흡혈귀는 외모상으로는 식별이 불가능하나, (적어도 트란실바니아의) 인간은 항상 진실만을 말하는 반면 흡혈귀는 항상 거짓말만 한다. 그런데 트란실바니아 주민의 반은 사리를 전혀 바로 알지 못하는 정신이상이었으며, 그로 인해 문제는 더욱 복잡하게 얽히고 말았다. 그들은 참인 명제를 모두 거짓인 것으로 믿고 있었고, 반대로 거짓인 명제를 참인 것으로 잘못 생각하고 있었다. 그러나 그 나머지 반은 완전히 정상이었기 때문에 어떤 명제가 참이고 어떤 명제가 거짓인가를 제대로 알고 있었다. 따라서 트란실바니아의 주민은 다음 네 가지 부류로 이루어져 있던 셈이다.

(1) 정상인 인간
(2) 정신이상인 인간
(3) 정상인 흡혈귀
(4) 정신이상인 흡혈귀

정상인 인간이 말하는 것은 모두 참인 반면, 정신이상인 인간이 말하는 것은 모두 거짓이다. 또한 정상인 흡혈귀가 말하는 것은 모두 거짓인 반면, 정신이상인 흡혈귀가 말하는 것은 모두 참이다. 예를 들어 정상인 인간이라면 2 더하기 2는 4라고 말할 것이다. 반면 정신이상인 인간이라면 (그렇지 않다고 착각하고 있기 때문에) 그것을 부정할 것이다. 또한 정상인 흡혈귀는 (2 더하기 2는 4라는 사실은 알고 있지만 거짓말을 하기 위해) 그렇지 않다고 말할 것이고, 정신이상인 흡혈귀는 (잘못 알고 있으나 자신이 알고 있는 바에 관해 거짓말을 하기 위해) 2 더하기 2는 4라고 말할 것이다.

167.

언젠가 나는 트란실바니아 주민 한 사람과 마주칠 기회가 있었는데 그때 나는 "나는 인간이거나 혹은 정상입니다"라고 말했다.
그는 어느 부류에 속하는가?

168.

또 다른 주민은 "나는 정상인 인간이 아닙니다"라고 말했다.

그는 어느 부류에 속하는가?

169.

또 다른 주민은 "나는 정신이상인 인간입니다"라고 말했다.

그는 바로 앞의 주민과 같은 부류에 속하겠는가?

170.

언젠가 나는 우연한 기회에 주민 한 사람과 만나 "댁은 정신이상인 흡혈귀입니까?"라고 물어보았다. 그의 답변은 "예" 혹은 "아니요"였는데 나는 그가 어떤 부류에 속하는지 알 수 있었다.

그는 어떤 부류였는가?

171.

우연한 기회에 트란실바니아인과 마주쳤는데 그는 "나는 흡혈귀이다"라고 말했다.

(a) 그가 인간인지 흡혈귀인지를 추론해낼 수 있는가?

(b) 그가 정상인지 정신이상인지를 추론해낼 수 있는가?

172.

어떤 트란실바니아인이 "나는 정신이상입니다"라고 말했다고 하자.

(a) 그가 정상인지 여부를 추론해낼 수 있는가?

(b) 그가 인간인지 혹은 흡혈귀인지를 추론해낼 수 있는가?

173. 교묘한 퍼즐 한 가지

진술 "P이면 Q이다"의 역(逆)은 "Q이면 P이다"이다. 지금 두 진술 X, Y는 서로 역으로서 다음을 만족시킨다.

(1) 그 진술들은 서로 다른 진술로부터 연역해낼 수 없다.
(2) 만일 어떤 트란실바니아인이 그 두 진술 가운데 하나를 말했다면, 다른 진술은 반드시 참이 된다.

그러한 두 진술의 예를 한 가지 들 수 있는가?

174.

어떤 진술 X에 대해 한 트란실바니아인은 자신이 X를 참이라고 생각하고 있는 것으로 믿고 있다고 하자. 그 경우 X는 반드시 참인가? 그는 자신이 X를 참이라고 생각하고 있는 것으로 믿고 있지 않다고 하자.

그 경우 X는 반드시 거짓인가?

175.

어떤 트란실바니아인이 "나는 X라고 생각한다"라고 말했다고 하자. 그가 만일 인간이라면 X는 반드시 참인가? 그가 만일 흡혈귀라면 X는 반드시 거짓인가?

이 질문에 대한 답은 사실은 하나의 중요한 일반적인 원리이다.

176.

언젠가 두 사람의 트란실바니아인, A와 B를 만난 자리에서 나는 A에게 "B가 인간입니까?"라는 질문을 던졌다. 이에 대해 A는 "그렇

다고 생각합니다"라고 답변했다. 그래서 이번에는 B에게 "댁은 A
가 인간이라고 생각하십니까?"라고 물었다.

이 질문에 대해 B는('예'와 '아니요') 둘 가운데 어떤 답변을 했
을까?

177.

트란실바니아인 가운데 정상인 인간이나 정신이상인 흡혈귀를 **신
뢰할 만한** 인사로, 그리고 정신이상인 인간이나 정상인 흡혈귀를
신뢰할 수 없는 인사로 정의하기로 하자. 신뢰할 만한 인사는 참인
진술을 하는 인사이다. 반면에 신뢰할 수 없는 인사는 (악의에서건
착각에서건) 거짓된 진술을 하는 인사이다.

어떤 트란실바니아인에게 "댁은 신뢰할 만합니까?"라는 질문을
던졌더니 "예" 혹은 "아니요"로 답변했다.

그의 답변을 근거로 그가 흡혈귀인지 아닌지를 판별할 수 있겠
는가? 그가 정상인지의 여부도 가릴 수 있겠는가?

178.

위의 질문 대신에 "댁은 자신이 신뢰할 만한 인사라고 생각하십니
까?"라고 물었더니 이번에도 "예" 혹은 "아니요"로 답변했다.

이 경우 그가 흡혈귀인지 여부를 가릴 수 있는가? 정상인지 여
부도 판별할 수 있는가?

B. 드라큘라 백작은 아직도 생존해 있는가?

179.

내가 무엇보다도 먼저 해결하고 싶었던 문제는 알다시피 드라큘라 백작이 아직도 살아 있는가 하는 것이었다. 그래서 나는 한 트란실바니아인을 만난 김에 그 문제에 관해 물었다. 그러자 그는 "내가 만일 인간이면 드라큘라 백작은 아직 살아 있습니다"라고 답변했다.

드라큘라가 아직도 살아 있는지 여부를 가릴 수 있는가?

180.

또 다른 트란실바니아인은 "내가 만일 정상이면 드라큘라 백작은 아직 살아 있습니다"라고 말했다.

드라큘라가 아직도 살아 있는지 여부를 가릴 수 있는가?

181.

또 다른 트란실바니아인은 "만일 내가 정상인 인간이면 드라큘라 백작은 아직 살아 있습니다"라고 답변했다.

드라큘라가 아직도 살아 있는지 여부를 알 수 있는가?

182.

어떤 트란실바니아인이 "내가 만일 정상인 인간이든가 혹은 정신 이상인 흡혈귀라면 드라큘라 백작은 아직 생존해 있습니다"라고 말했다고 하자.

드라큘라가 아직도 살아 있는지 여부를 가릴 수 있는가?

183.

트란실바니아인이 단 한 번의 진술로 독자로 하여금 드라큘라가 아직도 살아 있고 그 진술 자체는 거짓이라는 것을 믿도록 할 수 있겠는가?

184.

트란실바니아인이 독자로서는 참인지 거짓인지를 도무지 알 수 없는 진술을 단 한 가지 함으로써 드라큘라가 아직도 살아 있다고 믿도록 할 수 있는가?

185.

어떤 트란실바니아인이 다음과 같은 두 진술을 했다고 하자.

(1) 나는 정상입니다.
(2) 나는 드라큘라 백작이 죽었다고 생각합니다.

드라큘라가 살아 있는지 여부를 추론해낼 수 있는가?

186.

어떤 트란실바니아인이 다음과 같은 두 진술을 했다고 하자.

(1) 나는 인간입니다.
(2) 내가 만일 인간이면 드라큘라 백작은 아직도 살아 있습니다.

드라큘라가 아직도 살아 있는지 여부를 가릴 수 있는가?

C. 어떤 질문을 해야 하는가?

187.
단 한 번의 질문으로 트란실바니아인으로부터 그가 흡혈귀인지 아닌지를 알아낼 수 있는가?

188.
단 한 번의 질문으로 트란실바니아인으로부터 그가 정상인지 아닌지를 알아낼 수 있는가?

189.
트란실바니아인에게 어떤 질문을 하면 그가 위의 네 부류 가운데 어떤 부류에 속하건 상관없이 그로부터 "예"라는 답변을 이끌어낼 수 있는가?

190.
단 한 번의 질문으로 트란실바니아인으로부터 드라큘라 백작이 아직도 살아 있는지 여부를 알아낼 수 있는가?

D. 드라큘라의 성

내가 만일 요모조모 주도면밀하게 따져 위의 마지막 문제에 대한 해답을 알아냈더라면 그것으로 골치 아픈 일은 종지부를 찍게 되었을 것이다. 그러나 당시에는 거짓말과 참말을 식별하는 일도 간단치 않은 데다 설상가상으로 정상적인 진술과 비정상적인 진술을 구별해야 하는 등, 복잡한 일이 엎치고 덮쳐 도무지 갈피를 잡을 수가 없었고, 헷갈린 나머지 생각을 똑바로 가눌 수가 없었다. 게다가 트란실바니아인들 가운데에는 흡혈귀가 일부 섞여 있는 바람에 그들과 함께 어울리는 것이 약간 짜증스럽기까지 했다. 그러나 그보다 훨씬 정신을 혼란시키는 일이 나를 기다리고 있었다.

그때까지만 해도 나는 아직 드라큘라 백작이 살아 있는지를 알지 못했다. 단지 어떻게 해서든 드라큘라 성까지 가기만 하면 그에 대한 해답을 알 수 있을 것이라는 막연한 느낌만이 있을 뿐이었다. 그러나 그러한 막연한 느낌이 일을 복잡하게 만드는 화근이 될 줄은 당시에는 꿈에도 몰랐다. 그 이유에 대해서는 독자도 곧 알게 될 것이다.

드라큘라 성이 어디 있는지 그 위치에 대해서는 확실히 알고 있었다. 또한 그곳이 매우 활기찬 성이라는 사실도 알고 있었다. 또한 그 성에는 주인이 있다는 사실도 알고 있었으나 (드라큘라 백작이 살아 있는지의 여부는 고사하고!) 그 주인이 드라큘라 백작인지는 전혀 모르고 있었다. 그런데 드라큘라 성에는 초청장이 없으면 들어갈 수가 없었다. 게다가 초청장은 트란실바니아 사교계에서도 정상급의 인사가 아니면 받을 엄두도 낼 수가 없었다. 수개월간 사교계의 정상에 오르기 위해 기를 쓴 끝에 초청장을 받을 수 있을 만큼 충분한 사회적 지위를 획득하게 되었다. 드디어 고대하고 고대하던 날이 왔다. 드라큘라 성으로부터 밤낮을 가리지 않고 며칠이나 계속되는 잔치에 참석해달라는 초청장을 받은 것이다.

나는 기대를 잔뜩 품고 갔으나 도착하자마자 첫 번째 충격적인 일을 당했다. 너무 허둥대다가 칫솔과 휴대용 장기판, 그리고 몇 가지 읽을거리를 미처 챙기지 못하고 온 사실을 성 안에 발을 들여놓은 순간에야 비로소 깨달았던 것이다. 그래서 호텔로 되돌아가기 위해 문밖으로 나선 순간, 건장하고도 험상궂게 생긴 트란실바니아인 한 사람이 느닷없이 길을 막고는 정중하기는 하지만 위압적인 목소리로 드라큘라 성 안에 일단 발을 들여놓은 사람은 누구든 주인의 허락 없이는 밖으로 나갈 수 없다고 겁을 주는 것이었다.

나는 그에게 말했다.

"그렇다면 주인과 한 번 만나게 해주시오."

"당장은 불가능한 일입니다만 선생님께서 원하신다면 그러한 전갈을 주인께 전달해드릴 수는 있습니다."

그래서 나는 잠시 성을 나갔다 오고 싶다는 요지의 전갈을 써서 주인에게 보냈다. 곧이어 돌아온 답변은 한마디로 딱 잘라서 "물론 불가능하다!"라는 것이었다.

이제 영락없이 드라큘라 성의 포로 신세가 된 것이었다! 그러니 이제는 어쩐다? 당장에는 이러고 저러고 할 도리가 없었다. 그래서 그날 저녁은 글자 그대로 도(道)를 닦는 심정으로 즐길 수 있는 대로 즐기다 기회가 오는 대로 즉각 행동에 나서기로 작정을 하였다.

그날 저녁의 무도회는 나로서는 일찍이 듣도 보도 못한 호화판 잔치였다. 새벽 2시쯤 해서 나는 잠자리에 들기로 하고 침실을 안내받았다. 그날 밤 어마어마한 위험에 처해 있었음에도 불구하고 단잠을 즐겼다는 것이 참으로 불가사의한 일이었다.

다음 날 정오께 자리에서 일어나 배불리 식사를 마친 후 이곳 사정을 하나라도 더 들어볼 속셈으로 다른 손님들과 어울렸다. 내가 두 번째로 충격을 받은 것은 바로 그때였다. (나를 제외하고) 그곳에 모인 모든 사람들은 트란실바니아인 중에도 선택된 소수 정예 집단에 속했는데 그들은 "예"와 "아니요"라는 말 대신에 "발"과 "다"라는 낱말을 사용하고 있었다. 이 점은 좀비 섬의 경우와 똑같았다. 따라서 나는 인간일지도 모르고 흡혈귀일지도 모르며 정상일 수도 정신이상일 수도 있는 이른바 '정예 트란실바니아인'과 일행이 된 데다가 엎친 데 덮친 격으로 그들이 사용하는 "발"과 "다"가 무슨 뜻인지도 모르는 난감한 상황에 말려들게 된 것이다! 다시 말해 내가 성 밖에서 붙잡고 물어본 '보통의' 트란실바니아인들과 관련된 복잡한 상황에다 좀비 섬의 그 복잡했던 상황까지 얽히고 설킨 셈이었다. 드라큘라 성에 발을 들여놓았다는 것 자체가 글자 그대로 여우를 피하려다 호랑이를 만난 격이 되고 말았구나 하는 생각이 들었다.

그런 생각이 들자, 도(道)고 뭐고 간에 냉정을 완전히 잃어버리고 그날은 그 후 내내 풀이 죽어 지냈다. 그날 저녁 이틀째 잔치가 벌어졌지만 의기소침해진 나는 참석하고 싶은 흥이 나지 않아 일찌감치 잠자리를 찾았다. 잠도 오지 않고 그렇다고 뾰족한 생각도 떠오르지 않아 그냥 침대 위에 누워서 무료하게 빈둥대고 있었다. 그러다 갑자기 떠오른 생각에 깜짝 놀라 자리에서 벌떡 일어났다. 새로이 얽힌 이 복잡한 '발—다' 상황도 쉽게 해결할 수 있다는 사실을 불현듯 깨달았다. 그래서 흥분된 마음으로 연필을 꺼내어 다음과 같은 문제를 한달음에 풀어나갔다.

191.
당시 성 안에 있던 아무나 붙잡고 ("발"이나 "다"로 답변할 수 있는) 단 하나의 질문을 던짐으로써 그가 흡혈귀인지 아닌지를 알아낼 수가 있다.

192.

단 한 번의 질문으로 그가 정상인지 아닌지를 알아낼 수가 있다.

193.

단 한 번의 질문으로 "발"이 무슨 뜻인지를 알아낼 수 있다.

194.

성 안에 있는 아무나 붙잡고 질문을 하나 던져 그로부터 "발"이란 답변을 얻어낼 수가 있다.

195.

단 한 번의 질문으로 드라큘라가 아직 생존해 있는지를 알아낼 수 있다.

위의 질문들은 구체적으로 어떤 질문이었는가?

E. 드라큘라의 수수께끼

이제 이번 이야기의 대단원에 이르렀다! 다음 날 나는 내가 알고 싶었던 모든 사실을 확인했다. 드라큘라는 실제로 죽지 않았으며 그것도 지극히 원기 왕성하게 살아 있었다. 나를 접대한 성의 주인이 실은 드라큘라였다는 사실도 알아내었다. 내가 확인한 바로는 더욱이 드라큘라는 정신이상인 흡혈귀였으며 그렇기 때문에 그의 모든 진술은 참이었다.

그러나 이제 가혹한 운명의 손에 내맡겨져 언제 흡혈귀로 변해

영혼을 영원히 빼앗기게 될지도 모르게 된 판에 그러한 사실을 다 알았다고 한들 무슨 소용이 있었겠는가? 잔치는 그로부터 수일간 더 계속된 후 끝났다. 잔치가 끝난 후 다른 모든 손님에 대해서는 귀가가 허용되었지만 나만은 유독 제외되었다. 그렇게 해서 나는 손님이 몽땅 떠나버려 적막함이 감도는 죽음과 같은 으스스한 성에서 생면부지의 성주에게 사실상 포로로 잡혀 홀로 남겨진 꼴이 된 것이다.

그러나 그곳에서 오래 기다릴 필요도 없었다. 자정이 되기 직전 누군가가 곤하게 잠든 나를 거칠게 흔들어 깨우더니 정중하기는 하지만 위압적인 태도로 드라큘라 백작의 사실(私室)로 안내해 갔다. 드라큘라 자신이 나를 보자고 한 것임에 틀림없었다. 나를 안내해온 사람이 방을 나가자 나는 드라큘라와 직접 얼굴을 마주하게 되었다. 영원과도 같은 침묵이 흐른 후 드라큘라는 입을 떼었다.

"나는 나에게 걸려든 사람에게 항상 벗어날 수 있는 기회를 **얼마간** 드린다는 사실을 선생은 알고 계십니까?"

나는 사실대로 털어놓았다.

"아니요, 그런 이야기는 금시초문인데요."

그러자 드라큘라는 말했다.

"나는 그 같은 재미를 스스로 포기할 생각이 조금도 없소이다."

그런 말을 했을 때의 드라큘라의 어조는 무어라 말할 수 없이 혐오스러웠다. 그 목소리에는 자신이 칼자루를 손에 쥔 양 거들먹거리는 자의 거만한 여유가 배어 있었다.

"실은 말입니다, 선생."

드라큘라는 말을 이었다.

"나는 나에게 걸려든 자에게 수수께끼를 하나 냅니다. 그가 만일 15분 이내에 정답을 알아내면 풀어줍니다. 그러나 수수께끼를 풀지 못하든가 혹은 풀더라도 잘못 풀 경우, 나는 그에게 달려들어 그를 영원히 흡혈귀로 만들어놓을 것입니다."

그 말에 나는 멍청하게도 되물었다.

"흡혈귀로 만들어놓으신다면 정상인 흡혈귀로 만드실 겁니까 혹은 정신이상인 흡혈귀로 만드실 겁니까?"

이 말을 들은 드라큘라는 화가 머리끝까지 치솟아 얼굴이 온통 붉으락 푸르락해졌다. 드라큘라는 계속 외쳐댔다.

"이봐요 선생, 거 무슨 시시콜콜한 농담을 하고 있는 거요? 선생은 지금 우리가 얼마나 심각한 이야기를 하고 있는 것인지 제대로 알고나 있는 거요? 나는 지금 그런 시시한 농담 따위나 하고 있을 기분이 아니요. 다시 한 번 더 그 따위 시시콜콜한 소리를 했다가는 내가 늘상 부여하는 마지막 기회를 선생에게는 박탈하기로 하겠소."

참으로 겁나는 소리였지만 당시에는 공포감보다는 드라큘라가 왜 자신의 먹이를 놓칠지도 모르는 도박을 일부러 사서 하는 것인지 그것을 알고 싶은 호기심이 먼저 솟아올랐다. 그래서 물어보았다.

"그런데 무엇 때문에 백작께서는 자신으로서는 혹시 손해를 보게 될지도 모르는 기회를 너그럽게 베풀려고 하십니까?"

이 질문에 대해 드라큘라는 코웃음 치며 말했다.

"뭐, 너그럽다고? 나에게는 너그러운 구석이란 털끝만큼도 없소이다. 나의 먹이가 이 피를 말리는 정신적인 게임에서 이기겠다고 온갖 몸부림을 치며 안간힘을 다하는 것을 구경하고 있을 때의 그

즐거움이란 이루 말로 다할 수 없을 정도요. 따라서 먹이를 놓칠 확률이 천만 분의 일이나 될는지는 모르겠지만 그렇다고 해도 그만한 위험쯤은 내가 얻는 그 막대한 즐거움으로 인해 얼마든지 보상되고도 남는단 말이요."

"천만 분의 일"이라는 말에 나의 온몸에서 힘이 쭉 빠져나가는 것을 느꼈다.

드라큘라는 말을 이었다.

"아, 예. 지금까지는 먹이를 놓친 적이 한 번도 없소이다. 그러니 나로서는 어차피 대단한 모험을 하는 것은 아닙니다."

"그러면 좋습니다."

나는 각오를 단단히 하고 대들었다.

"그 수수께끼란 것을 한번 들어봅시다."

196.

드라큘라는 한동안 나를 요모조모 뜯어보더니 입을 열었다.

"선생님께서는 내 손님에게 매우 영리한 질문을 하셨더군요 —— 아, 예. 그 정도는 뭐 다 알고 있습니다. 보통이 넘는 기발한 질문인 것은 사실이지만 그러나 선생의 생각처럼 그렇게 대단한 것은 못 됩니다. 선생께서는 이를테면 알고 싶은 사항이 있을 경우, 그에 상응하여 각각 별도의 질문을 만들어낼 수밖에 없었습니다. 그러한 별개의 질문 대신에 간단한 만능의 원리를 발견해냈더라면 선생처럼 그렇게 머리를 싸매고 끙끙대지 않아도 되었을 텐데 선생은 그것을 찾지 못했습니다.

그런데 실은 마술과도 같은 만능의 효력을 지닌 문장이 하나 있습니다. 선생께서 알고 싶어 하는 것이 무엇이건 간에, 다시 말해 진위(眞僞)를 확인하고 싶은 문장이 어떤 문장이건 간에 그것을 X라고 할 때, 이 성 안에서 아무나 붙들고 'S는 X와 동치(同値)입니까?'라고 묻기만 하면 되는 그러한 문장 S가 있다는 말입니다. 그 질문에 대해 '발'이란 답변을 얻게 되면, X는 참이요 '다'라는 답변을 얻게 되면 X는 틀림없이 거짓입니다. 그러니까 예를 들어 상대방이 흡혈귀인지를 알고 싶을 경우, '댁이 흡혈귀일 경우, 그리고 오직 그 경우에 한해 S는 참입니까?'라고 묻는 것입니다. 또 상대방이 정상인지를 확인하고 싶을 때에는 '댁이 정상일 경우, 그리고 오직 그 경우에 한해 S는 참입니까?'라고 묻기만 하면 됩니다. 또 '발'이 무슨 의미인지를 알고 싶을 때에는 그저 "발'이 '예'를 의미할 경우, 그리고 오직 그 경우에 한해 S는 참입니까?'라고 묻기만 하면 됩니다. 내가 아직 살아 있는지를 알고 싶은 경우에도 단지 '드라큘라가 살아 있을 경우 그리고 오직 그 경우에 한해 S는 참입니까?' 등과 같이 물으면 그만입니다."

드라큘라의 그 말에 나는 부쩍 호기심이 동해 물었다.

"S는 도대체 어떤 문장입니까?"

"아, 그것 말입니까? 선생이 찾아내야 할 것이 바로 그 문장입니다! 그것이 선생이 풀어야 할 수수께끼란 말입니다!"

드라큘라는 말을 마치자 자리에서 일어나 밖으로 나갔다.

"선생께 허용된 시간은 15분입니다. 선생으로서는 목숨이 걸린 문제이니만큼 열심히 궁리해 보십시오."

그야말로 목숨이 왔다 갔다 하는 문제였다! 그때의 그 15분이야말로 내 생애에서 가장 피가 마르는 순간이었다. 죽음에 대한 공포로 나의 온몸이 얼어붙어 아무 생각도 떠오르지 않았다. 드라큘라가 어디선가 보이지 않는 장소에 몸을 숨기고 나의 일거수일투족을 훔쳐보고 있을 것이 틀림없다는 생각도 들었다.

순식간에 15분이 흐르자 드라큘라는 승자와 같은 의기양양한 모습으로 되돌아왔다. 그는 피가 뚝뚝 흐르는 송곳니를 드러내며 나를 향해 쿵쿵 발걸음을 옮기기 시작했다. 그와 나와의 거리는 점점 좁혀져 드디어 드라큘라가 나를 덮치기 일보 직전에 이르렀다. 그 순간 나는 불쑥 손을 들고 외쳤다.

"그렇다! 문장 S는…이다."

나의 목숨을 살린 문장 S는 무엇인가?

에필로그

내가 그의 수수께끼를 푸는 데 성공하자 가련한 드라큘라는 너무나도 큰 충격을 받은 나머지 그 자리에 쓰러졌다. 그러고는 몇 분이 지나지 않아 산산이 부서져 티끌로 변해버렸다. 이제 "드라큘라 백작이 아직도 살아 있습니까?"라고 누가 묻는다면 그 사람이 누구건 나는 "밸"이라는 진실하고도 틀림없는 답변을 할 수 있게 된 것이다.

197.

지금까지 한 이야기 가운데에는 앞뒤가 맞지 않는 사소한 오류가 네 군데 있다. 그것을 찾아낼 수 있는가?

167.

그의 진술은 참이거나 거짓이다. 거짓이라고 해보자. 그 경우 그는 인간도 정상도 아니므로 정신이상인 흡혈귀일 수밖에 없다. 그러나 정신이상인 흡혈귀가 하는 진술은 모두 참이므로 모순이 된다. 따라서 그의 진술은 참이어야 한다. 그런데 참인 진술을 하는 것은 정상인 인간과 정신이상인 흡혈귀밖에 없다. 그가 만일 정신이상인 흡혈귀라면 인간도 정상도 아니다. 따라서 그가 한 말은 거짓이 된다. 그러나 위에서 우리는 그의 진술이 참임을 알았다. 따라서 그는 정상인 인간일 수밖에 없다.

168.

그는 정신이상인 흡혈귀일 수밖에 없다.

169.

이번에는 정상인 흡혈귀이다.

170.

그가 정상인 인간이었다면 그 질문에 대해 "아니요"라고 답변했을 것이다. 반면에 그 밖의 다른 세 부류 가운데 하나에 속했다면 "예"라고 답했을 것이다. 그런데 만일 내가 들은 답변이 "예"였다면 그가 어떤 부류에 속하는지를 알아낼 수 없었을 것이다. 그러나 나는 알고 있다고 주장했다. 그러므로 그는 "예"라고 답변한 것이 아니다. 따라서 그는 "아니요"라고 답변한 것이다. 또한 이로부터 그는 정상인 인간일 수밖에 없다는 결론이 나온다.

171.

그가 인간인지 혹은 흡혈귀인지 여부는 추리해낼 수 없으나 그가
정신이상이라는 사실은 추리할 수 있다. 그가 정상인 인간이라면
자신이 흡혈귀라고 주장하지 않을 것이다. 또한 정상인 흡혈귀라
면 자신이 흡혈귀라는 사실을 제대로 알고 있기 때문에 거짓말할
속셈으로 자신이 인간이라고 말했을 것이다. 반면에 정신이상인
인간이라면 자신이 흡혈귀라고 생각한 나머지 그렇게 말할 것이
다. 또한 정신이상인 흡혈귀라면 자신이 인간이라고 생각한 나머
지 거짓말을 하기 위해 자신은 흡혈귀라고 주장할 것이다.

172.

이번 경우에 추리해낼 수 있는 것은 그가 흡혈귀라는 사실뿐이다.
그가 정상인 인간이라면 자신이 정신이상이라고 말하지는 않을
것이다. 또한 정신이상인 인간인 경우에는 자신이 정상이라고 생
각할 것이며 또한 인간이기 때문에 자기가 정신이상이라고는 하
지 못할 것이다.

173.

이 문제에서 요구하는 진술의 쌍은 물론 수없이 많겠지만 그중에
도 내가 소개하려는 것은 다음과 같은 진술들이다.

  X: 내가 만일 정상이라면, 나는 인간이다.
  Y: 내가 만일 인간이라면, 나는 정상이다.

어떤 트란실바니아인이 X라고 주장했다고 하자. 그 경우 Y가 참임을, 다시 말해 그 말을 한 주인공이 인간일 경우, 그는 정상이라는 것을 증명할 수가 있다. 이제 그가 인간이라고 하자. 그 경우 그가 정상이면 그가 인간이라는 것은 참이다. (왜냐하면 그는 인간이기 때문이다.) 그것은 곧 Y가 참임을 의미한다. 그렇다면 그는 정상일 수밖에 없다. 왜냐하면 정신이상인 인간은 참인 진술을 하지 않기 때문이다. 그러므로 그가 인간일 경우, 그는 정상이며 따라서 Y는 참이다.

역으로 그가 Y라고 주장했다고 하자. 그 경우 X가 참임을 입증해야 한다. 이제 그가 정상이라고 하자. 그 경우 Y는 참이다. (정상인 흡혈귀는 참인 진술을 하지 않으므로). 따라서 그는 (그가 정상이라고 가정할 경우) 인간이다. 그러므로 그가 정상일 경우 그는 인간이며 진술 X는 참이다.

174.

이 두 물음에 대한 답변은 모두 "그렇다"이다. 여기 한 트란실바니아인이 어떤 진술 X를 참이라고 믿고 있다고 하자. 그 경우 반드시 X가 참이라는 결론은 물론 나오지 않는다. 왜냐하면 그가 정신이상일 수도 있기 때문이다. 그러나 그가 X를 참이라고 믿고 있음을 믿는다면 X는 참이 될 수밖에 없다! 왜냐하면 우선 그가 정상이라고 하자. 그 경우 그가 자신이 X가 참이라는 것을 믿고 있다는 진술을 믿고 있으므로, 그가 X는 참이라고 믿고 있다는 진술은 참이어야 한다. 따라서 그는 실제로 X가 참이라고 믿고 있다. 그런데 그는 정상이므로 X는 참이어야 한다. 반대로 그가 정신이상이라고 하자. 그는 자신이 X가 참이라고 믿고 있다는 진술을 믿고 있으므로, 그가 X를 참이라고 믿고 있다는 진술은 거짓이어야 한다. 따라서 그는 (자신이 X가 참이라고 믿고 있다는 것을 믿고 있을 뿐) 실제로 X가 참이라고 믿고 있는 것은 아니다. 그가 사실에 있어 X가 참이라고 믿고 있지 않으며 또한 그는 정신이상이므로, X는 이 경우에도 참이 될 수밖에 없다.

이렇게 해서 트란실바니아인이 자신은 X가 참이라고 생각하고 있다고 믿고 있다면 그가 정상이건 정신이상이건 관계없이 X는 참이 된다는 것을 입증하였다. 마찬가지로 그가 자신이 X가 참이라고 생각하고 있다고 믿지 않고 있다면, X는 거짓일 수밖에 없다는 것을 증명할 수가 있는데 그 증명은 독자에게 맡긴다.

175.

이번 경우에도 두 물음에 대한 답변은 모두 "그렇다"이다. 이 문제의 해답은 앞의 문제에 대한 해답으로부터 부수적으로 따라 나온다.

A가 자신은 X를 참이라고 믿고 있다고 주장했다고 하자. 또한 A가 인간이라고 하자. 그 경우 그는 자신이 주장한 바를 믿고 있으므로 X가 참이라고 생각하고 있음을 믿고 있는 셈이 된다. 그 경우 앞서 문제 174에 대한 해답에서도 살펴본 것처럼 X는 A가 정상이건 정신이상이건 관계없이 참이 될 수밖에 없다. 마찬가지로 A가 흡혈귀라고 가정해보자. 그 경우 그는 자신이 주장하는 바를 믿지 않는다. 따라서 그는 자신이 X가 참이라고 믿고 있음을 믿지 않는다. 그러므로 X는 A가 정상이건 정신이상이건 관계없이 거짓일 수밖에 없다.

176.

A는 자신이 B가 인간임 믿고 있다고 말했다. B는 "예", "아니요"로 답변했으므로 결국 자신이 A가 인간인 것으로 믿고 있다고 말했든가 혹은 A가 인간이 아닌 것으로 믿고 있다고 말했든가 둘 중의 하나인 셈이다. 후자의 경우라고 하면 다음과 같은 모순이 나오게 된다.

우선 문제로부터 다음과 같은 두 문장을 얻는다.

(1) A는 자신이 B가 인간인 것으로 믿고 있다고 말했다.
(2) B는 자신이 A가 인간이 아닌 것으로 믿고 있다고 말했다.

A가 인간이라고 해보자. 이 경우 (1)로부터 문제 175의 원리에 의해, B가 인간이라는 결론이 나온다. 그 경우 (동일한 원리에 의해) (2)로부터 A는 인간이 아니라는 결론이 나온다. 따라서 A가 인간이라는 것은 모순이다.

A가 흡혈귀라고 하자. 그 경우 (위에서와 동일한 원리에 의해) (1)로부터 B가 인간이 아니라는 결론이 얻어지며 따라서 B는 흡혈귀이다. 그 경우 (동일한 원리에 의해) (2)로부터 A가 인간이라는 것이 귀결된다. B가 "아니요"라고 답변했다면 위와 같은 모순을 얻게 되므로 B는 "예"라고 답변한 것이다.

177.

이 질문에 대해서는 모든 트란실바니아인이 한결같이 "예"라고 답변할 것이므로 아무 결론도 추론해낼 수 없다. 이 답이 옳은지는 독자 스스로 한 번 확인해보기 바란다.

178.

이번 문제는 경우가 좀 다르다. 문제의 답변으로부터 그 트란실바니아인이 인간인지 흡혈귀인지는 추론해낼 수는 없지만 그가 정상이라는 사실만은 추론할 수 있다. 그가 만일 정상이라면 "예"라고 답변할 것이다. 또한 정신이상이라면 "아니요"라고 답변할 것이다. 그에 대한 증명은 독자에게 맡긴다.

179.

그럴 수 없다. 왜냐하면 그가 정상인 인간이고 드라큘라가 살아 있을 수도 있고 그가 정신이상인 흡혈귀이고 드라큘라는 죽었을 수도 있기 때문이다. (사실 그가 정신이상인 흡혈귀인 경우, 드라큘라는 살아 있을 수도 이미 죽었을 수도 있다.)

180.

이 문제에 대한 답변 역시 "아니다"이다.

181.

이 문제에 대한 답변도 역시 "아니다"이다. 예를 들어 그는 정신이상인 흡혈귀일 수가 있는데 그 경우 드라큘라는 아직 살아 있을 수도 있고 그렇지 않을 수도 있다.

182.

그렇다. 이번 경우에는 드라큘라가 살아 있다는 결론이 나온다.

앞의 문제 177에서 정의한 용어를 빌려 문제의 트란실바니아인의 진술을 "내가 만일 신뢰할 만한 인사라면 드라큘라는 살아 있다"와 같이 고쳐 쓰기로 하자.

앞서 8장에서 (문제 109~112에 대한 해답을 참조할 것) 우리는 기사와 건달이 어울려 사는 섬의 원주민이 "내가 만일 기사라면 이러저러하다"라고 말했을 경우, 그는 반드시 기사이고 이러저러한 것은 반드시 참이어야 한다는 것을 증명한 바 있다. 마찬가지로 트란실바니아의 주민이 "내가 만일 신뢰할 만한 인사이면 이러저러하다"라고 말했다면 그는 반드시 신뢰할 만한 인사이고 이러저러한 것은 반드시 참이 될 수밖에 없다. 증명은 사실상 동일하다. 단지 앞서의 증명에서 '기사'란 낱말 대신에 '신뢰할 만한 인사'란 낱말을 바꾸어 넣으면 된다.

183.
다음과 같은 진술을 하기만 하면 된다. "나는 신뢰할 수 없는 인사이고 드라큘라는 죽었습니다." 증명은 독자에게 맡긴다. (힌트: 우선 이 진술을 하는 장본인이 신뢰할 수 없는 인사라는 것을 증명할 것.)

184.
"드라큘라가 아직도 살아 있을 경우 그리고 오직 그 경우에 한해 나는 신뢰할 만한 인사이다"라는 문장으로 소기의 목적을 달성할 수 있다.

앞서 8장의 문제 122를 푸는 과정에서 기사와 건달이 어울려 사는 섬의 주민이 "이러저러할 경우 그리고 오직 그 경우에 한해 나는 기사이다"라고 주장할 경우, 이러저러한 것은 반드시 참이 된다는 것을 (그러나 그 사람이 기사인지 혹은 건달인지는 알 수 없다는 것을) 증명한 바 있다. 마찬가지로 어떤 트란실바니아인이 "이러저러할 경우 그리고 오직 그 경우에 한해 나는 신뢰할 만한 인사이다"라고 말할 경우, 그가 신뢰할 만한 인사이건 아니건 상관없이 이러저러한 것은 반드시 참이어야 한다. 증명은 앞서의 경우와 동일하다. 단지 앞서의 증명에서 '기사'란 낱말 대신에 '신뢰할 만한 인사'라는 낱말을 바꾸어 넣으면 된다.

마찬가지 효과를 볼 수 있는 진술이 그 밖에도 서너 가지 더 있다. "나는 드라큘라가 살아 있다는 진술이 내가 인간이라는 진술과 동치라고 믿는다"라는 진술이 그 한 예이다. 그보다 재미있는 또 다른 예로 "나는 내가 드라큘라가 아직도 살아 있는가를 묻는 질문을 누군가로부터 받을 경우, '예'라고 답변할 것이라고 믿는다"가 있다.

185.
그렇다. 드라큘라는 이미 죽었다는 결론을 이끌어낼 수 있다.

우선 (1)로부터 그 말을 한 당사자가 인간임을 추론해낼 수 있다. 그가 만일 정상인 흡혈귀였다면 자신이 정상이라는 것을 알았을 것이므로 자신은 정신이상이라고 말했을 것이다. 또한 정신이상인 흡혈귀였다면 자신이 정상이라고 생각했을 것이므로 자신이 정신이상이라고 말했을 것이다. 그러므로 문제의 트란실바니아인은 인간이다.

여기서 문제 175를 푸는 과정에서 확립한 원리를 다시 상기해보자. 그 원리란 어떤 인간이 나는 어떠어떠한 것을 참이라고 생각하고 있다고 말할 경우, 그 어떠어떠한 것은 (그가 정상이건 정신이상이건 상관없이) 반드시 참이 되어야 한다는 것이다. 그런데 우리는 문제의 두 진술을 한 트란실바니아인이 인간이고 또한 그가 드라큘라는 죽은 것으로 믿고 있다고 말하고 있음을 알고 있다. 따라서 드라큘라는 이미 죽은 것이다.

186.

문제의 트란실바니아인이 한 첫 번째 진술인 "나는 인간입니다"로 부터 그가 인간이라는 결론은 나오지 않지만 정상이어야 한다는 결론은 얻어진다. (그가 정신이상인 인간이었다면 자신이 인간임을 알지 못했을 것이며 반면에 정신이상인 흡혈귀라면 자신이 인간이라고 생각한 나머지 자신이 흡혈귀라고 주장했을 것이다.) 그가 정상임이 이제 밝혀졌는데, 그렇다면 그는 인간일 수밖에 없다는 것을 증명할 수 있다. 그가 흡혈귀라고 가정하자. 그러면 그가 인간이라는 것은 거짓이다. 그런데 거짓인 진술은 모든 진술을 함축하므로 그의 두 번째 진술 ——"내가 만일 인간이면 드라큘라 백작은 아직도 살아 있습니다" ——도 참일 수밖에 없다.

그러나 정상인 흡혈귀가 한 진술은 모두 거짓이어야 하므로 모순이 나오게 된다. 따라서 그는 흡혈귀일 수는 없으며 인간임이 틀림없다.

이제 문제의 트란실바니아인이 정상이고 인간이라는 것이 증명되었다. 그런 만큼 그가 한 진술은 모두 참이므로 그의 두 번째 진술 ——"내가 만일 인간이면 드라큘라 백작은 아직도 살아 있습니다" ——도 참이어야 한다. 그런데 그는 또한 인간이다. 따라서 드라큘라는 아직도 살아 있다.

187.

단지 그 트란실바니아인이 정상인지를 묻기만 하면 된다. 그가 (정상이건 정신이상이건 간에) 인간일 경우 "예"라고 답변할 것이고, 흡혈귀일 경우 "아니요"라고 답변할 것이다.

188.

그가 인간인지를 묻기만 하면 된다. (그가 인간이건 흡혈귀이건 간에) 그가 정상인 트란실바니아인인 경우, "예"라고 답변할 것이고, 정신이상인 트란실바니아인일 경우에는 "아니요"라고 말할 것이다.

이하의 서너 가지 문제에 대해서는 해답이 되는 질문만을 제시하기로 하겠다. 지금까지의 문제 풀이 과정에서 얻은 경험을 잘 활용하면 그 질문이 타당한지 독자 스스로도 충분히 증명할 수 있을 것이다.

189.

한 가지 적절한 질문은 "댁은 자신이 인간이라고 생각하십니까?"라고 묻는 것이다. 이 질문에 대해 트란실바니아인은 모두 "예"라고 답변해야 한다. 그 이유는 모든 트란실바니아인이 자신이 인간이라고 믿고 있는 것은 아니지만 (그렇게 생각하는 것은 오직 정상인 인간과 정신이상인 흡혈귀밖에 없다) 자신이 인간인 것으로 믿고 있다고는 말할 것이기 때문이다.

그와 마찬가지로 효과적인 질문으로 "댁은 신뢰할 만한 인사입니까?"라는 질문이 있다. 그 질문이 소기의 목적을 달성할 수 있는 이유는 모든 트란실바니아인은 자신이 신뢰할 만한 인사라고 주장할 것이기 때문이다.

190.

다음 두 가지 질문 가운데 어떤 질문을 해도 목적을 달성할 수 있다.

 (1) 댁이 신뢰할 만한 인사라는 진술은 드라큘라가 살아 있다는 진술과 동치입니까?
 (2) 댁은 자신이 인간이라는 진술이 드라큘라가 살아 있다는 진술과 동치라고 생각하십니까?

191.

그에게 "댁이 정상인지를 묻는 질문에 대한 정답이 '발'입니까?"라고 물어보라. 그가 만일 "발"이라고 답변하면 그는 인간이다. 반면에 "다"라고 답변하면 그는 흡혈귀이다.

192.

그에게 "댁이 인간인지 여부를 묻는 질문에 대한 정답이 '발'입니까?"라고 물어보라. 만일 그의 답변이 "발"이라면 그는 정상이다. 반면에 "다"라면 정신이상이다.

193.

그에게 "댁은 자신이 인간이라고 생각하십니까?"라고 물어보라. 그가 무슨 답변을 하건 그 답변의 의미는 '예'이다. 그 질문 말고도 "댁은 신뢰할 만한 인사입니까?"라고 물어도 된다.

194.

이 경우 "댁이 신뢰할 만한 인사인지를 묻는 질문에 대한 정답이 '발'입니까?"라고 물으면 소기의 목적을 달성할 수 있다. (신뢰할 만하다는 것은 정상인 인간이거나 혹은 정신이상인 흡혈귀라는 뜻임을 상기할 것.) "'발'이 **'예'**를 의미할 경우 그리고 오직 그 경우에 한해 댁은 신뢰할 만한 인사입니까?"라고 물어도 된다.

성 안의 인사는 위의 두 질문 모두에 대해 "발"이라고 답변하지 않을 수 없는데 그 증명은 위의 11장의 문제 161의 풀이와 본질적으로 동일하다. (차이는 단지 그 문제에서 '인간이다'라는 말이 한 역할을 이번에는 '신뢰할 만하다'라는 말이 떠맡은 것뿐이다.)

195.

다음 두 질문 가운데 어떤 질문을 해도 목적을 달성할 수 있다.

(1) 댁은 자신이 정상이라는 진술이 드라큘라가 살아 있다는 진술과 동치인지를 묻는 질문에 대한 정답이 '발'이라고 생각하십니까?

(2) 댁이 신뢰할 만한 인사라는 진술이 드라큘라는 살아 있다는 진술과 동치인가를 묻는 질문에 대한 정답이 '발'입니까?

문제 196에서 소개할 만능의 원리는 이보다 훨씬 간단하면서도 멋진 해결책을 제공한다.

196.

"2 더하기 2는 4입니까?"라는 질문에 대해 "발"이라고 답변하는 정예 트란실바니아인을 1유형에 속한다고 정의하기로 하자. 이 말은 곧 1유형에 속하는 트란실바니아인은 그에 대한 정답이 '예'인 질문이 제기될 경우, 항상 "발"이라고 답변한다는 것을 의미한다. 또한 1유형에 속하지 않은 정예 트란실바니아인은 2유형에 속하는 것으로 정의하기로 하자. 이 말은 곧 ('2 더하기 2는 4이다'와 같은) 임의의 참인 진술 X에 대해 X가 과연 참인지를 물을 경우, 2유형의 트란실바니아인은 "다"라고 답변할 것이라는 것을 의미한다.

여기서 우선 "발"이 '예'를 의미할 경우, 1유형의 인물들은 신뢰할 만한 인사가 되며, 반면에 2유형의 인물들은 신뢰할 수 없는 인사가 된다는 점에 유의하기로 하자. 또한 "발"이 '아니요'를 의미할 경우 그 반대가 된다(유형 1은 신뢰할 수 없는 인사이고 유형 2는 신뢰할 만한 인사가 된다).

만능의 원리는 다음과 같은 것이다. 즉, 임의의 주어진 진술 X에 대해 X가 과연 참인지를 확인하기 위해서는 정예 트란실바니아인을 아무나 붙들고 그에게 그가 1유형에 속한다는 진술이 X와 동치인지를 묻기만 하면 된다. 그 질문은 "댁이 1유형에 속할 경우 그리고 오직 그 경우에 한해 X는 참입니까?"와 같은 형태로 나타낼 수도 있는데 그 질문에 대해 문제의 정예 트란실바니아인이 "발"이라고 답변할 경우, X는 반드시 참이며 "다"라고 답변할 경우, X는 반드시 거짓이라는 것을 이제부터 증명하기로 하겠다. 따라서 '마술'과도 같은 효능을 지닌 문장 S는 "댁은 1유형에 속한다" (혹은 "2+2=4인지를 묻는 질문에 대해 댁은 '발'이라고 답변한다")는 것이다.

증명 : S가 "댁은 1유형에 속한다"는 진술이라고 하자. 또 참인지 거짓인지를 확인하고자 하는 진술을 X라고 하자. 우리는 S가 X와

동치인가를 묻기만 하면 된다. 그 질문에 대한 "발"이라는 답변을 얻었다고 하자. 그 경우 X는 참일 수밖에 없다는 것을 증명하기로 한다.

경우 1 —— **"발"이 '예'를 의미하는 경우**: 이 경우 우리는 다음 두 가지 사실을 알 수 있다. (i) 1유형=신뢰할 만한 인사 ; (ii) 답변을 한 당사자는 "발"이라고 답변함으로써 S가 X와 동치임을 주장하고 있다.

소경우 1a —— **답변을 한 당사자가 1유형에 속하는 경우**: 이 경우 그는 신뢰할 만한 인사이고 그의 진술은 모두 참이다. 그렇다면 S는 실제로 X와 동치가 되며 또한 S는 (그가 1유형에 속하므로) 참이 된다. 따라서 X는 참이다.

소경우 1b —— **답변을 한 당사자가 2유형에 속하는 경우**: 이 경우 그는 신뢰할 수 없는 인사이고 그의 진술은 모두 거짓이다. 그런데 그는 S가 X와 동치임을 주장하고 있으므로 S는 사실에 있어서 X와 동치가 아니다. 그러나 (그가 1유형에 속하지 않으므로) S는 거짓이다. 그런데 X는 S와 동치가 아니므로 결국 X는 참이 된다.

경우 2 —— **"발"이 '아니요'를 의미하는 경우**: 이 경우 우리는 다음 두 가지 사실을 알 수 있다. (i) 1유형=신뢰할 수 없는 인사 ; (ii) 답변을 한 당사자는 S가 X와 동치가 아님을 주장하고 있다.

소경우 2a —— **답변을 한 당사자가 1유형에 속하는 경우**: 이 경우 그는 신뢰할 수 없는 인사이고 그의 진술은 모두 거짓이다. 따라서 S는 X와 동치가 아니라는 그의 주장은 거짓이다. 따라서 S는 사실에 있어서는 X와 동치이다. 그런데 S가 참이므로 X도 참이다.

소경우 2b —— **답변을 한 당사자가 1유형에 속하는 경우:** 이 경우 그는 신뢰할 만한 인사이고 따라서 그의 진술은 모두 참이다. 따라서 S는 실제로 X와 동치가 아니다. (왜냐하면 그가 그렇게 주장하고 있기 때문이다.) 그런데 S는 거짓이므로 X는 이 경우에도 참이 될 수밖에 없다.

위에서 우리는 "발"이라는 답변을 얻을 경우, X는 참임을 증명하였다. 이와 유사한 추론 과정을 통해 그러한 추론 대신 "다"라는 답변은 X가 거짓임을 의미한다는 것을 증명할 수가 있다. 그러나 그러한 추론 대신 다음과 같은 간단한 증명 방식을 택할 수도 있다.

그가 "다"라고 답변했다고 하자. 그런데 그 질문에 "다"라고 답변하는 것은 사실에 있어 "X가 거짓일 경우 그리고 오직 그 경우에 한해 댁은 1유형에 속합니까?"라는 질문에 대해 "발"이라고 답변하는 것과 마찬가지이다. (왜냐하면 임의의 두 진술 Y와 Z에 대해, "Y는 Z와 동치이다"라는 진술은 "Y는 Z가 아니다와 동치이다"라는 진술의 정반대가 되기 때문이다.) 따라서 그는 "X가 거짓일 경우 그리고 오직 그 경우에 한해 댁은 1유형에 속합니까?"라는 질문을 받을 경우 "발"이라고 답변할 것이다. 그가 그와 답변할 것이므로 (위의 증명에 의해) X는 사실에 있어 거짓이다.

197.

(1), (2) 드라큘라는 두 번이나 "아, 예"라고 말했는데 정예 트란실바니아인은 "예"라는 낱말을 사용하지 않는다.

(3) 건장하고도 험상궂게 생긴 트란실바니아인이 나에게 성주의 허가 없이는 성 밖으로 나갈 수 없다고 말했는데, 그때 꼭 그의 말을 그대로 믿어야 할 이유가 어디에 있었는가?

(4) 성주는 나에게 "물론 불가능하다!"라는 전갈을 보내주었다고 했는데, 그때 그 성주의 전갈을 그대로 믿어야 할 이유가 어디 있었는가? 나는 당시까지는 성주가 정신이상인 흡혈귀이기 때문에 그의 답변은 참이 된다는 사실을 아직 모르는 형편이었다.

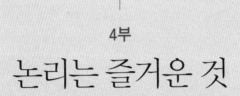

4부

논리는 즐거운 것

13 논리와 인생

A. 논리에 대한 몇 가지 정의

198. 논리에 관한 트위들덤의 정의

나는 논리학에 대해 트위들덤이 내린 다음과 같은 정의가 몹시 마음에 든다:

> **트위들디**(앨리스에게): 나는 네가 무슨 생각을 하고 있는지를 잘 알고 있지. 현실은 결코 네 생각과는 달라.
>
> **트위들덤**: 그런 식으로 말하기보다는 이렇게 말하는 것이 더 나아. 만일 앨리스의 생각이 옳았다면 현실이 그럴 수도 있었다는 뜻이야. 실제로 옳지는 않지만 옳다고 한다면 현실은 그럴 것이라는 말이 돼. 그러나 실제로는 옳지 않으므로 현실은 앨리스의 생각과는 다른 것이야. 그것이 바로 논리야.

199. 서버의 정의

《열세 개의 시계》에서 서버는 논리에 관해 대충 다음과 같은 정의를 제시하고 있다. 시계를 멈추게 하지 않고도 만지는 것이 가능하다. 그러므로 시계를 만지지 않고서도 가게 하는 것도 가능하다. 내가 아는, 그리고 이해하는 논리란 바로 그러한 것이다.

200.

서버의 정의를 보니 다음과 같은 내가 좋아하는 삼단논법이 한 가지 생각난다. 어떤 차는 덜컹거린다. 나의 차는 어떤 차이다. 따라서 내 차가 덜컹거리는 것은 당연하다!

201. 논리에 관한 또 다른 정의

나의 친구 중에 전직 경찰관이 한 사람 있었는데 그는 내가 논리학자라는 이야기를 듣고는 다음과 같이 말했다.

"내가 생각하는 논리가 어떠한 것인지를 이제부터 자네에게 들려주겠네. 얼마 전 집사람과 함께 파티에 참석한 적이 있었지. 그때 손님을 접대하던 파티의 여주인이 우리에게 케이크를 좀 가져왔네. 접시 위에는 케이크가 단 두 조각 올려져 있었는데 그 가운데 한 조각이 좀 더 컸네. 나는 잠시 궁리한 끝에 큰 쪽을 집기로 결심했네. 그때 나는 다음과 같은 논리를 전개했지. 나는 아내가 케이크를 좋아한다는 사실을 알고 있지만 동시에 내가 케이크를 좋아한다는 것을 아내가 알고 있다는 사실도 알고 있다. 나는 또한 아내가 나를 사랑하며 나의 행복을 바라고 있다는 사실도 알고 있다. 따라서 아내는 반드시 내가 큰 쪽을 선택하기를 원할 것이다. 그래서 나는 큰 쪽을 집었다네."

202.

위의 이야기를 하고 보니 식당을 찾은 어떤 두 사람에 관한 이야기가 생각난다. 그들은 식당에 들어가 생선을 주문했다. 주문을 받은 웨이터는 두 마리의 생선을 한 접시에 담아왔는데 그중에 한 마리의 크기가 더 컸다. 주문을 한 두 사람 가운데 한 사람이 다른 사람에게 "자네 먼저 들게"라고 권했다. 그러자 그는 "좋아"라고 말하고는 덥석 큰 생선을 골랐다. 잠시 껄끄러운 침묵이 흐른 후, 먼저 권한 사람이 "자네가 만일 나에게 먼저 들기를 권했다면 나는 작은 쪽을 선택했을 것이네!"라고 불평했다. 그러자 상대방은 "그렇다면 뭐가 불만인가? 자네를 위해 작은 쪽을 남겨주었는데"라고 응수했다.

203.

위의 이야기는 또한 잔치에 초대된 한 여성의 이야기를 생각나게 한다. 아스파라거스가 담긴 접시가 자신의 자리에까지 도달하자 그 여성은 아스파라거스의 끝을 모두 잘라 자기의 접시에 옮겨 담고는 접시를 옆 사람에게 돌렸다. 그러자 그 옆 사람이 불평을 늘어놓기 시작했다.

"댁은 어쩌면 그럴 수가 있어요. 그래, 아스파라거스의 끄트머리는 몽땅 자기가 차지하고 나머지만 나에게 돌리는 법이 어디 있어요?"

이 말에 그 여성은 이렇게 응수했다.

"아스파라거스는 끄트머리가 가장 맛있다는 사실을 댁은 모르세요?"

204.

언젠가 다음과 같은 신문 만화를 본 적이 있다 : 한 사내아이와 계집아이가 길가의 인도를 나란히 걷고 있었다. 그런데 사내아이가 안쪽으로 걷고 있는 것이었다. 그때 마침 트럭이 진흙탕 길을 지나가는 바람에 인도 바깥쪽으로 걷고 있던 소녀가 흙탕물을 흠뻑 뒤집어쓰게 되었다. 이 광경을 본 사내아이가 이렇게 말했다.

"내가 왜 신사처럼 인도 바깥쪽으로 걷지 않는지 그 이유를 이제는 알겠지?"

205.

나는 또 윤리에 대한 다음과 같은 정의가 몹시 마음에 든다.

어떤 사내아이가 언젠가 자기 아버지에게 물었다.

"아빠, 윤리란 것이 도대체 뭐예요?"

그러자 아이 아버지는 이렇게 답변했다.

"내가 잘 알아듣게 설명해주마. 언젠가 어떤 부인이 나의 가게를 찾아왔단다. 그 부인은 20달러짜리 지폐를 10달러인 줄로 잘못 알고 내밀었단다. 나도 그것이 10달러짜리인 줄로 알고 잔돈을 거슬러 주었지 뭐냐. 몇 시간 뒤 나는 부인이 낸 지폐가 사실은 20달러짜리라는 것을 발견했단다. 얘야, 윤리란 바로 이 경우 '동업자에게 사실을 그대로 털어놓아야 하나, 말아야 하나?' 고민하는 것이란다."

206.

언젠가 나는 수학자인 친구와 함께 중국 음식점을 찾은 적이 있었다. 그 음식점의 메뉴판에는 다음과 같은 글귀가 쓰여 있었다 : **별**

도 주문하신 모든 음식에 대해 별도 요금을 받습니다. 이것을 본 나의
친구가 이렇게 말했다.

"'별도'라는 단어는 아예 처음부터 없는 것이 나았을 텐데."

207.

언젠가 음식점 옆을 지나다 벽에 다음과 같은 글귀가 붙어 있는 것
을 보았다.

> 맛깔진 음식은 값싸지 않다.
> 값싼 음식은 맛깔지지 않다.

위의 두 문장은 같은 뜻인가 혹은 다른 뜻인가?

그에 대한 답변은 논리적으로 말해 그 두 문장은 한 치의 차이도
없는, 글자 그대로 똑같은 이야기를 하고 있다는 것이다. 위의 두
문장 모두 어떤 음식도 맛깔지면서 동시에 값이 싸지는 않다는 진
술과 동치이다. 그 두 진술은 논리적으로는 서로 동치이지만 심리
적으로 암시하는 바는 다르다고 생각된다. 첫 번째 문장을 읽을 경
우에 나는 맛있고 값비싼 음식을 머리에 떠올리게 되지만, 두 번째
문장을 읽을 경우에는 형편없는 싸구려 음식을 연상하게 된다. 나
와 같은 반응이 전혀 예외적인 것은 아니라고 나는 생각한다.

B. 물리학자와 수학자

208.

두 개의 컵과 관련된 유명한 문제 하나를 여기서 다루어보기로 한다. 두 개의 컵 가운데 한 컵에는 물이 10온스 들어 있고 다른 컵에는 같은 양의 포도주가 들어 있다. 지금 물이 들어 있는 컵에서 3온스의 물을 포도주 컵에 부어 넣은 다음 잘 휘젓는다. 그러고는 포도주와 물의 혼합액을 3온스 덜어 물이 들어 있는 컵에 다시 부어 넣는다. 이제 원래 물이 들어 있던 컵에 있는 포도주의 양과 포도주만이 들어 있던 컵에 들어 있는 물의 양 가운데 어느 것이 더 많은가?

이 문제를 푸는 데는 두 가지 방식이 있다. 한 가지 방식은 산수적인 계산을 하는 것이고, 두 번째는 상식에 의존하는 방식이다. 나는 그 두 가지 방식 가운데 두 번째 방식이 훨씬 마음에 든다.

산수적인 해결 방식은 이러하다. 3온스의 물을 포도주 컵에 따라 넣으면 그 컵에는 결국 13온스의 물과 포도주의 혼합액이 생기게 된다. 따라서 그 혼합액의 3/13은 물이고 10/13은 포도주이다. 그 혼합액 가운데 3온스를 다시 물이 있는 컵에 부어 넣게 되면, $3 \times 10/13 = 30/13$온스의 포도주를 물에 넣은 셈이 된다. 따라서 물 컵에는 이제 30/13온스의 포도주가 들어 있게 된다. 그런데 혼합액을 다시 물컵에 따라 넣기 전에 포도주 컵에는 3온스의 물이 들어 있었으므로 물이 들어 있는 컵으로 되돌아간 물의 양은 $3 \times 3/13$온스가 된다. 따라서 포도주 컵에는 이제 3-9/13온스의 물이 남게 된다. 그런데 $3-9/13 = 39/13-9/13 = 30/13$이므로 포도주 컵에는 물컵에 들어 있는 포도주의 양과 정확히 동일한 양 (구체적으로 말해 30/13온스)의 물이 들어 있게 된다.

상식적인 해결 방식은 보다 신속하게 해답을 얻을 수 있을 뿐더러 훨씬 일반적인 아이디어를 제공한다. 각 컵에 들어 있는 액체의 양은 동일하기 때문에 물이 들어 있는 컵에서 얼마나 많은 양의 물이 포도주 컵에 들어갔건 간에 그 양과 그 컵으로 들어온 포도주의 양은 보나마나 일치할 수밖에 없다. 이렇게 해서 문제는 간단하게 해결된다. 이러한 '상식적인' 해결 방식으로는 물론 그 양이 구체적으로 얼마인지는 알아낼 수 없으나 산수적인 계산에 의한 방식으로는 30/13온스임을 알 수 있다. 그러나 상식적인 해결 방식은 (산수적인 방식으로는 도저히 다룰 수 없는 다음과 같은) 보다 일반적인 문제에도 얼마든지 써먹을 수 있는 이점이 있다.

우선 앞서와 똑같은 두 컵이 있다고 하고 한 컵에서 다른 컵으로 액체를 부었다가 되 붓는 과정을 반복한다고 하자. 이 경우 부어 넣는 양이 얼마인지 그리고 그 부었다 되 붓는 과정을 몇 번이나 되풀이했는지 알 수 없으며 또한 매번 반드시 동일한 양의 액체를 부어 넣은 것도 아니지만 그 과정을 마친 후 각 컵에 들어 있는 액체의 양은 동일했다고 하자. 이때 포도주 컵에 들어 있는 물의 양과 물컵에 들어 있는 포도주의 양 가운데 어느 것이 더 많은가?

위에서와 동일한 상식적인 논증에 의하면 두 양은 서로 동일해야 한다. 그러나 이 경우에도 그 양이 구체적으로 얼마인가는 알수가 없다.

209.
위의 문제를 우연치 않게 접한 순간, 곧장 다음 문제가 생각났다. 위에서와 마찬가지로 첫 번째 컵 A에는 10온스의 물이 들어 있고 두 번째 컵 B에는 10온스의 포도주가 들어 있다고 하자. 3온스의 액체를 한 컵에서 다른 컵으로 부었다 되붓는 과정을 유한 번 반복한다고 하자. 이 경우 최소한 몇 번 반복할 경우 각 컵에 들어 있는 혼합액 중에서 포도주가 차지하는 비율이 똑같아지겠는가?

그에 대한 나의 해답은 위의 과정을 아무리 유한 번 반복한다고 해도 두 컵에 들어 있는 혼합액에서 포도주가 차지하는 비율이 같아질 수는 없다는 것이다. 그것은 포도주 컵에 포도주가 얼마큼 들어 있고 물컵에는 물이 얼마나 들어 있는가 하는 것과는 상관이 없다. 또한 매번 한 컵에서 다른 컵으로 부었다 되붓는 액체의 양이 얼마인가 하는 것과도 (한 컵에 들어 있는 액체를 몽땅 다른 컵으로 부어 넣지 않는 한) 무관하다. B컵에 들어 있는 포도주의 비율은 항상 B컵에 들어 있는 포도주의 비율보다 클 수밖에 없다.

수학적 귀납법을 이용한 간단한 논증에 의해 그 점을 증명해보일 수가 있다. 우선 처음 B컵 안에 들어 있는 포도주의 비율은 명백히 A컵 안의 포도주의 비율보다는 크다. 이제 위에서 말한 과정을 반복하는 도중, 임의의 단계에서 B컵의 포도주의 농도가 여전히 A컵의 포도주의 농도보다 짙다고 하자. B컵에 들어 있는 용액 일부를 A컵에 따라 넣을 경우, 포도주의 농도가 짙은 용액을 보다 엷은 혼합액에 부어 넣은 셈이 되므로 B컵의 용액이 여전히 A컵의 용액보다 포도주의 농도가 짙을 것이다. 이제 다시 A컵의 용액을 B컵에 얼마큼 따라 부어 넣건 간에 B컵에서의 포도주의 비율은 여전히 A컵에서의 포도주의 비율보다 크다. 그런데 두 컵 사이에 용액을 어떤 식으로 옮겨 넣건 간에, 위의 두 경우 가운데 하나에 해당할 것이므로 B컵에서의 포도주의 비율이 항상 A컵에서의 포도주의 비율보다는 클 수밖에 없다. 그 비율을 같게 하기 위해서는 단 한 가지, 한 컵에 들어 있는 용액을 몽땅 다른 컵으로 쏟아붓는 수밖에 없다.

순전히 수학적인 문제에 대한 해답으로서 나의 추리에는 흠잡을 데라고는 조금도 없다. 그러나 실제 물리적인 문제에 대한 답변이라면 전적으로 잘못된 것이다. 왜냐하면 나의 추리에서는 액체를 무한히 나눌 수 있다는 가정이 바탕에 깔려 있는데 실제로 액체는 불연속적인 분자들로 이루어져 있기 때문이다. 그 점을 캐나다의 브리티시컬럼비아주 로열 오크 시 출신의 아가일(P. E. Argyle)이 마틴 가드너(Martin Gardner)에게 지적한 바 있다. 아가일은 부었다 되 붓는 과정을 47회 반복하면 두 컵에서의 포도주의 농도가 대충 같아질 확률이 상당히 높다는 것을 계산해보였다.*

포도주 컵 속에 들어 있는 분자의 개수가 짝수가 아닌 홀수의 경우에도 아가일의 해답이 정답이 될는지 궁금하기 짝이 없다. 그러나 그것은 어쨌건 간에 나로서는 죽었다가 깨어나도 그 문제가 수학적인 문제가 아닌 물리적인 문제라는 생각은 들지 않을 것이다.

210. 자기(磁器) 시험

가드너가 제시한 문제 가운데 다음과 같은 것이 있다** : 두 개의 쇠로 된 막대기 이외에 금속으로 된 것이라고는 전혀 없는 방이 있다고 하자. 그 두 개의 철봉(鐵棒) 가운데 하나는 자석봉이고 다른 하나는 보통의 철봉이다. 두 철봉의 허리 부분을 실로 매달아 그중에 어떤 철봉이 북쪽을 가리키는지를 살펴봄으로써 자석봉인지 아

---

* 상세한 것은 가드너의 *The Second Scientific American Book of Puzzles and Diversions*, New York: Simon and Schuster, 1961, pp.163~164를 참조할 것(원주).

** Martin Gardner, *Mathematical Carnival*, New York: Vintage Books, 1997, p.178(원주).

닌지를 가릴 수가 있다. 그러나 그보다 간단한 방법은 없겠는가?

그 문제에 대해 책에 제시된 해답은 두 철봉 가운데 한 철봉을 들고 그 끝을 다른 철봉의 허리 부분에 대어본다는 것이다. 그렇게 했을 때, 만약 다른 철봉이 끌려온다면 들고 있는 봉이 자석이다. 그렇지 않을 경우, 들고 있지 않은 봉이 자석이다.

그와 같은 '물리학자다운' 해결책은 흠잡을 데가 전혀 없을 만큼 현명한 방법이고 또한 두 철봉 모두 허리에 실을 감아 매달아본다는 옹색한 방법보다는 분명 단순하다. 그러나 나는 본질적으로 물리학자라기보다는 논리학자이니만큼 다음과 같은 해결책을 생각해냈는데 그 방법은 내가 보기에 단순함에 있어 위에 든 두 방법의 중간 정도가 될 것 같다. 나의 해답은 두 철봉 가운데 단 하나만 허리 부분을 실로 매달아 그 봉이 북쪽을 가리키는지 여부를 살펴본다는 것이다.

211. 수학적 유형의 인간과 물리학적 유형의 인간

독자는 수학적인 유형의 인간인가 혹은 물리학적인 유형의 인간인가? 자신이 어떤 유형에 속하는지를 알아볼 수 있는 다음과 같은 재미있는 시험 방식이 있다.

독자가 시골의 한 허름한 오두막집에 있었는데 그 집 안에는 마침 아직 불을 지피지 않은 난로와 성냥 한 통, 그리고 찬물이 흘러나오는 수도꼭지와 빈 주전자가 하나 있었다고 하자. 이때 따끈한 한 주전자의 물을 얻으려면 어떻게 해야 하는가? 독자는 보나마나 다음과 같이 답변할 것이다.

"우선 수도꼭지를 틀어 주전자에 찬물을 가득 채운 다음, 난로에 불을 피워 주전자의 물이 따끈해질 때까지 주전자를 데운다."

그러한 답변에 대해 나는 이렇게 응수할 것이다.

"훌륭한 답변입니다. 거기까지는 수학자와 물리학자 간에 하등 차이가 없습니다. 양자 간에 차이가 나는 것은 다음과 같은 문제에 답변할 때입니다."

이 문제에서는 독자가 있는 시골 오두막집에 불을 지피지 않은 난로와 성냥 한 통, 그리고 찬물이 흘러 나오는 수도꼭지와 찬물이 가득 든 주전자가 하나 있다. 이 경우 따끈한 한 주전자의 물을 얻으려면 어떻게 해야 하는가?

대부분의 사람들은 "난로에 불을 지핀 다음에 그 위에 찬물이 든 주전자를 올려놓는다"라고 답변할 것이다.

이에 대해 나는 다음과 같이 응수할 것이다.

"그렇다면 댁은 물리학자요! 수학자라면 우선 주전자의 물을 부어버린 다음, 이미 해답을 얻은 위의 경우로 다시 되돌아가 문제를 풀 것입니다."

여기서 한 걸음 더 나아가 이미 불이 피워져 있는 난로 위에 찬물이 가득 든 주전자가 하나 올려져 있는 경우를 생각해볼 수 있다. 이 경우 따끈한 물을 얻으려면 어떻게 해야 하나? 물리학자라면 단지 물이 데워지기를 앉아서 기다릴 것이다. 그러나 수학자는 난로를 끄고 주전자의 물을 비운 다음 첫 번째 경우로 되돌아가 문제를 생각할 것이다. (혹은 단지 난로만을 끄고 두 번째 경우로 되돌아가 생각할 것이다.)

이보다 더욱 극적인 차이는 다음과 같은 경우에 드러난다. 어떤 집 한 채가 불이나 화염에 휩싸여 있다. 그런데 소화전 하나와 아직 미처 연결이 안 된 호스가 하나 있다. 불을 어떻게 끌 것인가? 해답은 보나마나 우선 호스를 소화전에 연결한 다음 집을 향해 물을 뿜는다는 것이다. 그런데 소화전 하나와 연결이 안 된 호스 하나와 불이 나지 않은 집이 한 채 있을 경우 어떻게 불을 끌 것인가? 수학자는 우선 집에 불을 놓은 다음, 앞의 경우로 되돌아가 문제를 풀 것이다.

212. 폰 노이만과 파리 문제

다음 문제는 '어려운' 방식으로 풀 수도 있고 '손쉬운' 방식으로 풀 수도 있다.

서로 200마일 떨어져 있는 두 대의 기차가 상대편 기차를 향해 각각 시속 50마일의 속도로 달려오고 있다. 이때 파리 한 마리가 그중 한 기차의 맨 앞에서 출발하여 시속 75마일의 속도로 두 기차 사이를 왔다 갔다 하며 날아다니고 있다. 이 경우 파리가 날게 될 전체 거리는 얼마인가?

파리는 실제로 두 기차 사이를 무한히 많이 왔다 갔다 하다가 두 기차가 충돌함과 동시에 기차 사이에 끼어 죽을 것이다. 그동안 파리가 날아다닌 거리는 따라서 (갈수록 항이 작아지기 때문에 어떤 유한한 값에 수렴하는) 무한수열의 합을 계산함으로써 구할 수 있다. 그러나 이것은 문제를 '어렵게' 푸는 방식으로서 이러한 방식에 따라 문제를 풀려면 반드시 연필과 종이를 사용하지 않으면 안 된다. '손쉬운' 해결 방식은 다음과 같다. 두 기차가 처음 200마일 떨어져 있고 각기 시속 50마일의 속력으로 상대방을 향해 달려오기 때문에 2시간 만에 충돌하게 된다. 따라서 파리도 기차에 끼어 죽기까지 2시간을 날아다니게 될 것이다. 파리는 시속 75마일의 속력으로 날아다닌다고 했으므로 죽기까지 날아다니는 거리도 도합 150마일이 될 수밖에 없다. 이것으로 문제는 완전히 해결된다.

그런데 위대한 수학자인 폰 노이만(Von Neumann)에게 이 문제를 들이대자 그는 몇 초 동안 궁리를 하더니 "그야 보나마나 150마일이지"라고 답변했다. 그의 친구가 "정답이네. 그런데 어떻게 풀었지?"라고 물었더니 노이만은 "무한급수의 합을 구했지"라고 말했다.

213.

폰 노이만에 관해서는 다음과 같은 우스갯소리도 있다. 외계로 쏘아 올릴 로켓 우주선을 조립 중인 일단의 기술자들이 자문을 구하기 위해 노이만을 찾았다.

아직 조립이 채 끝나지 않은 우주선을 본 노이만이 물었다.

"이 우주선의 설계도를 어떻게 얻은 거요?"

이에 대해 기술자들은 답변했다.

"우리 자체의 기술진이 있습니다."

이 말을 들은 노이만은 어이없다는 듯이 말했다.

"자체 기술진이라니, 그게 무슨 소리요. 내가 이미 로켓 공학에 관한 수학적인 이론을 완전히 다듬어놓았는데, 나의 1952년도 논문을 보시오."

기술자들은 노이만의 1952년도 논문을 참고한 끝에 그들이 기왕에 만든 1천만 달러짜리 로켓을 몽땅 뜯어내어버리고 정확하게 노이만의 설계에 따라 로켓을 새로 조립했다. 그러나 로켓은 발사한 순간 산산조각으로 폭발해버렸다. 화가 머리끝까지 치민 기술자들은 다시 노이만에게 달려가 따져 물었다.

"처음부터 끝까지 선생님의 설계에 따라 제작한 로켓이 점화되자마자 폭발해버렸으니 도대체 어떻게 된 겁니까?"

이에 대해 노이만은 답변했다.

"아, 그야 당연하지요. 제가 1952년 논문에서 다룬 문제는 전문적인 용어로는 이른바 **폭발 문제**로 알려진 문제였습니다."

214.

다음은 미국 뉴저지주, 프린스턴에 사는 한 소녀에 얽힌 실화 한 토막이다. 그 소녀는 평소 산수를 잘하지 못해 애를 먹었다. 그런데 어쩐 일인지 두 달 만에 갑자기 산수 실력이 놀랄 정도로 부쩍 향상되었다. 궁금하게 여긴 소녀의 어머니가 어느 날 소녀에게 그처럼 산수 실력이 갑자기 좋아진 이유가 무엇이냐고 물었다. 어머니의 질문에 소녀는 말했다.

"이 마을에 산수를 굉장히 잘하는 교수님 한 분이 살고 계시다는 소문을 듣고 그분 댁을 찾아갔더니 매일 저를 가르쳐주셨어요. 참 잘 가르쳐주시던데요."

이 말을 들은 어머니가 깜짝 놀라 혹시 그 교수님의 성함을 아느냐고 물어보았다. 이에 대해 소녀는 말했다.

"잘 몰라요. **아인──슈타인**인가 뭐라고 하던데."

215.

아인슈타인에 관한 또 다른 일화에 의하면 아인슈타인이 언젠가 친구에게 남녀공학 대학에서는 교실에 예쁜 여학생들이 앉아 있으면 남학생들이 도통 수학이나 물리학에는 제대로 신경을 쓰지 않아 가르칠 마음이 나지 않는다는 불평을 늘어놓았다.

이 말에 그의 친구들이 말했다.

"아니 알버트, 남학생 녀석들은 다른 사람도 아닌 **자네** 말이라면

고분고분 잘 따라줄 텐데 왜 그러나?"

그러자 아인슈타인은 다음과 같이 응수했다는 것이다.

"하지만 그런 녀석들을 가르칠 가치가 없단 말씀이야."

216.
다음과 같은 우스갯소리는 물리학자와 수학자의 다른 점이 무엇인가 하는 것을 완벽하게 설명해준다.

어떤 물리학자와 수학자가 함께 비행기를 타고 미국의 서해안에서 워싱턴 D. C.에 있는 실험실로 날아왔다. 도착한 후 두 사람은 여행 중에 겪은 일에 관한 보고서를 쓰게 되었다. 그런데 캔자스주 상공을 지날 때 그들은 검정색 양 한 마리를 목격한 적이 있었다. 물리학자는 따라서 "캔자스 주에 검정색 양 한 마리가 있다"라고 보고했다. 그러나 수학자가 보고서에 쓴 내용인즉 "중서부 지역 어디엔가 ――등이 검은 ―― 양이 존재한다"라는 것이었다.

C. 버몬트인

217.
방금 든 이야기는 캘빈 쿨리지*에 관한 이야기를 생각나게 한다. 쿨리지가 친구 몇 사람과 함께 한 농장을 찾은 적이 있었다. 농장을 둘러보다가 한 무리의 양떼를 만났는데 그때 같이 간 친구 가운데 한 사람이 "이 양떼들은 방금 털을 깎았구먼" 하고 말했다. 이

---

* Calvin Coolidge(1872~1933), 미국의 제30대 대통령. 재임 기간 1923~1929.

말에 쿨리지는 "이쪽 편에서 보기에는 그런 것 같군" 하고 답변했다는 것이다.

218.

유머 작가인 윌 로저스(Will Rogers)가 쿨리지 대통령에게 소개되기 직전에 "잘 아시다시피 쿨리지 대통령을 웃기기란 불가능합니다"라는 말을 들었다. 이 말에 로저스는 "내가 웃겨 보겠소"라고 자신 있게 대답했다. 윌 로저스는 자신의 장담대로 대통령을 웃기는 데 성공했다! 로저스가 대통령에게 안내되어 "로저스 씨, 이분이 바로 쿨리지 대통령(President Coolidge)이십니다"라고 소개를 받자 잘 알아듣지 못한 척 대통령을 향해 "예? 성함이 무슨 대통령이라고요?"라며 능청스럽게 물었다.

219.

캘빈 쿨리지는 주지하다시피 버몬트(vermont)주 출신이다. 버몬트인들에 관한 일화를 나는 매우 즐기는 편이다. 그 가운데 다음과 같은 이야기도 있다.

어떤 사람이 버몬트주의 한 농부가 사는 집을 지나게 되었는데 그 농부가 현관에서 흔들의자에 앉아 유유자적 흔들거리고 있는 모습을 보고는 "평생을 그처럼 흔들거리며 사셨습니까?"라고 물었다. 이 말에 그 농부는 "아직은 평생 이랬다고는 할 수 없소!"라고 응답했다.

220.

(적어도 우스갯소리에 등장하는) 버몬트주 사람들의 특징은 일단

질문을 받았을 때, 그 질문에 대해 꼼꼼하게 답변은 하지만 상당히 중요한 관련 사항을 빼먹고 이야기하는 경우가 많다는 것이다. 다음과 같은 우스갯소리는 버몬트인들의 그러한 특징을 유감없이 보여주는 이야기이다.

어느 날 버몬트주에 사는 농부가 이웃집 농장으로 헐레벌떡 달려가 그 농장에 사는 농부에게 "렘, 자네 작년에 자네 말이 복통이 났을 때, 무얼 먹였나?" 하고 물었다. 렘이란 농부는 그에게 "밀기울과 당밀을 먹였네"라고 가르쳐주었다. 그 농부는 집에 돌아갔다가 일주일 후에 다시 와 "렘, 내 말에게 밀기울과 당밀을 주었는데도 그냥 죽어버렸네"라고 따졌다. 이 말에 렘은 "내 말도 마찬가지였어"라고 응수했다.

221.

버몬트인에 관한 우스갯소리 가운데 나의 18번은 버몬트주를 여행하던 한 관광객의 이야기이다. 그 관광객이 여행을 하다가 갈림길을 만났다. 그중 한 갈림길에 '화이트 리버로 가는 길'이란 팻말이 붙어 있었다. 그런데 또 하나의 갈림길에도 역시 '화이트 리버로 가는 길'이란 팻말이 붙어 있는 것이었다. 그 관광객은 난감해서 머리를 긁적이다가 마침 갈림길 한가운데에 버몬트인 한 사람이 서 있는 것을 발견했다. 그 관광객은 잘됐다 싶어 그에게 다가가 "이 두 갈림길 가운데 어느 길로 가건 상관없겠지요?"라고 물었다. 이 질문에 대해 그 버몬트인은 "나에게는 상관없소"라고 답변했다.

D. 과연 명백한가?

222.

다음은 어떤 수학자의 이야기인데 그동안 수많은 수학자들이 이 이야기의 주인공으로 사람들 입에 오르내렸다. 어떤 수학 교수가 강의 도중에 어떤 명제를 제시하더니 "이 명제는 명백합니다"라고 말했다. 어떤 학생이 그 말에 손을 번쩍 들고는 "그 명제가 어째서 명백합니까?"라고 따졌다. 그 교수는 잠시 곰곰이 생각하더니 교실 밖으로 나갔다가 약 20분 후에 되돌아와서는 "그렇습니다, 명백합니다!"라고 외치고는 하던 강의를 계속하는 것이었다.

223.

다음에 들려줄 이야기도 어떤 수학 교수에 관한 것이다. 강의가 끝난 직후 이 수학 교수는 복도에서 한 학생에게 붙들렸다.

그 학생은 그에게 말했다.

"교수님 —, 그런데 교수님께서 강의 시간에 해주신 정리 2에 대한 증명이 잘 이해가 되지 않습니다. 저를 위해 다시 한 번 설명해주시지 않겠습니까?"

학생의 부탁을 들은 교수는 약 3분간 마치 황홀경에 빠진 듯 침묵을 지키다가 밑도 끝도 없이 말했다.

"그래요, 따라서 정리가 따라나옵니다."

"그렇지만 증명을 안 해주셨지 않습니까?"

그러자 교수는 다시 황홀경에 빠지더니 이윽고 다시 제정신으로 돌아와 말했다.

"—따라서 이 증명은 맞습니다." 이 말을 되받아 학생은 또 투

덜거렸다.

"예, 그렇기는 하지만 교수님께서는 아직도 저에게 정리가 어떻게 증명되는지를 가르쳐주시지 않고 계십니다!"

"그래요? 그렇다면 이번에는 또 다른 방법으로 증명해보기로 합시다"라고 말하고는 또다시 황홀 상태에 빠져들었다. 그러더니 다시 제정신으로 돌아와서는 다음과 같이 말하는 것이었다.

"그런 식으로도 역시 증명이 된다는 말입니다."

기가 죽은 이 학생은 더욱더 난감한 표정이 되었다. 그러자 학생의 모습을 본 교수는 "이보시오. 지금까지 증명을 무려 세 가지나 가르쳐주었는데 그래도 이해를 못하겠다면 나로서도 어쩔 도리가 없소이다"라고 퉁명스럽게 말하고는 그대로 가버리는 것이었다.

224.

어떤 이야기에 의하면 한 유명한 물리학자가 일단의 전문적인 학자들을 상대로 한 강의를 마친 후 선언했다.

"이제부터 질문을 받겠으니 아무 질문이나 해주시기 바랍니다."

그러자 강의를 들은 청중 가운데 한 사람이 손을 번쩍 들고는 말했다.

"정리 B에 관해 선생님께서 해주신 증명을 잘 모르겠습니다."

이에 대해 그 물리학자는 "그건 질문이 아니올시다"라고 응수했다.

225.

내가 프린스턴 대학 대학원에 재학하던 시절 수학과의 여러 교수들이 '명백하다'라는 말을 사용할 때, 그 의미가 얼마나 다른가 하는 것에 관한 다음과 같은 우스갯소리가 널리 퍼졌었다. 여기서 교수님들의 이름은 거명하지 않고 단지 기호로만 나타내기로 한다.

A 교수가 명백하다고 할 때에는 집에 돌아가 한 2주일 곰곰이 생각해보면 참임을 깨닫게 된다는 의미이다.

L 교수가 명백하다고 할 때에는 집에 돌아가 남은 생애를 곰곰이 생각하다 보면 언젠가 참임을 깨달을 날이 올지도 **모른다**는 의미이다.

C 교수가 명백하다고 할 때에는 전 수강생이 이미 2주일 전부터 알고 있었다는 의미이다.

F 교수가 명백하다고 할 때에는 모르긴 해도 거짓이라는 의미이다.

E. 얼빠진 교수님들

226.

어떤 이야기에 의하면 한 학생이 복도에서 교수님 한 분과 마주쳤다. 이 학생은 교수님에게 "점심 식사 하셨습니까?"라고 인사를 했다. 인사를 받은 교수님은 한동안 곰곰이 생각하더니 "그런데 자네가 조금 전에 나에게 인사를 했을 때, 내가 어느 방향으로 걸어가고 있었지?" 하고 묻는 것이었다.

227.

나는 다음 이야기가 수학자인 다비트 힐베르트(David Hilbert)에 관한 이야기라고 들었는데 그 이야기를 언젠가 어떤 물리학자에게 들려주었더니 그분 자신은 이 이야기가 암페어(Ampere)에 관한 이야기인 것으로 전해 들었다고 내게 일러주었다! 여하간 내가 전해 들은 이야기는 다음과 같다.

힐베르트 교수 부부가 언젠가 파티를 주선한 적이 있었다. 손님 한 분이 파티장에 도착한 뒤, 부인이 힐베르트 교수를 곁으로 불러 가만히 일러주었다.

"여보, 이층에 올라가셔서 넥타이를 바꾸어 매도록 하세요."

힐베르트 교수가 부인의 말을 듣고 이층으로 올라간 것까지는 좋았는데 한 시간이 지나도록 내려오지를 않는 것이었다. 불안해진 부인이 이층으로 올라가보니 힐베르트 교수는 침대에서 곤히 잠들어 있었다. 어이가 없어 깨우자 힐베르트 교수가 하는 말인즉, 넥타이를 갈아 매기 위해 일단 풀자, 그만 자신도 모르게 습관대로 나머지 옷도 벗고 파자마를 입은 다음 침대 속으로 들어가 잠들어 버렸다는 것이다.

228.

얼빠진 교수님에 관한 일화 가운데 가장 기억에 남는 것은 노버트 와이너(Norbert Weiner) 교수에 관한 다음 이야기이다. 그 이야기가 실화인지 아닌지는 (와이너 교수는 말년에 시력이 매우 나빴기 때문에 사실일 공산도 얼마든지 있다) 알 수가 없으나 실화건 아니건 간에 이야기의 줄거리는 다음과 같다.

와이너 교수 일가가 언젠가 케임브리지 시 한 곳에서 다른 곳으로 이사를 가게 되었다. 남편이 멍청한 양반이라는 것을 잘 알고 있는 부인이 남편이 실수하지 않도록 미리부터 훈련을 시켜두어야 하겠다는 생각에서 이사 가기 30일 전부터 아침에 출근하는 남편에게 "여보, 오늘은 이사하기 30일 전이니 이사하는 날에는 수업이 끝나신 후 A 노선 버스를 타지 마시고 B 노선 버스를 타세요!"라고 일러주었다. 와이너 교수는 "알겠소"라고 대답하고는 학교로 출발했다. 그다음 날 아침에 부인은 또 남편에게 "오늘은 이사 가기 29일 전이니까 이사 날에는 수업이 끝나면 잊지 말고 A 노선 버스를 타지 마시고 B 노선 버스를 타고 오세요!"라고 말했다. 와이너 교수는 "알겠소"라고 말하고는 집을 나섰다. 매일 아침 이런 일이 반복되다가 드디어 이사 날 아침이 되었다. 와이너 부인은 "여보, **오늘**이 바로 그날이니까, 오늘 수업을 마치신 후에는 A 노선 버스를 타지 마시고 B 노선 버스를 타세요!"라고 다짐을 해두었다. 와이너 교수는 "잘 알겠소"라고 말하고는 학교로 향했지만 말할 것도 없이 그날도 수업을 마치고는 A 노선 버스를 타고 집으로 돌아왔다. 그리고는 집이 빈 것을 보고는 "아, 참 오늘이 바로 우리 집이 이사 가는 날이었지!" 하고 혼잣말을 하고는 하버드 광장으로 다시 돌아와 B 노선 버스를 잡아탔다. 간신히 자기가 내려야 할 정거장을 제대로 기억해내어 버스에서 내리기까지는 했으나 새로 이사 간 집 주소를 기억할 수가 없었다. 그래서 이리저리 길에서 헤매는 사이에 어느덧 날이 어두워져버렸다. 그때 마침 길에서 여자아이를 발견하였다. 그래서 그 여자아이에게 다가가 "얘야, 혹시 너 새로 이사 온 와이너 씨 댁이 어디인지 아니?" 하고 물었다. 그러자 그 여자아이는 "아이참, 아빠도. 제가 아빠를 집까지 모셔다 드릴게요"라고 말하는 것이었다.

F. 음악가들

229.

작곡가인 로베르트 슈만(Robert Schumann)은 자신이 작곡한 한 작품의 첫머리에 "가능한 한 가장 빠르게 연주할 것"이라고 써 넣었다. 그러고는 다시 몇 소절 뒤에 가서 "더 빠르게"라고 써 넣었다.

230.

한 이야기에 의하면 리하르트 바그너(Richard Wagner)가 어느 날 베를린 거리를 산책하다가 오르간을 연주하는 거리의 한 악사를 만났다. 그 악사는 〈탄호이저(Tannhäuser)〉의 서곡을 연주하고 있었는데 바그너가 가던 길을 멈추고 "이런 말은 안 하려고 했는데 실은 댁의 연주 속도가 좀 빠릅니다"라고 일러주었다. 그러자 거리의 악사는 대뜸 바그너를 알아보고 모자를 들어올려 "감사합니다, 바그너 선생님! 감사합니다, 바그너 선생님!" 하고는 거듭 고맙다는 인사를 하였다.

다음 날 바그너가 같은 장소에 가보았더니 예의 그 거리의 악사가 정상적인 속도로 서곡을 연주하고 있었다. 그런데 그의 등 뒤에는 **"리하르트 바그너의 제자임"**이라고 쓴 커다란 팻말이 세워져 있는 게 아닌가!

231.

보스턴 필하모닉에 소속된 네 명의 연주자가 하루는 보트를 타러 나갔다. 보트 타기를 즐기던 중에 한 사람이 보트 밖으로 떨어졌다. 그는 다른 사람들을 향해 "살려 줘! 난 수영을 못 해!"라고 소리

소리를 질렀다. 그러자 다른 연주자 가운데 한 사람이 "즉흥적으로 연주하듯이 해봐!"라고 맞소리를 질렀다.

232. 브람스와 아마추어 현악 사중주단

다음 이야기는 작곡가인 요하네스 브람스(Johannes Brahms)에 얽힌 일화이다. 브람스에게는 현악기를 연주하는 네 명의 친구가 있었는데 그들은 몹시 가난하기는 했지만 사람은 모두 좋았기 때문에 브람스는 그들과의 교제를 매우 즐겼다. 그 친구들은 브람스를 놀라게 해줄 요량으로 브람스가 최근에 작곡한 현악 사중주곡을 6개월에 걸쳐 열심히 연습했다. 어느 날 저녁 파티에서 그들은 브람스를 한쪽 구석으로 데리고 갔다. 그 자리에서 제일바이올린 주자는 브람스에게 은근히 말했다.

"요하네스, 자네에게 뭔가 보여줄 것이 있네. 우리와 함께 옆방으로 가주지 않겠나?" 브람스가 그들을 따라 옆방에 들어서자, 그들은 각자 악기를 꺼내 들고 문제의 현악 사중주곡을 연주하기 시작했다. 그러나 연주는 브람스로서는 도저히 귀를 막지 않고는 들을 수가 없을 정도로 형편이 없었다. 브람스는 첫 악장이 끝나자 더 이상 참지 못하고 자리에서 일어나 정중하기는 하지만 씁쓸한 미소를 던지고는 방을 나왔다. 그때 제일바이올린 주자가 브람스를 쫓아와 물었다.

"요하네스, 우리의 연주 솜씨가 어떻던가? 템포가 너무 빠르거나 늦지는 않았는가?" 이에 대해 브람스는 답변했다.

"자네들의 템포는 모두 좋았네. 그중에도 특히 자네의 템포가 가장 좋았네."

G. 컴퓨터

233.

하나의 컴퓨터를 이용하여 영어 문장을 (그중에도 특히 관용적인 글귀를) 일단 러시아어로 번역한 다음, 다른 컴퓨터를 이용하여 번역된 러시아어 문장을 다시 영어로 재번역하는 실험을 한 경우가 과거 몇 차례 있었다. 그 실험의 목적은 컴퓨터를 이용한 번역에서 어느 정도 오역이 발생하는가를 검증하기 위한 것이었다.

그 실험에서 한번은 "정신은 강하나 육체는 약하다(The spirit is strong, but the flesh is weak)"라는 글귀를 집어넣었다. 컴퓨터를 거쳐 되돌아온 영어 문장은 "보드카는 훌륭한데 고기가 상했다(The vodka is good, but the meat is rotten)"였다.

234.

또 한번은 "서로 보이지 않게 되면 마음도 멀어진다(Out of sight, out of mind)"라는 글귀를 컴퓨터에 집어넣었는데 돌아온 문장은 '눈먼 백치(blind idiot)'였다.

235.

"모르는 것이 없는" 척척박사 컴퓨터를 팔러 돌아다니던 IBM 컴퓨터 회사의 판매 사원에 얽힌 우스갯소리가 있다. 그 판매 사원은 어느 날 고객 한 사람을 붙들고 자신 있게 말했다.

"손님 마음 내키는 대로 아무거나 물어보십시오. 컴퓨터가 척척 답변해드릴 겁니다." 그 손님은 말했다.

"좋소, 그렇다면 내 아버님이 지금 어디 계시는지 알아맞혀보시오." 컴퓨터는 한동안 생각에 잠기더니 카드를 한 장 내밀었다.

"손님의 아버님은 지금 캐나다에서 낚시를 하고 계십니다."

"척척박사 컴퓨터라더니 별거 아니구만! 나의 아버님은 벌써 서너 해 전에 돌아가셨는데 캐나다에서 낚시를 하고 계시다니."

고객은 코웃음을 쳤다. 난처해진 판매 사원은 얼른 둘러대었다.

"아니, 천만의 말씀입니다. 컴퓨터에게 물어보실 때에는 말을 정확하게 가려 써야 합니다! 제가 손님을 대신해서 컴퓨터에게 물어보겠습니다."

판매 사원은 컴퓨터 앞에 다가서서 물었다.

"네 앞에 있는 이분의 어머님의 남편 되시는 분은 지금 어디 계신가?"

컴퓨터는 또 한동안 생각에 잠기더니 또 다른 카드를 한 장 내밀었는데 그 카드에는 다음과 같이 적혀 있었다.

"그분의 어머님의 남편 되시는 분은 벌써 서너 해 전에 돌아가셨습니다. 그러나 그분의 아버님은 지금 캐나다에서 낚시를 하고 계십니다."

236.

세계 최초의 전자동 여객기가 이륙하는 순간, 승객들이 약간 불안해했다. 이때 스피커를 타고 손님의 마음을 가라앉히고 안심시키기 위한 컴퓨터의 목소리가 흘러나왔다.

"승객 여러분, 여러분께서는 지금 영광스럽게도 세계 최초의 전자동 여객기를 타고 계십니다. 이 여객기에는 실수할 위험이 있는 인간 조종사는 일체 탑승해 있지 않으며 고장의 위험이 전혀 없는 컴퓨터에 의해 조종되고 있습니다. 여러분에 대한 서비스는 모두 컴퓨터가 알아서 해드릴 것입니다. 그러니 승객 여러분께서는 전혀 불안해할 필요가 없겠습니 ─없겠습니 ─없겠습니 ─없겠습니 ─없겠습니 ─ ……"

237. 군용 컴퓨터

컴퓨터에 관한 우스갯소리 가운데 나의 18번이라고 할 만한 것은 군용 컴퓨터에 관한 이야기이다. 군에서 달을 향해 로켓 우주선을 발사한 직후, 발사 계획을 담당하고 있는 대령이 두 개의 질문을 프로그래밍 하여 컴퓨터에 입력시켰다. 그 질문이란,

(1) 로켓이 과연 달에 도달할 것인가?
(2) 로켓이 지구로 무사히 귀환할 것인가? 하는 것이었다.

컴퓨터는 한동안 생각에 잠기더니 기껏 "예"라는 답변을 내놓았다. 대령은 컴퓨터의 답변이 첫 번째 질문에 대한 답변인지 그렇지 않으면 두 번째 질문에 대한 답변인지 그도 저도 아니면 그 두 질문의 연언(連言)에 대한 답변인지 도대체 알 수가 없었기 때문에 벌컥 화가 났다. 화가 머리끝까지 오른 대령은, "예라니, 그다음 말은 뭔가?"라는 질문을 다시 컴퓨터에 입력시켰다. 그랬더니 컴퓨터는 다시 한동안 생각에 잠기더니 "예, 대령님"이라는 답변을 내미는 것이었다.

14 이 세상에 증명 못할 것은 없다

"나는 무엇이든 증명할 자신이 있다!"라고 큰소리치는 사람이 모르긴 해도 술 취한 수학자의 가장 좋은 정의가 아닌가 한다.

플라톤의 대화편인《에우시데무스*Euthydemus*》에서 소크라테스는 작중인물인 크리토(Crito)에게 소피스트인 에우시데무스와 디오니소도루스(Dionysodorus) 형제의 변증술이 참으로 기막히다는 점을 설명하는 가운데 다음과 같이 말하고 있다.

"그들은 참으로 뛰어난 변증술을 지니고 있어서 참이든 거짓이든 가리지 않고 어떤 명제건 논박할 수 있다."

문제의 대화편에서 소크라테스는 디오니소도루스가 청중 가운데 한 사람인 크테시푸스(Ctessipus)에게 그의 아버지가 개(dog)라는 것을 증명하는 광경을 다음과 같이 묘사하고 있다. 디오니소도루스의 논증은 다음과 같다 :

  디오니: 자네가 개 한 마리를 가지고 있다고 했지?
  크테시: 예, 고약한 개가 한 마리 있습니다.

디오니: 그러면 그 개의 새끼도 있겠지?

크테시: 예, 그 강아지들도 애비를 쏙 빼닮았습니다.

디오니: 그러니까, 그 강아지의 애비가 그 개란 말이지?

크테시: 예, 그 개가 강아지들의 어미와 함께 어울려 노는 것을 두 눈으로 똑똑히 보았습니다.

디오니: 게다가 그 개는 자네 것이 아닌가?

크테시: 물론 제 것입니다.

디오니: 그러면 그 개는 애비이고 게다가 자네 것이다. 따라서, 그 개는 자네의 애비이고, 그 강아지들은 자네의 형제들 이다.*

위에서 위대한 소피스트들이 구사한 논증의 실례를 하나 들어 보았는데 내친김에 이 장에서는 독자들에게 이상하고도 놀랄 만 한 증명이 많이 있다는 것을 보여주기로 하겠다.

---

* 디오니소도루스의 논증은 외견상 다음과 같은 형식을 지니고 있다.

> X는 Y이다.
> X는 Z의 것이다.
> ──────────
> X는 Z의 Y이다.

위와 같은 형식을 지닌 논증은 일반적으로 타당하다. 예를 들어 a는 책(冊)이고 또한 나의 것이라면 a는 나의 책이다. 위의 도식에서 'X'의 자리에 개의 이름을, 'Y'의 자리에 '아버지'를, 그리고 'Z'의 자리에 '크테시푸스'를 대입하면 그 개는 아버지이고 또한 크테시푸스의 것이므로 그 개는 크테시푸스의 아버지라는 논증이 얻어진다. 이로 미루어 디오니소도루스의 논증은 타당한 것처럼 보인다. 그러나 디오니소도루스의 논증은 사실 위와 같은 구조가 아니다. 왜냐하면 '아버지'는 '책'이라든가 '자동차' 같은 낱말과는 논리적으로 다른 종류에 속하는 명사이기 때문이다.

A. 각양각색의 증명들

238. 트위들덤이나 트위들디가 존재한다는 증명

다음 증명은 트위들덤과 트위들디 두 사람이 모두 존재한다는 증명은 아니다. 단지 그들 가운데 적어도 한 사람이 존재한다는 것을 보일 따름이다. 더욱이 실제로 존재하는 사람이 위의 두 사람 가운데 구체적으로 누구인가 하는 것도 이 증명에서는 밝혀지지 않는다.

다음과 같은 네모 칸 안에 들어 있는 세 문장을 고찰해보기로 하자.

> (1) 트위들덤이 존재하지 않는다.
> (2) 트위들디가 존재하지 않는다.
> (3) 이 네모 칸 안에 있는 문장 가운데 적어도 하나는 거짓이다.

문장 (3)을 생각해보자. 만약 문장 (3)이 거짓이라면, 세 문장 중 적어도 한 문장이 거짓이라는 것은 참이 아니며 따라서 세 문장 모두가 참이라는 이야기가 된다. 그 말은 곧 문장 (3)이 참이라는 것을 의미하는데 이것은 모순이다. 그러므로 문장 (3)은 거짓일 수 없으며 반드시 참이어야 한다. 그러므로 세 문장 중 적어도 한 문장은 실제로 거짓인데 거짓인 문장이 (3)일 수는 없다. 따라서 문장 (1)이나 문장 (2)가 거짓이다. 만약 문장 (1)이 거짓이라면, 트위들덤이 존재하며 문장 (2)가 거짓이라면 트위들디가 존재한다. 따라서 트위들덤이나 트위들디가 존재한다.

언젠가 나는 대학 학부생들의 모임인 수학 클럽에서 논리 퍼즐에 관한 이야기를 할 기회가 있었다. 그 당시 논리학자인 멜빈 피팅이 학생들에게 나를 소개해주었는데 (그는 과거 나의 제자로서 나를 아주 잘 알고 있었다) 그의 인사말은 실제로 이 책의 정신을 이 책보다 오히려 더 잘 살리고 있다고 해야 할 것이다! 그는 나를 소개하는 가운데 "스멀리언 교수님을 여러분에게 소개합니다. 교수님께서는 이제 여러분에게 교수님 자신이 존재하지 않거나 여러분이 존재하지 않는다는 것을 증명해보일 텐데 그러나 그 가운데 어느 것이 참인지 여러분은 모를 것입니다"라고 말했다.

239. 트위들두가 존재한다는 증명

> (1) 트위들두가 존재한다.
> (2) 이 박스 안에 있는 두 문장은 거짓이다.

먼저 문장 (2)를 살펴보기로 하자. 만약 문장 (2)가 참이라면, 두 문장 모두 거짓이 되며 따라서 문장 (2)도 거짓이 된다. 그러나 그것은 모순이다. 그러므로 문장 (2)는 거짓이며 따라서 두 문장 모두가 거짓인 것은 아니다. 결국 두 문장 중 하나는 참이다. 그런데 문장 (2)가 참이 아니므로 문장 (1)이 참이어야 한다. 따라서 트위들두는 존재한다.

240. 산타클로스는 존재하는가?

산타클로스의 존재에 대해서 대체로 사람들은 회의적인 생각을 갖고 있는 것 같다. 예를 들면 마르크스 형제가 제작한 〈오페라의 밤〉이란 영화에서 그루초(Groucho)가 치코(Chico)와 맺을 계약

조항을 일일이 검토하는 장면이 나온다. 그 두 사람은 어떤 계약을 체결할까를 검토하다가 계약 당사자 가운데 어느 일방이라도 정상적인 정신 상태가 아닌 것으로 밝혀지면 모든 합의 사항이 자동으로 무효화된다는 조항에 이르게 되었다——이러한 조항은 보증 조항으로 알려져 있는데 치코는 이 조항을 보자 "사람 웃기지 말게——세상에 보증 조항(Sanity Clause)이란 것이 도대체 어디에 있단 말인가!"라고 외쳤다.*

내 기억으로는 고등학교 시절 메이 웨스트(Mae West)에 관해 다음과 같은 우스갯소리가 학생들 사이에서 크게 유행했던 적이 있다. 웨스트는 왜 산타클로스와 한 전화 박스 속에 있을 수가 없는가?

정답: 산타클로스가 존재하지 않기 때문이다.**(이러한 농담을 '존재론적' 농담이라고 하면 어떨까 한다.)

산타클로스의 존재에 관한 현대인들의 이러한 회의적인 태도에도 불구하고, 이제 산타클로스가 존재할 뿐더러 존재하지 않을 수 없음이 이성(理性)에 비추어 의심의 여지가 없다는 것을 입증해보일 증명을 세 가지 제시할 것이다. 이와 같은 증명은 로서(J. Barkley Rosser)가 고안해낸, 어떤 것도 증명할 수 있는 만능의 증명법을 변형시킨 것이다.

---

* 치코는 보증 조항을 가리키는 'Sanity Clause'의 발음이 '산타클로스(Santa Clause)'와 유사한 데서 이렇게 말한 것이다.
** 메이 웨스트는 유달리 가슴이 컸던 배우였다. 이 이야기는 웨스트의 가슴이 크고 산타클로스는 뚱뚱하기 때문에 비좁은 전화 박스 속에 둘이 들어가 있을 수 없다는 답변을 기대한 농담이다.

증명 1: 이 증명을 다음과 같은 대화 형식으로 제시하기로 한다.

논리학자 1: 내가 착각한 것이 아니라면 산타클로스는 존재한다.

논리학자 2: 그렇고 말고, 당신이 착각한 것이 아니라면 산타클로스는 존재한다.

논리학자 1: 따라서 나의 진술은 참이다.

논리학자 2: 물론이지!

논리학자 1: 따라서 나는 착각한 것이 아니다 ── 당신도 인정한 것처럼 내가 착각한 것이 아니라면, 산타클로스는 존재한다. 그러므로 산타클로스는 존재한다.

증명 2: 위의 증명은 아래와 같은 로서의 증명을 문학적으로 윤색한 것에 불과하다.

> 이 문장이 참이라면
> 산타클로스는 존재한다.

이 증명을 뒷받침해주는 아이디어는 기사들과 건달들만이 사는 섬의 어떤 주민이 만일 "내가 기사라면 이러이러하다"라고 말했다면 그는 반드시 기사이며, 이러이러하다는 것은 반드시 참이라는 증명의 배후에 있는 아이디어와 동일하다.

만약 위의 문장이 참일 경우 산타클로스는 물론 존재한다. (왜냐하면 그 문장이 참일 경우, 그 문장이 참이면 산타클로스가 존재한다는 문장도 참이어야만 하는데 이로부터 산타클로스는 존재한다는 결론이 나오기 때문이다.) 따라서 그 문장이 주장하는 바가 사실이 되며, 그 문장은 결국 참이다. 다시 말해 그 문장은 참이며 또한 그 문장이 참이면 산타클로스는 존재한다. 이로부터 산타클로스는 존재한다는 결론이 따라 나온다.

> **질문**: 기사들과 건달들만이 사는 섬의 한 주민이 "내가 기사이면 산타클로스는 존재한다"라고 말했다고 하자. 이로부터 산타클로스가 존재한다는 것이 증명되는가?
>
> **답변**: 물론이다. 그러나 산타클로스가 존재하지 않기 때문에, 기사이건 건달이건 산타클로스가 존재한다는 말을 할 수가 없다.

> **증명 3**:
>
> | |
> | --- |
> | 이 문장은 거짓이고
산타클로스는 존재하지 않는다. |

구체적인 증명 과정은 독자에게 맡긴다.

논의 : 위의 여러 증명은 어디가 잘못되었는가? 그 증명은 모두 앞서 포샤 N세의 구혼자의 추리가 안고 있는 오류와 꼭 같은 오류를 밑바탕에 깔고 있다. 다시 말해 그 증명에는 일부 무의미한 문장들이 포함되어 있다(뒤의 15장의 논의를 참고할 것). 그러한 문장들은 따라서 참이 아니면 거짓이라고 생각해서는 안 된다.

우리가 다음에서 고찰할 증명은 그와는 판이하게 다른 원리를 토대로 한 것이다.

241. 일각수가 존재한다는 증명

이제부터 독자들에게 일각수가 존재한다는 사실을 증명해보이기로 하겠다. 그것을 증명하기 위해서는 그보다는 (아마도) 강한 진술인, 존재하는 일각수는 존재한다(There exists an existing unicorn)는 것을 증명하는 것으로 충분하다. (존재하는 일각수 [existing unicorn]란 말할 것도 없이 존재해 있는 일각수[a unicorn which exists]를 의미한다.) 존재하는 일각수가 존재한다면, 일각수 는 물론 존재하지 않을 수 없다. 따라서 존재하는 일각수가 존재한 다는 것을 증명하기만 하면 된다. 그런데 존재하는 일각수에 관해 서는 다음 두 가지 가능성밖에는 있을 수 없다.

(1) 존재하는 일각수는 존재한다. (An existing unicorn exists.)
(2) 존재하는 일각수는 존재하지 않는다. (An existing unicorn does not exist.)

가능성 (2)는 분명히 모순이다. 존재하는 일각수가 어떻게 존재 하지 않을 수 있는가? 파란 일각수는 필연적으로 파랗다는 것이 참인 것과 마찬가지로, 존재하는 일각수도 필연적으로 존재하지 않으면 안 된다.

논의: 이 증명은 어디가 잘못되었는가? 위의 증명은 신의 존재 에 관한 데카르트(Descartes)의 유명한 존재론적인 증명의 요점 을 뽑아낸 것에 불과하다. 데카르트는 신을 모든 속성을 지닌 것 (being)으로 정의하고 있다. 따라서 정의에 의해, 신은 반드시 존재 (existence)라는 속성 또한 갖지 않으면 안 되며 그러므로 신은 존 재한다.

이마누엘 칸트(Immanuel Kant)는 존재는 속성이 아니라는 전 제에 입각하여 데카르트의 증명이 타당하지 않다고 주장했다. 그 러나 내가 보기에 데카르트의 증명은 그보다 훨씬 더 중대한 오류를 안고 있다. 존재가 과연 속성인가 아닌가 하는 문제를 여기서는 따지지 않기로 한다. 내가 여기서 증명하고자 하는 바는 설사 존재가 속성이라 해도, 그 증명은 여전히 타당한 증명이 되지 못한다는 것이다.

우선 일각수가 존재한다는 나의 증명을 다시 한번 고찰해보기로 하자. 내가 보기에 이 증명이 안고 있는 진짜 문제점은 'an'이란 낱말이 이중적 의미를 지니고 있다는 사실이다. 그 낱말은 어떤 경우에는 'every(모든)'를 의미하지만, 다른 경우에는 'at least one(적어도 하나)'이라는 의미로 사용된다. 예를 들어, "부엉이는 눈이 크다(An owl has large eyes)"라고 할 때는 부엉이들이(owls) 눈이 크다든가 혹은 모든 부엉이가(all owls) 눈이 크다든가 내지는 개개의 부엉이가(every owl) 모두 눈이 크다는 것을 의미한다. 그러나 "부엉이가 그 집에 있다(An owl is in the house)"라고 할 경우에는 분명히 부엉이란 부엉이는 모두 그 집에 있다는 의미가 아니라 그 집에는 부엉이 한 마리가 존재한다는 뜻이다. "존재하는 일각수가 존재한다(An existing unicorn exists)"라고 할 때, 모든 존재하는 일각수가 존재한다는 말인지 혹은 존재하는 일각수가 한 마리 있다는 말인지 분명하지 않다. 만약 첫 번째 의미라면 그 말은 참이다 ──말할 것도 없이 모든 존재하는 일각수는 존재한다; 존재하는 일각수 가운데 어떻게 존재하지 않은 것이 있을 수 있겠는가? 그렇기는 하지만 그렇다고 해서 문제의 진술이 두 번째 의미에서도 참이 되는 것은 아니다. 다시 말해 존재하는 일각수가 한 마리 반드시 존재해야 하는 것은 아니다.

데카르트의 증명의 경우도 마찬가지이다. 그 전제에서 타당하게 귀결되는 것은 오직 모든 신들이 존재한다는 것, 다시 말해 데카르트의 신의 정의를 만족시키는 것은 어떤 것이건 반드시 존재라는 속성도 지니지 않으면 안 된다는 것뿐이다. 그러나 그러한 결론은 신이 반드시 존재한다는 것을 의미하지는 않는다.

242. 억지 증명
제정러시아의 예카테리나 여제(女帝)의 초청을 받아 러시아 황실을 방문하게 된 디드로(Diderot)에 얽힌 유명한 일화가 한 토막 있다. 그는 궁정에서 자신의 무신론적인 견해를 거침없이 털어놓았다. 막상 여제 자신은 그러한 디드로의 견해를 아주 재미있어 했으나 여제의 고문관들 사이에서는 무신론적인 견해를 그처럼 마구 펼치는 것을 어떻게 해서든 막아야 한다는 의견이 제시되었다. 그들은 그러한 의견에 따라 마침 그 당시 그 자리에 있었던 독실한 신자인 수학자 오일러(Euler)와 대책을 모의했다. 오일러는 만일 디드로가 자리를 피하지만 않는다면 좌중의 모든 사람이 보는 앞에서 신이 존재한다는 사실을 증명할 자신이 있다고 선언했다. 디드로는 그 증명을 들어 보겠노라고 기꺼이 동의했다. 오일러는 디드로가 수학에 대해 무지하다는 사실을 이용하여, 디드로 앞으로 걸어 나가 엄숙한 목소리로 "A 제곱 빼기 B 제곱은 A 빼기 B 곱하기 A 더하기 B와 같다 —— 따라서 신은 존재한다. 이 증명을 한 번 논박해보시오!"라고 말했다. 디드로는 할 말을 찾지 못해 어쩔 줄 몰라 했으며 그와 동시에 사방에서 웃음소리가 와 하고 터져 나왔다. 그는 여제에게 즉시 프랑스로 귀국할 수 있도록 윤허해줄 것을 요청했으며, 여제는 그의 요청을 들어주었다.

243. 너나 할 것 없이 모든 사람이 앞뒤가 안 맞는 생각을 지니고 있거나 교만하다는 증명

나는 다음과 같은 증명을 약 30년 전에 생각해내어 일부 학생들과 수학자들에게 이야기한 바 있는데, 몇 년 전에 누군가가 나에게 어떤 철학 학술지에서 그 증명을 본 적이 있으나 필자가 누구인지는 잘 기억이 나지 않는다고 일러주었다. 여하간 문제의 증명은 다음과 같다.

인간의 두뇌는 유한한 기계에 지나지 않는다. 그러므로 어떤 특정한 인간이 믿고 있는 명제의 개수는 유한하다. 이 명제들을 P_1, P_2, $\cdots$, P_n이라고 하자. 여기서 n은 그가 믿고 있는 명제의 개수이다. 다시 말해 그 사람은 명제 P_1, P_2, $\cdots$, P_n이 모두 참이라고 믿고 있다. 그러나 그가 교만한 사람이면 몰라도 그렇지 않을 경우, 자신이 간혹 착각을 하며 따라서 자신이 참이라고 믿고 있는 명제가 모두 참은 아니라는 사실을 잘 알고 있을 것이다. 그러므로 그가 교만한 사람이 아니라면 명제 P_1, P_2, $\cdots$ P_n 가운데 적어도 하나의 명제는 참이 아님을 알고 있음에도 불구하고, 그 명제들을 모두 참이라고 믿고 있는 셈인데 이것은 글자 그대로 앞뒤가 맞지 않은 모순이다.

논의: 이 논증은 어떤 오류를 안고 있는가? 내 생각으로는 그 논증에는 아무 잘못도 없다. 나는 보통 그렇고 그런 정도의 사람이라면 앞뒤가 맞지 않은 생각을 지닐 수밖에 없다고 생각한다.

B. 그 밖의 논리적 트릭 몇 가지

244. 러셀과 교황

거짓인 명제는 모든 명제를 함축한다는 러셀의 말에 깜짝 놀란 철학자가 "그렇다면 2 더하기 2가 5라는 진술로부터 선생님이 교황이라는 명제가 나온다는 말씀입니까?"라고 물었다. 이에 러셀은 "그렇소"라고 답변했다. 철학자가 이어서 "증명하실 수 있습니까?"라고 되묻자 러셀은 "물론, 할 수 있고 말고요"라고 대답하고는 즉석에서 다음과 같은 증명을 생각해내었다.

(1) 2+2=5라고 하자.
(2) 이 등식의 양변에서 2를 빼면 2=3이 나온다.
(3) 이항을 하면, 3=2를 얻는다.
(4) 양변에서 1을 빼면, 2=1이 나온다.

교황과 나는 둘이다. 그런데 2는 1과 같으므로 교황과 나는 하나이다. 따라서 나는 교황이다.

245. 어느 것이 더 좋은가?

영원한 행복과 햄 샌드위치 중 어느 것이 더 바람직한가? 영원한 행복이 더 좋은 것 같아 보이지만 사실에 있어서는 그렇지가 않다! 결국 따지고 보면 영원한 행복보다 좋은 것은 아무것도 없는 것인 셈이다(Nothing is better than eternal happiness). 또한 햄 샌드위치는 아무것도 없는 것보다는 물론 좋다(A ham sandwich is better than nothing). 그러므로 햄 샌드위치가 영원한 행복보다 좋다.

246. 어느 시계가 더 좋은가?

다음은 캐럴(Lewis Carroll)이 창안해낸 이야기이다. 하루에 1분씩 늘는 시계와 전혀 가지 않는 시계 가운데 어느 시계가 좋은 시계인가? 캐럴에 의하면 전혀 가지 않는 시계가 더 좋은 시계이다. 왜냐하면 그 시계는 하루에 두 번씩은 정확한 시간을 가리키는 데 반해, 다른 시계는 기껏해야 2년에 한 번 제시간을 가리킬 따름이기 때문이다.

"그러나 하루에 두 번씩은 제시간을 가리킨다고 해도 그 시각이 언제가 될는지 알 수 없다면 그게 무슨 소용이 있습니까?"라고 반문하는 사람도 있을 것이다.

이제 문제의 가지 않는 시계의 바늘이 8시 정각을 가리키고 있다고 하자. 그 경우 8시가 되기만 하면 그 시계는 제시간을 가리키게 된다. 그가 계속해서 "그러나 8시가 되었는지를 무슨 수로 알 수 있습니까?"라고 추궁하면 답변은 간단하다.

시계에서 눈을 돌리지 말고 계속 주의 깊게 살펴보라. **그 경우 그 시계가 제시간을 가리키는 그 순간이** 바로 8시 정각일 테니까.

247. 발이 13개 달린 말이 존재한다는 증명

다음 증명은 누군가가 독창적으로 고안해낸 것이 아니라 수학자들 사이에서 흔히 전해지는 이야기 가운데 하나이다.

이제부터 발이 꼭 13개 달린 말이 적어도 한 마리 존재한다는 것을 증명하고자 한다. 이제 우주에 존재하는 모든 말을 다음과 같은 방식에 따라 파란색이나 빨간색으로 칠하기로 한다. 즉, 말에 색칠하기 전에 발을 세어본 다음, 만약에 발이 꼭 13개인 경우 파란색을 칠하고 13개보다 적거나 많으면 빨간색을 칠한다. 이제 우주에 있는 모든 말에다 색칠을 했다고 하면 파란 말은 발이 13개일 것이고, 빨간 말은 그렇지 않을 것이다. 이제 말 한 마리를 임의로 끄집어내보자.

그 말이 만약 파란 말일 경우, 발이 13개인 말이 존재한다는 나의 주장은 입증된 셈이다. 만약 빨간 말이라면, 두 번째 말을 다시 끄집어낸다. 두 번째 뽑은 말이 만약 파란색이면 내 주장은 입증된다. 그러나 두 번째 말도 빨간색이라면? 우리가 지금 따지고 있는 것은 말의 다리 수이지 말의 색깔이 아니다!(That would be a horse of a different color!) 그러나 그것은 모순이다. 왜냐하면 그 말은 같은 색깔일 것이기 때문이다!*

248.

에이브러햄 링컨(Abraham Lincoln)이 제기한 다음과 같은 수수께끼 한 가지가 생각난다. 개의 꼬리를 다리라고 부를 경우, 개의 다리는 몇 개가 되는가?

이 수수께끼에 대한 링컨의 답은 "넷이다. 꼬리를 다리라고 부른다고 해서 꼬리가 다리가 되는 것은 아니기 때문이다"라는 것이었다.

249. 나의 18번

다음은 내가 아는 최고의 논리적 트릭이다. 그것은 모든 것을 증명

---

* 이 농담은 "a horse of a different color"라는 구절이 지니는 이중적인 의미를 이용한 것이다. 그것을 직역하면 '색깔이 다른 말'이지만 관용구로서는 '전혀 다른 문제'라는 뜻이다. 이 이야기에서는 따라서 "That would be a horse of a different color"를 "그것은 전혀 다른 문제이다"와 "그것은 색깔이 전혀 다른 말이다"라는 이중적인 의미로 사용하고 있다.

할 수 있는 방법으로서 절대로 확실한 논증이다. 그러나 단 한 가지 흠이라고 한다면 마술사 이외에는 그 증명을 할 수가 없다는 점이다.

여하간 그 방법이란 다음과 같다. 예를 들어 상대방에게 내가 드라큘라라는 것을 증명하려 한다고 하자. 먼저 상대방에게 말해준다.

"우선 선생께서 임의의 명제 p와 q가 주어져 있을 경우, p가 참이면 p와 q 명제 가운데 적어도 하나가 참이라는 논리만 알고 계시면 됩니다." 그러한 다짐에 대해 사실상 모든 사람이 알고 있다고 답변할 것이다. 그 경우 "그러면 좋습니다"라고 말하고 나서는 주머니에서 트럼프 한 장을 꺼내 "보시다시피 이 트럼프는 빨간색 트럼프입니다"라고 확인시킨다. 그런 다음 그 빨간색 트럼프를 당신의 '제물'이 될 상대방의 왼손 바닥에 뒤집어놓고는 그의 오른손으로 트럼프를 덮도록 한다. 이어서 "이제 p를 당신이 쥐고 있는 트럼프가 빨간색이라는 명제라고 하고 q를 내가 드라큘라라는 명제라고 합시다. p는 참이므로 p와 q 가운데 하나가 참임을 선생께서는 인정하시겠지요?"라고 하면 상대방은 인정한다고 할 것이다. 그러면 계속해서 "명제 p는 명백히 거짓입니다. 그렇지 않은지 한번 손바닥에 있는 트럼프를 다시 뒤집어보십시오"라고 말한다. 상대방이 그 말에 따라 트럼프를 뒤집어보면 놀랍게도 검은색 트럼프가 나타난다! 이 틈을 놓칠세라 나는 의기양양하게 "따라서 명제 q가 참이고 나는 드라큘라올시다"라는 결론을 내린다.

C. 흥미로운 논증 몇 가지

위의 두 절에서는 언뜻 보기에는 타당한 것 같지만 사실에 있어서는 부당한 서너 가지 논증을 고찰했다. 그러나 아래에서는 그 반대로 처음 볼 때는 황당무계해 보이지만 잘 따지고 보면 사실은 타당한 논리적 원리를 몇 가지 살펴보기로 한다.

250. 술의 원리

현대 논리학에서 중요한 역할을 하고 있는 원리가 하나 있는데 그 원리에 대해 내가 가르치는 대학원 학생들이 '술의 원리'라는 애칭을 붙여준 바 있다. 그 이유는 모르기는 해도 그 원리에 관한 강의를 시작하기 전에 항상 다음과 같은 우스갯소리를 했기 때문이었을 것이다.

어떤 사람이 술집에 들어서자마자 느닷없이 주먹으로 카운터를 쾅 내려치면서 큰 소리를 질러댔다.

"여기 술 한 잔 가지고 와. 그리고 이 술집에 있는 모든 손님들에게 한 잔씩 돌려서 내가 한 잔 할 때 손님들도 같이 한 잔씩 드시도록 해!"

그에 따라 그 술집에서 한바탕 신나게 술 잔치가 벌어졌다. 술이 한 순배 돌아간 후 조금 있다가 그 사나이는 또다시 큰 소리를 쳤다.

"여기 한 잔 더 가지고 와. 그리고 손님들에게도 또 한 잔씩 돌려서 내가 한 잔 할 때 손님들도 같이 한 잔씩 드시도록 해!"

그에 따라 또다시 한 잔씩의 술이 손님들에게 흥겹게 돌아갔다. 조금 있다가 그 사나이는 몇 푼의 돈을 카운터에 쾅 하고 내던지면서 다음과 같이 소리치는 것이었다.

"여기 내 술값을 계산할 테니 다른 모든 손님들도 각자 자신의 술 값을 계산하시도록 해!"

우스갯소리는 이쯤 하도록 하고 이제 문제를 내기로 하자. 문제는 그가 술을 마실 경우, 모든 사람이 술을 마시는 그러한 사람이 존재하는가? 하는 것이다. 이 문제의 답을 알면 깜짝 놀랄 독자가 모르긴 해도 한둘이 아닐 것이다. 내가 일전에 철학자 존 베이컨 (John Bacon)과 담소하는 가운데 이 문제를 좀 더 극적으로 변형한 문제가 제기되었는데 그 문제는 다음과 같다. 그녀가 애를 낳지 못할 경우, 인류가 멸종해버릴 그러한 여인이 존재한다는 것을 증명하라.

다음은 술의 원리와 대칭적인 원리라고 할 수 있다. 술을 마시는 사람이 단 한 사람이라도 존재할 경우, 그 자신도 술을 마시는 그러한 사람이 존재함을 증명하라.

해답: 그렇다. 그가 (혹은 그녀가) 한 잔 할 경우, 모든 사람이 술을 마시는 그러한 사람이 진짜로 존재한다. 그러한 결론은 궁극적으로 거짓인 명제는 모든 명제를 함축한다는 이상한 원리로부터 귀결된다.

그 점을 이러한 각도에서 고찰해보자. 모든 사람이 술을 마신다는 명제가 참이거나 참이 아닐 것이다. 그 명제가 참이라고 해 보자. 그 경우 아무나 한 사람 ——그 사람을 철수라고 하자—— 을 선택하면 모든 사람이 술을 마시므로 철수도 술을 마실 것이다. 그 경우 철수가 술을 마시면 모든 사람이 술을 마신다는 명제는 참이 된다. 따라서 그가 술을 마시면 모든 사람이 술을 마시는 그러한 사람이 적어도 한 사람 ——구체적으로 말해 철수가—— 존재한다.

반대로 모든 사람이 술을 마신다는 명제가 참이 아니라고 해 보자. 그러면 어떻게 되는가? 이 경우에는 술을 마시지 않는 사람이 적어도 한 사람 ——그를 철수라고 하자—— 존재한다. 철수가 술을 마신다는 것이 거짓이므로 철수가 술을 마신다면 모든 사람이 술을 마신다는 것은 참인 명제가 된다. 따라서 이 경우에도 그가 술을 마신다면 모든 사람이 술을 마시는 그러한 사람이 적어도 한 사람 ——구체적으로 말해 철수가—— 존재하게 된다.

한마디로 그가 술을 마시면 모든 사람이 술을 마시는 그러한 이상한 성질을 소유한 사람을 '불가사의한' 인간이라고 부르기로 하자. 이 문제의 요점은 모든 사람이 술을 마시면, 어떤 사람도 불가사의한 인간이 될 수 있으며 반대로 모든 사람이 술을 마시는 것이 아니라면 술을 마시지 않는 어떤 사람도 불가사의한 인간이 될 수 있다는 것이다.

이 문제를 좀 더 극적으로 변형한 문제도 같은 논리에 의해 그녀가 애를 낳지 못할 경우 모든 여자가 애를 낳지 못하게 될 여인이 적어도 한 사람 (구체적으로 말해 모든 여성이 애를 낳지 못할 경우에는 어떤 여성도 그러한 여인이 될 것이며 모든 여성이 애를 낳지 못하는 것이 아닐 경우에는 애를 낳지 못하는 모든 여성이 그러한 여인이 될 것이다) 존재하게 된다. 그런데 모든 여인이 애를 낳지 못할 경우, 말할 것도 없이 인류는 멸종하게 될 것이다.

술의 원리와 대칭적인 원리. 다시 말해 술을 마시는 사람이 단한 사람이라도 있을 경우, 그도 술을 마시는 그러한 사람이 적어도 한 명 존재한다는 원리에 대해서는 다음과 같이 생각하면 된다. 술을 마시지 않는 사람이 적어도 한 사람 존재하든가 혹은 한 사람도 존재하지 않을 것이다. 만약 한 사람도 존재하지 않을 경우 아무나 한 사람을 ──그를 철수라고 하자── 선택하기로 한다. 술을 마시는 사람이 존재한다는 것이 거짓이므로 술을 마시는 사람이 단 한 사람이라도 있을 경우, 철수가 술을 마신다는 명제는 참이 된다. 반대로 술을 마시는 사람이 적어도 한 사람 존재할 경우, 술을 마시는 사람 가운데서 임의로 한 사람을 ──그를 철수라고 하자── 선택하기로 한다. 그 경우 술을 마시는 사람이 적어도 한 사람 존재한다는 것이 참이고 또한 철수가 술을 마신다는 것도 참이므로 술을 마시는 사람이 존재하면 철수도 술을 마신다는 명제도 참이 된다.

에필로그

내가 술의 원리를 나의 제자인 린다 웨첼과 조셉 베반도에게 들려주자 그들은 참으로 재미있어 하였다. 그러고 나서 얼마 지나지 않아 그들은 나에게 크리스마스 카드를 한 장 보내주었는데 그 카드 안에는 그들이 지어낸 (어떤 식당에서의 만찬석상에서 행해진) 다음과 같은 가상적인 대화의 내용이 쓰여져 있었다.

> 논리학자: 나는 그가 술을 마실 경우, 모든 사람이 술을 마시는 그러한 친구를 하나 알고 있지.
> 학　생: 무슨 말인지 통 이해가 되지 않네요. 이 세상에 있는 모든 사람이 술을 마신다는 말씀입니까?
> 논리학자: 아, 글쎄 그렇다니까.

학　　생: 말도 되지 않는 이야기네요! 아니 그 친구가 술을 마시는 바로 그 순간에 **모든 사람**이 동시에 술을 마신다는 말씀입니까?

논리학자: 두말하면 잔소리지.

학　　생: 그렇다면 모든 사람이 동시에 술을 마시는 때가 있었다는 이야기인데 그런 때가 도대체 언제 있었단 말입니까?

논리학자: 자네 내가 한 말을 제대로 알아듣지 못했구먼.

학　　생: 알아듣지 못하다니요. 게다가 선생님의 논리를 방금 반박까지 했지 않았습니까?

논리학자: 그건 불가능하네. 논리란 반박할 수 있는 것이 아니니까.

학　　생: 그러면 방금 전에 제가 한 건 반박이 아니면 뭐죠?

논리학자: 자네는 술을 전혀 못한다고 하지 않았나?

학　　생: 어… 그렇군요. 화제를 다른 것으로 바꾸는 것이 어떻겠습니까?

251. 다음 논증은 타당한가?

나는 지금까지 살아오는 동안에 겉으로는 타당한 것 같아 보이지만 실제로는 타당하지 않은 논증을 무수히 보아왔다. 그러나 반대로 언뜻 보기에는 타당하지 않은 것 같은데 (아니 어쩌면 한낱 우스갯소리 같아 보이는데) 사실에 있어서는 타당한 논증을 아주 최근에 알게 되었다.

이야기가 나온 김에 밝혀두겠는데 타당한 논증이란 반드시 전제가 참인 논증이 아니라 전제로부터 결론이 필연적으로 귀결되는 논증을 의미한다.

문제의 논증은 다음과 같다.*

(1) 모든 사람이 드라큘라를 무서워한다.
(2) 드라큘라는 오직 나만을 무서워한다.

따라서 나는 드라큘라이다.

위의 논증은 어쩌면 한낱 실없는 농담처럼 들릴 것이다. 그러나 사실은 실없는 농담이 아니라 타당한 논증이다. 모든 사람이 드라큘라를 무서워하므로 드라큘라도 드라큘라 자신을 무서워한다. 드라큘라는 드라큘라 자신을 무서워하는데 또한 나 말고 어떤 이도 무서워하지 않는다. 따라서 나는 드라큘라일 수밖에 없다!

위의 논증은 겉으로는 우스갯소리 같아 보이지만 사실에 있어서는 그렇지 않은 논증의 예이다. 위의 논증이 갖는 묘미도 바로 그런 데 있다고 하겠다!

---

* 이 논증은 철학자인 리처드 카트라이트(Richard Cartwright)로부터 얻어들은 것이다(원주).

15 역설에서 진리로

A. 역설

252. 프로타고라스의 역설

지금까지 알려진 역설 가운데 가장 오래된 것은 아마도 고대 그리스에서 법률을 가르치던 프로타고라스(Protagoras)에 관한 역설일 것이다. 그에게 어느 날 돈은 없지만 대단히 재능 있는 제자가 하나 생겼다. 프로타고라스는 그 제자에게 공부를 다 마치고 나서 첫 번째 소송에서 승소하면 적당한 액수를 수업료로 지불할 것을 조건으로 하여 무보수로 가르치겠다고 제안했다. 그 제자는 선생의 제안에 따르겠다고 동의했다. 그런데 공부를 다 마치고 난 뒤에도 그 제자에게는 전혀 법률 사건의 의뢰가 들어오지 않는 것이었다. 이렇게 얼마만큼의 세월이 흐르자 프로타고라스는 더 이상 참지 못하고 제자를 상대로 수업료를 지불하라는 소송을 제기하게 되었다. 다음은 법정에서 스승과 제자가 벌인 공방전이다.

제자: 내가 이번 사건에서 승소한다면 판결에 따라 나는 수업료를 지불할 필요가 없다. 그러나 패소할 경우 나는 첫 번째 소송에서 패소한 셈이다. 그런데 첫 번째 소송에서 승소하기 전에는 프로타고라스에게 수업료를 지불하지 않기로 계약한 만큼 내가 이번 소송에서 승소하거나 패소하거나 관계없이 나는 수업료를 지불할 필요가 없다.

프로타고라스: 만일 학생이 이번 소송에서 패소할 경우 판결에 따라 그는 나에게 수업료를 지불해야 한다. (그것이 어차피 이번 소송의 사유이므로) 반대로 그가 이번 소송에서 승소한다면 그는 자신의 첫 번째 소송에서 승소한 셈이다. 따라서 나와의 계약에 따라 수업료를 지불하지 않으면 안 된다. 소송 결과가 어떻게 되건 그는 나에게 수업료를 지불해야 한다.

어느 편이 옳은가?

논의: 위의 양도논법(dilemma)을 해결할 수 있는 길이 무엇인지 나로서도 정답을 자신 있게 말할 수가 없다. 이 퍼즐은 (이 책의 최초의 퍼즐, 다시 말해 내가 속았는지 속지 않았는지에 관한 퍼즐과 마찬가지로) 일군의 역설을 대표하는 좋은 본보기가 되는 역설이라고 할 수 있다. 나는 이 문제를 어떤 법조인에게 문의한 적이 있는데 이 역설에 대해 지금까지 내가 알고 있는 제일 좋은 답변은 그가 들려준 답변이다. 그의 답변은 다음과 같다. "법정은 일단 제자에게 승소 판결을 내려야 한다. 왜냐하면 그 제자는 아직 소송 사건을 맡아 승소한 적이 없었던 만큼 수업료를 지불할 필요가 없기 때문이다. 그러나 그 소송이 일단 제자의 승소로 종료된 후에는 프로타고스에 대해 제자가 수업료를 지불해야 할 채무 관계가 성

립한다. 따라서 프로타고라스는 심기일전해서 다시 제자에게 소송을 제기해야 한다. 그 소송 사건에 대해서는 프로타고라스에게 승소 판결을 내려야 한다. 왜냐하면 이 경우에는 제자가 그의 첫 번째 소송에서 승소한 뒤이기 때문이다."

253. 거짓말쟁이 역설

이른바 '거짓말쟁이의 역설(Liar Paradox)' 내지는 '에피메니데스의 역설(Epimenides Paradox)'은 그야말로 '거짓말쟁이 역설들(liar paradoxes)'로 알려진 유형에 속하는 일군의 역설의 기초가 되는 역설이라고 할 수 있다. (이야기가 어딘지 순환적이라는 느낌이 들지 않는가?) 좌우간 이 역설은 본래 "크레타인은 모두가 거짓말쟁이다"라고 말한 에피메니데스라는 이름의 크레타인에 관한 것이었다.

그러나 그러한 형태의 진술은 사실 전혀 역설을 야기하지 않는다. 그것은 기사와 건달의 섬에 사는 어떤 주민이 "이 섬에 사는 모든 사람은 건달이다"라는 진술을 했다는 주장으로부터 역설이 야기되지 않는 것과 마찬가지이다. 그러한 주장으로부터 타당하게 귀결되는 결론은 (1) 그런 말을 하는 사람이 건달이며 (2) 그 섬에 기사가 적어도 한 사람 존재한다는 것이다. 마찬가지로 위와 같은 형태의 에피메니데스의 역설의 경우에도 귀결되는 결론은 에피메니데스가 거짓말쟁이이며 크레타인 가운데 적어도 한 사람은 진실한 사람이라는 것이다. 그러한 결론은 전혀 역설이 될 수 없다.

그런데 만약에 크레타인이 에피메니데스 **단 한 사람**밖에 없었다면 역설이 생기게 된다. 그것은 기사와 건달의 섬에 사는 주민이 단 한 사람밖에 없으며 그가 또한 그 섬에 사는 모든 주민이 건달이라고 주장했을 때 (그러한 주장은 사실 그 자신이 건달이라는 이야기와 다름없는데 그것은 불가능한 노릇이다) 역설이 야기되는 것과 마찬가지이다.

거짓말쟁이 역설의 보다 나은 형식은 "나는 지금 거짓말을 하고 있다"라고 말하는 사람의 경우이다. 그는 지금 거짓말을 하고 있는가, 그렇지 않은가?

앞으로 거짓말쟁이의 역설이라고 할 때는 다음과 같은 형태의 역설을 지칭하는 것으로 하자. 다음 네모 칸 안에 들어 있는 진술을 생각해보기로 하자.

> 이 문장은 거짓이다.

이 문장은 참인가 혹은 거짓인가? 거짓이라고 하면 참이 되고 참이라고 하면 거짓이 된다.

이 역설을 어떻게 해소할지에 대해서는 조금 뒤에 논의하기로 하자.

254. 이중적인 형태의 거짓말쟁이 역설

다음과 같은 형태의 거짓말쟁이 역설은 영국의 수학자인 주르단 (P. E. B. Jourdain)이 1913년에 처음으로 제시한 것이다. 따라서 그 역설을 가끔 '주르단의 카드의 역설'이라고 부르기도 한다. 여기 한 장의 카드가 있는데 그 한쪽 면에 다음과 같이 쓰여 있다고 하자.

> (1) 이 카드의 반대쪽 면에 있는
>   문장은 참이다.

그런데 카드를 뒤집어 보았더니 반대쪽 면에는 다음과 같이 쓰여 있었다.

> (1) 이 카드의 반대쪽 면에 있는
>   문장은 거짓이다.

이 경우 다음과 같이 해서 역설이 생기게 된다. 만일 문장 (1)이 참이면 두 번째 문장도 참이 된다. (왜냐하면 첫 번째 문장은 두 번째 문장이 참임을 말하고 있기 때문이다.) 따라서 첫 번째 문장이 거짓이 된다. (왜냐하면 그것이 바로 두 번째 문장이 주장하는 내용이기 때문이다.) 첫 번째 문장이 거짓일 경우 두 번째 문장은 거짓이 된다.

따라서 첫 번째 문장은 거짓이 아니라 참이 된다. 결국 첫 번째 문장은 거짓인 경우 그리고 오직 그 경우에 한해 참이 되는데 이것은 불가능하다.

255. 또 다른 형태의 거짓말쟁이 역설

또 다른 형태의 인기 있는 거짓말쟁이 역설은 다음과 같이 한 장의 카드에 세 개의 문장이 쓰여져 있는 경우이다.

> (1) 이 문장은 일곱 개의 낱말로 되어 있다.
> (2) 이 문장은 다섯 개의 낱말로 되어 있다.
> (3) 이 카드에 있는 문장 가운데 단 하나만이 참이다.

문장 (1)은 명백히 참이고 문장 (2)는 명백히 거짓이다. 문제는 문장 (3)이다. 문장 (3)이 참일 경우 참인 문장이 두 개 생기게 되는데——문장 (3)과 (1)이 그것이다——그것은 문장 (3)이 주장하는 바와 상치된다. 따라서 문장 (3)은 거짓이어야 한다. 그런데 문장 (3)이 거짓인 경우 이 카드에 있는 문장 가운데 문장 (1)만이 참인 문장이 되는데 이것은 곧 문장 (3)이 참이어야 한다는 것을 의미한다! 따라서 문장 (3)은 거짓인 경우 그리고 오직 그 경우에 한해 참이 된다.

　　논의: 위의 여러 역설에서의 추론 과정에서 어느 곳에 문제가 있는가? 이것은 퍽 까다로운 문제로서 다소간 논란의 소지가 있다. 자기 자신을 지칭하는 문장들은 일체 문제가 있기 때문에 배제해야 한다고 보는 학자들이 있다. (그러한 태도에 있어서는 수학자보다는 철학자들이 한술 더 뜬다는 점이 재미있다면 재미있는 현상이다.) 그러나 나로서는 그러한 입장이 전혀 가당치 않다고 생각한다. 예를 들어 "이 문장은 일곱 개의 낱말로 되어 있다"라는 자기지시적인 문장의 의미는 더할 나위 없이 선명하고도 명료하다. 그 문장 속에 들어 있는 낱말을 세어보면 그 문장이 참임을 확인할 수 있다. 또한 "이 문장은 다섯 개의 낱말로 되어 있다"라는 문장은 비록 거짓이기는 하지만 그 의미만큼은 전적으로 명료한 바가 있다. 그 문장은 그 속에 다섯 개의 낱말이 들어 있음을 진술하고 있는데 실제로 그렇지 않을 따름이다. 그러나 그 문장이 무슨 주장을 하고 있는가 하는 것은 전혀 의심할 여지가 없다.

　　반면에 다음과 같은 문장을 생각해보자.

> 이 문장은 참이다.

위의 문장은 전혀 역설을 야기하지는 않는다. 그 문장이 참이라고 가정해도 아무 논리적인 모순도 생기지 않으며 거짓이라고 가정해도 전혀 모순이 생기지 않는다. 그럼에도 불구하고 그 문장은 아무 의미도 없는데 그 이유는 다음과 같다.

어떤 문장이 참임이 무엇을 의미하는가를 이해하자면 그에 앞서 먼저 문장 그 자체의 의미를 이해하지 않으면 안 된다는 것이 우리가 기본으로 삼는 원리이다. 이를테면 1 더하기 2는 4라는 문장을 X라고 하자. X가 참임이 무슨 의미인가를 이해할 수 있기 위해서는 그에 앞서 우선 X에 등장하는 모든 낱말의 의미를 이해해야 하며 그에 의해 X가 주장하는 내용이 무엇인지를 알지 않으면 안 된다. 위의 경우 나는 X에 등장하는 모든 낱말의 의미를 알고 있으며 그에 따라 X가 2 더하기 2가 4라는 것을 의미함을 알고 있다. 그런데 나는 또한 2 더하기 2가 실제로 4임을 알고 있기 때문에 X가 참이어야 한다는 것을 알 수 있다. 그러나 2 더하기 2가 4라는 것이 무슨 뜻인지를 먼저 알지 못했다면 X가 참임이 무엇을 **의미하는지**조차 알 수가 없었을 것이다. 위의 예는 어떤 문장 X가 참이라는 진술의 의미가 X 자체의 의미에 **의존한다는** 나의 주장이 의미하는 바가 무엇인지를 보여준다. 그런데 X 자체의 의미가 X가 참이라는 것에 **의존하는** 특이한 성질을 X가 지녔을 경우, 그야말로 옴짝달싹할 수 없는 악순환에 빠지게 된다.

위의 네모 칸 안에 들어 있는 문장의 경우가 바로 그러하다. 그 문장이 참임이 무슨 의미인가를 알기 위해서는 먼저 그 문장 자체의 의미를 이해하지 않으면 안 된다. 그런데 그 문장 자체의 의미는 무엇**인가**? 그 문장이 주장하고 있는 바는 무엇인가? 단지 그 문장이 참이라는 것뿐이다. 그러나 그 문장의 의미를 이해하기 전에는 (그 문장이 참인지 거짓인지는 고사하고) 그 문장이 참이라는 것이 무슨 의미인지조차 이해할 수 없다. 또한 그 문장이 참이라는 것이 무슨 의미인지를 이해하기 전에는 그 문장의 의미를 이해할 수 없게 되어 있다. 따라서 그 문장은 일체 아무 내용도 전달하지 못한다. 그러한 특징을 지닌 문장을 전문적인 용어로 정초(整礎, well grounded)되지 않은 문장이라고 한다.

거짓말쟁이 역설은 (그 역설의 모든 다양한 형태는) 비정초(非整礎) 문장을 사용한 데서 야기되는 것이다. (여기서 사용된 '비정초'라는 낱말은 '정초되지 않은(not well grounded)'이라는 표현을 줄인 것이다.) 253번에서의 "이 문장은 거짓이다"라는 문장은 정초된 문장이다. 또한 254번에서 카드의 양면에 쓰여진 문장은 모두 정초되지 않은 문장이다. 255번에서의 처음 두 문장은 정초된 문장이지만 세 번째 문장은 그렇지 않다.

이야기가 나온 김에 포샤 N세의 구혼자가 왜 추리를 하는 과정에서 헤매게 되었는지 (5장에 나오는 포샤의 상자를 둘러싼 이야기를 참조할 것) 그 까닭을 해명할 수가 있다. 그 이전의 포샤는 모두 정초된 문장만을 사용한 데 반해, 포샤 N세는 비정초 문장을 교묘하게 사용하여 구혼자를 헛갈리게 하고 있다. 또한 이전 장의 처음에 등장하는 몇 가지 증명에서도 그와 똑같은 오류를 범하고 있다.

256. 이 문장은 어떠한가?

포샤의 상자의 이야기에 등장하는 두 친구 벨리니와 첼리니에 관한 문제로 다시 화제를 돌리기로 하자. 그 두 명장(名匠)은 상자를 제작했을 뿐만 아니라 휘장을 만들기도 했다. 첼리니는 상자만이 아니라 휘장을 만드는 경우에도 자신의 작품에 거짓인 글귀를 새겨 넣었으며 벨리니는 자신이 만드는 모든 휘장에 참인 글귀를 새겨 넣었다. 또한 첼리니와 벨리니가 활약하던 당시의 휘장 제조업자는 그 두 사람밖에 없었다고 가정하기로 한다. (그들의 아들들은 상자만을 만들었을 뿐 휘장 제작에는 손대지 않았다.)

다음과 같은 휘장이 발견되었다고 하자.

> 이 휘장은 첼리니의 작품임.

그 휘장의 제작자는 누구인가? 첼리니가 그 휘장을 만들었다면 그는 그 휘장에 참인 글귀를 써넣은 셈인데 그것은 불가능하다. 만일 벨리니가 작품을 만든 주인공이었다면 거짓인 글귀를 써넣은 셈인데 그것 또한 불가능하다. 그러면 대체 누가 그 휘장을 제작했는가?

그 휘장에 쓰여진 문장이 비정초적인 문장이라고 답변해서는 곤경에서 벗어날 수 없다! 그 문장은 의심할 나위 없이 정초된 문장이다. 왜냐하면 그 휘장이 첼리니에 의해 제작되었다는 역사적 사실을 그 문장은 주장하고 있기 때문이다. 첼리니가 정말로 그 휘장을 제작했다면 그 문장은 참이고 제작하지 않았다면 그 문장은 거짓이다. 그렇다면 정답은 무엇인가?

정답은 말할 것도 없이 내가 모순된 가정을 제시했다는 것이다. 실제로 위와 같은 휘장이 발견되었다면 그것은 첼리니가 간혹 가다 휘장에 참인 문장을 새겨 넣었든가 (이것은 내가 제시한 가정과는 어긋난다) 혹은 적어도 한 명의 다른 휘장 제조업자가 휘장에 간혹 거짓인 문장을 새겨 넣었든가 (이것 또한 내가 말한 가정과는 모순된다) 둘 중 하나를 의미한다. 따라서 이 문제의 경우는 사실상 역설이 아니라 속임수를 쓴 것이다.

여담 한마디, 독자는 아직도 이 책의 제목을 생각해내지 못했는가?

257. 교수형을 당할 것인가 혹은 익사형을 당할 것인가?

다음은 사람들 사이에서 널리 알려진 퍼즐이다. 어떤 사람이 사형을 받아 마땅한 죄를 범했다. 형이 집행되기 전 그는 최후진술을 하게 되어 있었는데 그의 진술이 참이면 익사형에 처해지며 반대로 거짓일 경우 교수형에 처해진다고 한다.

형집행관을 곤경에 몰아넣으려면 그는 어떤 진술을 해야 하는가?

258. 이발사의 역설

다음 퍼즐도 사람들 사이에서 널리 알려진 퍼즐이다. 어떤 작은 마을에 이발사가 한 사람 있었다. 그는 자기 스스로 면도를 하지 않는 마을의 모든 주민의 면도를 도맡아서 해주는 반면, 스스로 면도를 하는 주민에 대해서는 일체 면도를 해주지 않는다고 한다.

문제는 그 이발사는 자기 스스로 면도를 하겠느냐 하지 않겠느냐 하는 것이다. 만일 자기 스스로 면도를 한다면 그는 자기 스스로 면도를 하는 어떤 사람의 면도를 해준 것이므로 규칙을 위반하는 셈이 된다. 반대로 스스로 면도를 하지 않는다면 스스로 면도를 하지 않는 어떤 사람의 면도를 해주지 않는 것이므로 이 또한 규칙을 어기는 셈이 된다.

이발사는 그러면 어떻게 해야 하는가?

259. 다음 퍼즐은?

기사와 건달들의 섬에 사는 두 주민, A와 B가 다음과 같은 말을 했다고 한다.

A : B는 건달이다.
B : A는 기사이다.

독자는 A를 기사라고 하겠는가 혹은 건달이라고 하겠는가? B에 대해서는 무어라고 말하겠는가?

257, 258, 259의 해답

257.

"나는 교수형을 당할 것이다"라고만 진술하면 된다.

258.

그러한 이발사가 존재한다는 것은 논리적으로 불가능하다는 것이 정답이다.

259.

저자가 이번에도 거짓말을 하고 있다는 것이 독자가 **해야 할** 답변이다. 내가 제시한 상황은 전혀 있을 수가 없는 상황이다. 사실 그것은 주르단의 양면 카드의 역설을 약간 달리 치장한 데 불과하다. (문제 254를 참조할 것.)

만약 A가 기사라면 B는 실제로 건달이다. 따라서 A는 사실에 있어 기사가 아니다! 만약 A가 건달이라면 B는 실제로는 건달이 아닌 기사이다. 그러므로 그가 한 말은 참이며 따라서 A는 기사이다. 이렇게 해서 A가 기사라고 하건 건달이라고 하건 모순을 피할 수 없게 된다.

B. 역설에서 진리로

언젠가 역설을 물구나무를 선 진리라고 정의한 사람도 있었다. 역설 가운데에는 조금만 손을 보면 중요한 발견을 새로 이끌어낼 수 있는 아이디어를 내포한 것들이 상당히 많이 있다는 점은 부인할 수 없는 사실이다. 이러한 사실을 잘 보여주는 것이 다음에 제시할 세 가지 퍼즐이다.

260. 다음 이야기는 어디가 문제인가?

크레이그 경감이 어느 날 한 마을을 방문하여 그 마을의 주민 한 사람과 이야기를 나누게 되었다. 그 주민은 맥스너드란 이름의 사회학자로서 맥스너드 교수는 크레이그 경감에게 이 마을의 사회상에 관해 다음과 같은 이야기를 들려주었다.

"이 마을의 주민들은 각양각색의 동아리를 조직했습니다. 그런데 주민 한 사람이 두 개 이상의 동아리에 동시에 회원으로 가입해도 상관이 없습니다. 각 동아리의 이름은 주민의 이름을 따서 지었는데 서로 다른 두 동아리가 동일한 주민의 이름을 따서 이름 짓는 일은 없으며 또한 주민 각자에 대해 모두 그의 이름을 딴 동아리가 있습니다. 또한 주민들이 각자 반드시 자신의 이름을 딴 동아리에 가입해 있는 것은 아닙니다. 그런데 자신의 이름을 딴 동아리에 가입한 주민을 **사교적인 사람**이라고 하고, 그렇지 않을 경우 **비사교적인 사람**이라고 부릅니다. 이 마을에서 한 가지 재미있는 사실은 비사교적인 주민들 모두로 하나의 동아리가 이루어져 있다는 것입니다."

크레이그 경감은 교수의 이야기에 관해 잠시 생각한 끝에 맥스너드 교수가 별반 신통한 사회학자일 리가 없다는 것을 깨달았다. 그의 이야기는 앞뒤 아귀가 맞아떨어지지 않는다. 왜 그럴까?

해답 : 위의 이야기는 사실 이발사의 역설을 새 옷으로 치장한 데 불과하다.

맥스너드의 이야기가 참이라고 하자. 그 경우 비사교적인 주민들 모두로 이루어진 동아리도 누군가의 이름을 따서 ─ 이를테면 잭의 이름을 따서 ─ 그 동아리의 이름을 지었을 것이다. 따라서 그 동아리를 '잭 동아리'로 부르기로 한다. 잭은 그런데 사교적인 사람이거나 비사교적인 사람이다. 그러나 어느 경우건 모순이 발생한다. 잭이 사교적인 인물이라고 하면 잭은 잭 동아리에 속하게 된다. 그러나 비사교적인 사람만이 잭 동아리의 회원이므로 그런 일은 있을 수가 없다. 반대로 잭이 비사교적이라면 비사교적인 사람들의 모임에 속하게 된다. 그것은 잭이 (비사교적인 주민들의 모임인) 잭 동아리에 속한다는 것을 의미하는데 그 경우 잭은 사교적인 사람이 되고 만다. 따라서 어느 경우건 모순을 얻게 된다.

261. 그 마을에 스파이가 있는가?
크레이그 경감은 언젠가 두 번째 마을을 방문해서 막역한 친구인

맥스너프란 이름의 사회학자와 이야기를 할 기회가 있었다. 크레이그 경감은 맥스너프와 함께 옥스퍼드 대학에서 동문수학한 사이였기 때문에 그가 나무랄 데 없는 판단력의 소유자라는 것을 잘 알고 있었다. 맥스너프는 이 마을에 대하여 다음과 같은 이야기를 들려주었다.

"우리 마을에서도 다른 마을과 마찬가지로 주민 각자에 대해 그의 이름을 딴 동아리들이 꼭 하나씩 있으며 각 동아리는 또한 어떤 주민의 이름을 따서 모임의 이름을 지었지. 그런데 우리 마을에서는 어떤 사람이 한 동아리에 가입할 경우, 비밀리에 가입할 수도 있고 공개적으로 가입할 수도 있다네. 그런데 어떤 사람이 자신의 이름을 딴 동아리의 공개적인 회원이 아닐 경우 그를 **수상한 사람**이라고 부르고 있지. 또한 자신의 이름을 딴 동아리의 비밀 회원임이 알려진 사람은 **스파이**로 불리고 있다네. 이 마을에서 재미있는 사실은 수상한 사람들 모두로 하나의 동아리가 이루어져 있다는 것일세."

크레이그 경감은 이 이야기에 대해 한동안 생각에 잠기더니 위의 이야기에는 앞서의 이야기와는 달리 전혀 모순이 없다는 것을 깨달았다. 게다가 그 이야기로부터 한 가지 흥미 있는 사실을 밝힐 수도 있었다. 흥미 있는 사실이란 이 마을에 실제로 스파이가 있는지 없는지를 추리해낼 수 있다는 것이다.

이 마을에 과연 스파이가 있을까?

해답: 수상한 인물들 모두로 이루어진 동아리도 누군가의 이름을 땄을 것이다. 그를 존이라고 하고 그 동아리를 '존 동아리'로 부르기로 한다. 존은 존 동아리 회원이든가 혹은 회원이 아닐 것이다.

그가 회원이 아니라고 하자. 그 경우 그는 수상한 인물일 수가 없다. (왜냐하면 모든 수상한 사람은 존 동아리의 회원**이기** 때문이다.) 따라서 만약 존이 존 동아리의 회원이 아니라고 한다면 존은 존 동아리 모임의 공개 회원이라는 이야기가 되는데, 이는 모순이다. 따라서 존은 존 동아리의 회원일 수밖에 없다. 그런데 존 동아리의 회원은 모두가 수상한 사람이기 때문에, 존도 수상해야 한다. 결국 존은 존 동아리의 회원이기는 하지만 공개 회원은 아니다. 따라서 그는 비밀 회원이면서 스파이인 셈이다! 말하자면 스파이인 셈이다!

앞서의 문제 260을 일단 해결하면 이 문제를 보다 간단하게 풀 수 있는 방법이 있다. 그 방법은 말하자면 마을에 스파이가 존재하지 않는다면 수상하다는 것과 비사교적이라는 것은 서로 구분이 되지 않는다는 점에 유의하는 것이다. 수상하다는 것이 비사교적이라는 것과 동일하다면, 모든 수상한 사람들의 모임은 곧 모든 비사교적인 사람들의 모임과 동일하게 된다. 그것은 **비사교적인** 사람들의 모임은 하나의 동아리를 이룬다는 사실을 의미하는데 우리는 앞서 문제 260에서 비사교적인 사람들의 모임은 하나의 동아리를 이룰 수 없다는 것을 입증한 바 있다. 그러므로 마을에 스파이들이 없다는 가정은 모순을 야기하며 따라서 마을에는 스파이가 존재해야 한다. (이 증명에서는 그러나 그 스파이가 누구인가를 알아낼 수가 없다.)

위의 두 증명은 수학자들이 말하는 '구성적인 증명(constructive proof)'과 '비구성적인 증명'이 어떻게 다른지를 잘 예시해주는 실례이다. 두 번째 증명은 비구성적인데, 왜냐하면 스파이들이 존재하지 않을 수 없다는 것은 보여주고 있지만, 실제로 스파이가 누구인지는 밝혀주고 있지 않기 때문이다. 반면에 첫 번째 증명은 스파이의 정체를 실제로 밝혀주고 있기 때문에 구성적이다. 그 스파이는 구체적으로 말하자면 수상한 인물들의 동아리가 이름을 따서 지은 그 사람(우리가 '존'이라고 부르기로 한 사람)이다.

262. 우주의 문제

어떤 한 우주가 있는데 그 우주에서는 주민들의 집합이 각기 하나의 동아리를 이루고 있다. 이 우주의 등기청에서는 각 동아리의 이름을 주민의 이름을 따서 짓되 어떤 두 동아리도 동일한 주민의 이름을 따지 않으며 또한 각 주민마다 그의 이름을 딴 동아리가 하나씩은 있도록 하고자 한다.

만일 이 우주에 유한한 수의 주민만이 거주한다고 하면, 그 계획은 달성할 수 없을 것이다. (왜냐하면 주민의 수보다 동아리의 수가 더 많기 때문이다. 예를 들어 주민의 수가 다섯이라면 동아리는 [공집합을 포함해서] 32개가 있게 될 것이다. 주민이 6명이라면 64개의 동아리가 있게 되며 일반적으로 주민의 수가 n이라면 2^n개의 동아리가 존재해야 한다.) 그런데 이 우주는 특별해서 **무한한 수**의 주민이 살고 있다고 한다. 따라서 등기청 측으로서는 문제의 계획이 하등 실행 불가능하다고 생각할 이유가 없었다. 일조 년에 걸쳐 등기청은 그 계획을 달성하려 했지만 지금까지는 번번이 실패로 끝났다. 그러한 실패는 등기청 측의 솜씨가 부족한 탓인가 혹은 등기청이 시도하는 계획 자체가 본래 달성할 수 없는 성격의 것이었기 때문인가?

해답: 등기청의 계획은 본래 달성 불가능한 것이다. 이 유명한 사실

은 수학자 게오르크 칸토어(Georg Cantor)에 의해 발견된 것이다. 등기청이 모든 동아리에 주민의 이름을 따서 이름을 붙이되 서로 다른 두 동아리가 동일한 주민의 이름을 따지 않도록 하는 데 성공할 수 있다고 하자.

이 우주의 어떤 주민이 자신의 이름을 딴 동아리의 회원이 아닐 경우 그를 또다시 **비사교적인** 사람으로 정의하기로 하자. 이 우주에 거주하는 모든 비사교적인 주민의 모임도 말할 것도 없이 하나의 잘 정의된(well defined) 집합을 이룬다. 그런데 주민의 집합은 각기 하나의 동아리를 이룬다고 했으므로 모든 비사교적인 주민들로 이루어진 동아리를 얻게 되는데 이것은 불가능하다. 이러한 동아리가 불가능한 이유는 문제 260에서와 같다. (이 동아리에 어떤 주민의 이름을 따서 이름을 붙여야 하는데 그 사람을 사교적이라고 하건 비사교적이라고 하건 반드시 모순이 야기된다.)

263. 등록된 집합의 문제

다음은 위와 동일한 문제를 좀 다르게 치장한 것이다. 이 문제에 내포된 일부 개념은 다음 장에서 또다시 등장할 것이다.

어떤 수학자는 《집합의 책》이라고 불리는 책을 한 권 소장하고 있는데 그 책에는 각 페이지마다 어떤 수들의 집합을 기술(記述)하고 있다. 여기서 '수'라고 할 때는 양의 정수 1, 2, 3, …n, …을 의미하는 것으로 한다. 각 페이지에 기술된 집합을 모두 **등록된** 집합(listed set)으로 부르기로 한다. 이 책의 각 페이지는 연속적으로 번호가 매겨져 있다.

문제는 이 책의 어떤 페이지에도 등록되어 있지 않은 집합을 기술하라는 것이다.

해답: 임의의 수 n에 대해, 만일 n이 n페이지에 등록된 집합에 속할 경우, n을 **특수한 수**라고 하고 속하지 않을 경우, **보통수**로 부르기로 하자.

보통수들의 집합은 문제의 책에 등록되는 것이 불가능하다. 만일 등록이 가능하다면 그 집합이 등록된 페이지에 해당하는 수가 존재할 텐데 그 수를 특수한 수라고 하건 보통수라고 하건 반드시 모순이 야기된다.

16 괴델의 발견

A. 괴델의 섬

이번 절에서 소개할 역설들은 이 장의 끝부분에서 다룰 수리 논리학자인 쿠르트 괴델(Kurt Gödel)이 발견한 유명한 원리를 각색한 것이다.

264. 섬 G

어떤 섬 G가 있는데 이 섬에는 항상 참말만을 하는 기사들과 항상 거짓말만 하는 건달들만이 살고 있다. 게다가 기사들 가운데 일부는 '확인된 기사'이며 (다시 말해 이들은 어떤 의미에서 '자신의 신분'을 입증해보인 기사이다) 건달들 가운데 일부는 '확인된 건달'이다. 이 섬의 주민들은 각양각색의 동아리를 이루고 있는데 한 주민이 두 개 이상의 동아리에 동시에 가입해 있을 수도 있다. 임의의 주민 X와 동아리 C에 대해, X는 자신이 C의 회원이라고 주장하든가, C의 회원이 아니라고 주장한다.

이 섬에 대해 다음 네 가지 조건, E_1, E_2, C, G가 성립한다고 한다.

E_1: 모든 확인된 기사들의 집합은 하나의 동아리를 이룬다.

E_2: 모든 확인된 건달들의 집합은 하나의 동아리를 이룬다.

C(여동아리 조건): 임의의 동아리 C에 대해, C에 속하지 않은 섬 주민 전체로 이루어진 집합도 그 나름대로 하나의 동아리를 이룬다. (이 동아리를 C의 **여동아리**라고 하고 기호 $\bar{C}$로 나타낸다.)

G(괴델 조건): 임의의 동아리 C에 대해, 자신이 C의 회원임을 주장하는 섬 주민이 적어도 한 사람 존재한다. (그의 주장은 물론 거짓일 수도 있다. 즉, 그는 건달일 수가 있다.)

264a. 괴델의 증명

(i) 섬에는 확인되지 않은 기사가 적어도 한 사람 있음을 증명하라.

(ii) 섬에는 확인되지 않은 건달이 적어도 한 사람 있음을 증명하라.

264b. 타르스키(Tarski)의 증명

(i) 섬에 거주하는 모든 건달들의 집합은 하나의 동아리를 이루는가?

(ii) 섬에 거주하는 모든 기사들의 집합은 하나의 동아리를 이루는가?

264a 해답: 조건 E_1에 의해, 모든 확인된 기사들의 집합은 하나의 동아리를 이룬다. 따라서 조건 C에 의해, 확인된 기사들이 **아닌** 섬

주민 모두로 이루어진 집합 Ē도 하나의 동아리를 이룬다. 또한 조건 G에 의해, 자신이 동아리 Ē의 회원이라고 주장하는——다시 말해, 확인된 기사가 **아니**라고 주장하는——섬 주민이 적어도 한 사람 존재한다.

그런데 건달은 자신이 확인된 기사가 아니라고 주장할 수가 없다. (왜냐하면 건달이 확인된 기사가 아니라는 것은 참이기 때문이다.) 따라서 위와 같은 주장을 하는 사람은 기사일 수밖에 없다. 그가 기사인 만큼 그의 말은 참이며, 따라서 그는 확인된 기사가 아니다. 그러므로 그는 기사이긴 하지만 확인된 기사는 아니다.

조건 E₂에 의해, 확인된 건달의 집합도 하나의 동아리를 이룬다. 그러므로 (조건 G에 의해) 확인된 건달이라고 주장하는 사람이 (다시 말해 확인된 건달들의 동아리의 회원이라고 주장하는 사람이) 적어도 한 사람 존재한다. 그 사람은 기사일 수 없다. (왜냐하면 기사는 어떤 부류의 건달이라고도 주장하지는 않을 터이기 때문이다.) 따라서 그는 건달이다. 그러므로 그의 주장은 거짓이며, 그는 확인된 건달이 아니다. 이것은 곧 그는 건달이지만 확인된 건달은 아니라는 것을 의미한다.

264b 해답: 만약 건달의 집합이 하나의 동아리를 이룬다면 자신이 건달이라고 주장하는 주민이 적어도 한 사람 존재할 것이다. 그런데 기사도 건달도 자신이 건달이라고 주장할 수가 없다. 그러므로 건달들의 집합은 하나의 동아리를 이루지 못한다.

만약 기사들의 집합이 하나의 동아리를 이룬다면, (조건 C에 의해) 건달들의 집합 역시 하나의 동아리를 이룰 것이다. 따라서 기사들도 하나의 동아리를 이룰 수가 없다.

논평: (1) 문제 264b를 이용하면 문제 264a를 또 다른 방식으로 해결할 수 있는데 그 방법은 비구성적이긴 해도 어쨌든 좀 더 간단하다.

만약 모든 기사들이 확인된 기사라면, 기사들의 집합은 확인된 기사들의 집합과 동일한 집합이 될 것이다. 그러나 그것은 불가능하다. 왜냐하면 (조건 E_1에 의해) 확인된 기사들의 집합은 하나의 동아리를 이루지만 (문제 264b에 의해) 기사들의 집합은 동아리를 이룰 수 없기 때문이다. 이처럼 모든 기사들이 확인된 기사라는 가정은 모순을 야기하므로, 확인되지 않은 기사가 적어도 한 사람은 존재해야 한다. 마찬가지로 만약 모든 건달이 확인된 건달이라면, 확인된 건달들의 집합은 건달들의 집합과 동일한 집합이 될 것인데 그러나 그럴 수는 없다. 왜냐하면 확인된 건달들의 집합은 하나의 동아리를 이루는 반면 건달들의 집합은 그렇지 않기 때문이다.

이러한 비구성적인 증명과는 대조적으로 첫 번째 증명은 자신이 확인된 기사가 아니라고 주장하는 사람이 바로 확인되지 않은 기사이며, 확인된 건달이 아니라고 주장하는 사람이 바로 확인되지 않은 건달이라는 점을 구체적으로 밝히고 있다.

(2) 건달들의 집합이 하나의 동아리를 이루지 않는다는 증명은 조건 G만을 사용하고 있으며, 그 증명에서 조건 E_1, E_2와 C는 불필요하다. 다시 말해, 조건 G만으로는 건달들이 동아리를 이루지 못한다는 결론이 따라 나온다. 사실 조건 G는 건달들은 동아리를 이루지 못한다는 진술과 **동치**(equivalent)이다. 왜냐하면 건달들의 집합이 동아리를 이루지 못한다고 가정하면, 다음과 같이 조건 G

를 이끌어낼 수 있기 때문이다.

임의의 동아리 C를 잡는다. 건달들의 집합은 동아리가 아니므로 C는 모든 건달의 집합이 될 수 없다. 따라서 C의 회원 가운데에는 기사들이 일부 있으며 또한 C에 속하지 않은 건달들도 존재한다. 만약 C에 속한 기사가 있다면, 그는 (진실한 사람인 만큼) 자신이 C의 회원임을 있는 그대로 주장할 것이다. 만약 C에 속하지 않은 건달이 있다면, 그는 (거짓말을 하는 사람이기 때문에) 자신이 C의 회원이라고 주장할 것이다. 따라서 어느 경우건 자신이 C의 회원이라고 주장하는 사람이 **존재하게** 된다.

265. 일반적인 괴델 섬

동아리들이 구성되어 있는 임의의 기사 — 건달의 섬을 고찰해 보자. (기사 — 건달의 섬이란 말할 것도 없이 기사와 건달들만이 거주하는 섬을 말한다.) 조건 G가 성립하는 섬, 다시 말해 임의의 동아리 C에 대해, 자신이 그 동아리의 회원임을 주장하는 주민이 적어도 한 사람 있는 섬을 **괴델** 섬이라고 부르기로 한다.

크레이그 경감은 언젠가 동아리들이 구성되어 있는 어떤 기사 — 건달의 섬을 방문하게 되었다. 크레이그 경감은 (마침 상당한 교양을 지닌 신자로서 실천적인 문제 못지않게 이론적인 문제에 대해서도 지대한 관심을 지니고 있었기 때문에) 자신이 방문한 섬이 괴델 섬인지의 여부를 알고 싶어 했다. 그리하여 경감은 다음과 같은 사실을 알아내기에 이르렀다.

각 동아리는 주민의 이름을 땄으며 주민 각자에 대해 또한 그의 이름을 딴 동아리가 존재한다. 각 주민이 반드시 자신의 이름을 딴 동아리의 회원일 필요는 없는데 만일 자신의 이름을 딴 동아리의 회원일 경우 그를 **사교적**이라고 하며, 그렇지 않을 경우 **비사교적**이라고 한다. 주민 Y가 사교적임을 증언해주는 X는 Y의 **친구**로 불린다.

크레이그 경감은 문제의 섬이 다음 조건을 만족시킨다는 점을 발견하고 나서 비로소 자신이 방문한 섬이 괴델 섬인지 여부를 알아낼 수 있었는데 그 조건을 H로 부르기로 하자.

H: 임의의 동아리 C에 대해, D의 모든 회원에 대해 C에 속하는 친구가 적어도 하나 존재한다. 또한 D에 속하지 않은 모든 주민에 대해 C의 회원이 아닌 친구가 적어도 하나 존재하는 그러한 또 하나의 동아리 D가 존재한다.

조건 H로부터, 크레이그 경감은 이 섬이 과연 괴델 섬인지의 여부를 추리해낼 수 있었다.

그 섬은 괴델 섬인가?

해답: 그렇다. 괴델 섬이다. 임의의 동아리 C를 잡는다. 그리고 D를 조건 H에 의해 주어지는 그러한 동아리라고 하자. 이 동아리 D도 어떤 사람의 이름을 따서 동아리 이름을 지었을 텐데 그 사람을 이를테면 존이라고 하자. 존은 동아리 D에 속하거나 그렇지 않을 것이다.

존이 D에 속한다고 하자. 그 경우 동아리 C 안에 그가 사교적이라는 것을 증언해줄 친구 ——그를 잭이라고 하자——이 존재한다. 존이 D에 속하므로 그는 실제로 사교적이며 따라서 잭은 기사이다. 그러므로 잭은 동아리 C에 속하는 기사가 되며, 따라서 자신이 동아리 C에 속한다고 주장할 것이다.

존이 동아리 D에 속하지 않는다고 하자. 그 경우 C의 회원이 아닌 사람으로서 존이 사교적이라고 주장하는 친구 ——그를 짐이라고 하자 ——가 한 사람 존재한다. 존은 동아리 D의 회원이 아니므로, 실제로는 비사교적이다. 따라서 짐은 건달이다. 그러므로 짐은 동아리 C에 속하지 않는 건달이며, 따라서 자신이 동아리 C에 속한다고 거짓말을 할 것이다. 이렇게 해서 존이 D에 속하든 속하지 않든 C의 회원이라 주장하는 주민이 한 사람 존재한다.

논평: 문제 264와 265의 결과를 결합하면, 조건 E_1, E_2, C, H를 만족하는 모든 섬에 확인되지 않은 기사와 확인되지 않은 건달이 동시에 존재해야 한다는 것을 알 수 있다. 이 결과는 사실 유명한 괴델의 불완전성 정리를 달리 치장한 것에 불과한데, 그 정리에 대해서는 이 장의 C절에서 다시 고찰해볼 것이다.

그런데 친구에게 **정말로** 까다로운 문제를 하나 내보고 싶다면, (조건 G에 대해서는 아예 입을 다물고) 단지 조건 E_1, E_2, C, H를 만족하는 섬을 제시하고 문제 264를 풀도록 하면 된다. 그가 과연 자신의 힘으로 조건 G를 생각해내는지 여부를 지켜보는 것도 재미있는 일일 것이다.

B. 이중적인 괴델 섬

이 절에서 소개할 퍼즐들은 보다 전문적인 분야에 속하기 때문에 C절 이후로 미루는 것도 좋을 성싶다.

다음 조건 GG를 만족시키는 동아리들이 구성되어 있는 기사 — 건달의 섬을 '이중적인 괴델 섬'으로 정의하기로 한다.

GG: 임의의 두 동아리, C_1, C_2에 대해 다음과 같은 주민 A, B가 존재한다. 즉, A는 B가 C_1의 회원이라고 주장하며, B는 A가 C_2의 회원이라고 주장한다.

내가 아는 한, 조건 GG는 조건 G를 함축하지 않으며, 또한 조건 G도 조건 GG를 함축하지 않는다. 다시 말해 그 두 조건은 서로 독립적인 듯하다. 따라서 (내가 알고 있는 한에 있어) 이중적인 괴델 섬은 반드시 괴델의 섬이 아니다.

이중적인 괴델 섬에 관한 문제는 내가 즐겨 다루는 나의 18번이라고 할 수 있다. 괴델 섬의 퍼즐과 거짓말쟁이 역설 사이에 성립하는 관계와 동일한 종류의 관계가 이중적인 괴델 섬에 관련된 퍼즐과 주르단의 양면 카드의 역설(이전 장의 문제 254를 참조할 것) 사이에 존재한다.

266. 이중적인 괴델 섬 S

언젠가 나는 이중적인 괴델의 섬 S를 발견하는 행운을 얻었는데 그 섬에서는 섬 G의 조건 E_1, E_2, C가 모두 성립했다.

(a) S에 확인되지 않은 기사가 존재하는지 여부를 가릴 수 있는

가? 확인되지 않은 건달의 경우는 어떠한가?

(b) S 섬에 사는 기사들이 하나의 동아리를 이루는지 여부를 가릴 수가 있는가? 건달들의 집합은 어떠한가?

해답: 먼저 질문 (b)를 생각해보기로 하자. 만약 기사들의 집합이 동아리를 이룬다면, (조건 C에 의해) 건달들의 집합도 동아리를 이룬다. 또한 만약 건달들의 집합이 동아리를 이룬다면, (다시 조건 C에 의해) 기사들의 집합도 동아리를 이룬다. 그러므로 두 집합들 중 하나가 동아리를 이룬다면 두 집합 모두 동아리를 이룰 것이다. 이제 그 두 집합이 모두 동아리를 이룬다고 가정하기로 하자. 그 경우 조건 GG에 의해 다음 주장을 하는 주민 A, B가 존재해야 한다.

A: B는 건달이다.
B: A는 기사이다.

그러나 이전 장의 문제 259를 해결하는 과정에서 증명한 것과 마찬가지로, 그러한 상황은 있을 수 없다. 그러므로 기사들의 집합도 건달들의 집합도 동아리를 이루지 못한다는 결론이 나온다.

질문 (a)는 다음 두 방식 가운데 어느 방식으로도 해결할 수가 있다. 질문 (b)를 해결한 상황에서는 첫 번째 방식이 더 간단하지만, 배울 것이 많은 것은 두 번째 방법이다.

방법 1: 기사들의 집합은 동아리를 이루지 않고 확인된 기사들의 집합은 동아리를 이루므로 두 집합은 서로 다르다. 따라서 모든 기사가 확인된 기사인 것은 아니다. '건달'의 경우도 마찬가지이다.

방법 2: 확인된 기사들의 집합이 동아리를 이루고 있기 때문에, 확인된 기사가 아닌 주민 모두의 집합도 동아리를 이룬다. 이 두 동아리를 C_1과 C_2로 잡으면 (조건 GG에 의해) 다음과 같이 주장하는 A, B가 있게 된다.

A: B는 확인된 기사이다.
B: A는 확인된 기사가 아니다.

A, B 두 사람 가운데 적어도 한 사람은 확인되지 않은 기사여야 한다는 것(좀 더 구체적으로 말하면 A가 기사이면 그가 확인된 기사가 아니며, A가 건달이면 B가 확인되지 않은 기사여야 한다는 것)의 증명은 독자에게 맡긴다. 재미있는 사실은 A, B 둘 중의 한 사람이 확인되지 않은 기사라는 것을 알 수 있지만 구체적으로 누가 확인되지 않은 기사인지를 알 수 없다는 것이다. (이 경우는 문제 134, 즉 벨리니와 첼리니의 이중 상자의 경우와 거의 동일하다. 즉, 상자들 가운데 하나는 벨리니의 상자가 틀림없는데, 어느 상자인지 알 도리가 없다.)

마찬가지로, 확인된 건달들도 하나의 동아리를 이루는 만큼, 확인된 건달이 아닌 주민 모두의 집합도 동아리를 이룬다. 그러므로 (또다시 조건 GG에 의해) 다음과 같이 말하는 A와 B가 존재해야 한다.

A: B는 확인된 건달이다.
B: A는 확인된 건달이 아니다.

위의 상황으로부터 B가 건달이면 그가 확인되지 않은 건달이며, B가 기사라면 A가 확인되지 않은 건달이라는 결론이 나온다. (이에 대한 증명도 독자에게 맡긴다.) 따라서 어느 경우건, A나 B 가운데 한 사람은 확인되지 않은 건달이지만, 그것이 누구인지는 알수가 없다. (이 문제는 사실 벨리니와 첼리니의 이중 상자의 문제 135와 동일하다.)

267. 섬 S^1

언젠가 나는 또 다른 이중 괴델 섬 S^1을 발견했는데 이 섬은 앞서의 섬보다 한층 더 흥미진진한 바 있었다. 이 섬에서는 조건 E1, E2이 모두 성립하는데 조건 C가 성립하는지 여부는 알려져 있지 않다. (조건 C는 임의의 동아리 C에 대해, C에 속하지 않는 사람들의 집합도 하나의 동아리를 이룬다는 것임을 상기하라.)

  섬 S^1에 확인되지 않은 기사가 존재한다는 것을 증명하거나 확인되지 않은 건달이 존재한다는 것을 증명하기란 불가능한 노릇인 것 같다. 또한 기사들의 집합이 동아리를 이루지 않는다는 것을 증명하거나, 건달들의 집합이 동아리를 이루지 않는다는 것을 증명하는 것 역시 불가능할 것 같다. 그러나 다음은 증명할 수가 있다.

  (a) 이 섬에 확인되지 않은 기사나 확인되지 않은 건달이 존재한다는 것을 증명하라.
  (b) 기사들의 집합이 하나의 동아리를 이룸과 동시에 건달들의 집합도 하나의 동아리를 이루는 것은 불가능함을 증명하라.

해답: 먼저 (b)부터 풀기로 하자. 기사들이 동아리를 이루고 있으며 **동시에** 건달들도 동아리를 이루고 있다고 하자. 그러면 A는 B가 건달이라고 주장하며, B는 A가 기사라고 주장하는 그러한 주민 A,

B가 존재할 것인데, 그것이 불가능함을 우리는 알고 있다. (바로 앞의 문제나 이전 장의 문제 259를 참조할 것) 따라서 기사들과 건달들이 모두 동아리를 이룬다는 것은 불가능하다. 다시 말해 기사들이 동아리를 이루지 않거나 건달들이 동아리를 이루지 않는다. 만약 기사들이 동아리를 이루지 않는다면, (확인된 기사들은 동아리를 이루는 만큼) 확인되지 않은 기사가 존재해야 한다. 또한 건달들이 동아리를 이루지 않는다면, 확인되지 않은 건달이 존재해야 한다. 그러나 어떤 쪽이 존재하는가는 말할 수가 없다. 이렇게 해서 (a)도 증명된다.

확인되지 않은 기사나 확인되지 않은 건달이 존재한다는 것을 증명할 수 있는 또 다른 (그리고 한층 더 흥미 있는) 방법이 있는데 그 증명 방식은 다음과 같다.

확인된 기사들이 동아리를 이루고 확인된 건달 동아리를 이루기 때문에, 다음과 같은 말을 하는 주민 A, B가 존재한다.

A: B는 확인된 건달이다.
B: A는 확인된 기사이다.

A가 기사라고 하자. 그러면 그의 진술은 참이므로, 따라서 B는 확인된 건달이며, 그의 진술은 거짓이다. 그러므로 A는 확인된 기사가 아니다. 이 경우 A는 확인되지 않은 기사이다. 만약 A가 건달이라면 B의 진술은 거짓이고, 따라서 B는 건달이다. 그러므로 A의 진술 역시 거짓이 되며, B는 확인된 건달이 아니다. 이 경우 B는 확인되지 않은 건달이다. 그러므로 A가 확인되지 않은 기사이거나, B가 확인되지 않은 건달이다. (그러나 이 경우에도 어느 경우가 참인지는 알 수가 없다.)

이 문제도 이중 상자의 문제 가운데 하나인 (9장의 문제 136)과 동일하다. 그 문제에서 두 상자 가운데 한 상자는 (그러나 어느 상자인지는 알 수가 없다) 벨리니와 첼리니 둘 중 한 사람이 (그러나 누구인지는 역시 알 수가 없다) 만든 것이었다.

268. 미해결 문제

여기서 괴델 섬과 이중적인 괴델 섬에 관한 서너 가지 문제가 생각나는데 그 문제는 나도 지금까지 풀어보지 않았던 문제이다. 지금까지 아무도 손대지 않았던 문제에 독자가 실력을 발휘해보는 것도 재미있으리라고 생각된다.

268a.

앞서 나는 **내가 아는 한**, 조건 G와 조건 GG가 서로 다른 것을 함축하지 않는다고 말한 바 있는데 나의 추측이 옳다는 것을 독자가 직접 증명할 수 있는가? (또는 그 추측이 옳다는 것을 증명할 수 없으면 옳지 않다는 것을 증명해보라. 그러나 내 생각으로는 나의 추측이 반증될 가능성은 희박해 보인다.) 그것을 증명하기 위해서는 G는 성립하되, GG는 성립하지 않는 섬을 구성함과 동시에, GG는 성립하지만, G는 성립하지 않는 섬을 구성해야 한다. 섬을 **구성한다**는 것은 모든 주민들을 일일이 구체적으로 열거하고, 주민 가운데 누가 기사이고 누가 건달인가를 또한 구체적으로 밝힐뿐더러, 어떤 집합이 동아리를 이루고 또 어떤 집합이 동아리를 이루지 않는가를 밝힌다는 것을 의미한다. (기사와 건달 가운데 누가 확인된 기사이고 건달인가 하는 것은 이 문제에서는 밝힐 필요가 없다.)

268b.

섬 S^1에는 확인되지 않은 기사가 반드시 존재하는 것은 아니며, 또한 확인되지 않은 건달도 반드시 존재하지는 않는다는 (그러나 확인되지 않은 기사든가 확인되지 않은 건달 가운데 하나는 물론 반드시 존재해야 한다) 나의 추측을 증명(혹은 반증)할 수 있는가? 다시 말해, E_1과 E_2, 그리고 GG를 만족시키는 섬으로 기사는 있지만 확인되지 않은 기사는 존재하지 않는 섬을 구성해낼 수 있는가? (이번 경우에는 그러한 섬을 구성해낼 때, 기사와 건달, 그리고 동아리들을 일일이 열거해야 할 뿐 아니라, 어떤 기사와 건달이 확인된 기사와 건달인지도 밝혀주어야 한다.)

268c.

위에서 말한 모든 섬들을 구성해낼 수 있다고 하자. (나는 입증은 하지 못했지만 그럴 수 있으리라고 도덕적으로 확신한다.) 그 각각의 경우에 그 섬에 거주해야 할 최소한의 주민의 수는 얼마인가? 각 경우에 주민의 수가 그보다 적을 경우, 조건을 만족시키는 섬이 될 수 없다는 것을 증명할 수 있는가?

C. 괴델의 정리

269. 이 체계는 완전한가?

어떤 논리학자가 《문장의 책》이라는 제목의 책을 한 권 소장하고 있다. 그 책의 페이지들은 일련 순으로 번호가 매겨져 있으며, 각 페이지마다 딱 한 문장씩 쓰여져 있다. 또한 어떤 문장도 두 페이지 이상 여러 페이지에 동시에 쓰여져 있는 일은 없다. 임의의 문장 X에 대해, 그 문장이 쓰여진 각 페이지의 번호를 X의 **페이지 수**라고 부르기로 한다.

그 책의 모든 문장은 물론 참이거나 거짓이다. 일부 참인 문장들은 그 논리학자가 보기에는 아주 자명한 것이었다. 따라서 그는 이 **자명한** 진리들을 그의 논리 체계의 공리로 삼았다. 그 체계는 또한 공리들로부터 여러 참인 문장을 **증명**해내고 또 여러 거짓인 문장을 **반증**해낼 수 있는 추론 규칙들을 포함한다. 그 논리학자는 자신의 논리 체계가 **올바르다**(correct)는 것에 대해서는, 다시 말해 그 체계에서 증명할 수 있는 모든 문장은 실제로 참이며 그 체계에서 반증할 수 있는 모든 문장은 거짓이라는 것에 대해서는 조금도 의심하지 않고 있다. 그러나 그 체계가 **완전한**(complete)지에 대해서는, 확신을 하지 못하고 있다. 다시 말해 그 체계에서 참인 모든 문장이 증명 가능하며 더불어 거짓인 모든 문장이 반증 가능한지를 모르고 있다. 참인 모든 문장들을 그 체계에서 증명할 수 있는가? 또한 거짓인 모든 문장을 그의 체계에서 반증할 수 있는가? 그 논리학자는 이러한 질문들에 대한 답을 알고 싶어 한다.

그런데, 그 논리학자는 또 다른 책을 한 권 지니고 있었는데 그 책의 이름은《집합의 책》이었다. 그 책 또한 모든 페이지에 일련 순으로 번호를 매겼으며, 각 페이지는 수들의 집합을 기술하는 문장이 실려 있다. (여기서 '수'라고 할 때는 양의 정수, 1, 2, 3, …, n… 등을 의미하는 것으로 한다.) 그리고 어떤 페이지건 이 책에 기술되어 있는 수들의 집합을 **등록된**(listed) 집합으로 부르기로 한다.

어떤 수 n에 대해, (《집합의 책》에서) n페이지에 등록된 집합이 n 자신을 원소로 포함하는 경우가 있을 수 있다. 그러한 수 n을 **특**

별수라고 부르기로 한다. 또한 임의의 수 n, h에 대해, 만일 (《문장의 책》에서) h페이지에 쓰여져 있는 문장이 n이 특수한 수라는 것을 주장하고 있을 경우, h를 n의 **동반수**로 정의하기로 한다.

다음과 같은 4가지 조건이 성립한다고 하자.

E1: 모든 증명 가능한 문장들의 페이지 수들의 집합은 등록된 집합이다.

E2: 모든 반증 가능한 문장들의 페이지 수들의 집합은 등록된 집합이다.

C: 임의의 등록된 집합 A에 의해, A에 포함되지 않은 모든 수들의 집합 Ā는 등록된 집합이다.

H: 임의의 등록된 집합 A가 주어질 경우, 집합 B에 속하는 모든 수에 대해 A에 속하는 동반수가 있으며 B에 속하지 않는 모든 수에 대해 A에 속하지 않는 동반수가 있는 그러한 집합 B가 존재한다.

이 네 가지 조건만 주어지면 위에서 말한 논리학자가 제기한 다음 문제를 충분히 해결할 수 있다: 참인 모든 문장을 그 체계에서 증명할 수 있는가? 또한 거짓인 모든 문장을 그 체계에서 반증할 수 있는가? 그뿐만이 아니라 모든 참인 문장들의 페이지 수들의 집합이 등록된 집합인지 여부와 모든 거짓인 문장들의 페이지 수들의 집합이 등록된 집합인지의 여부도 판가름할 수 있다.

어째서 그러한가?

해답: 이 문제는 A절에서 다룬 괴델 섬의 퍼즐을 포장만 달리한 것

에 불과하다. 이 문제의 상황에서는 참인 문장의 페이지 수가 기사들의 역할을 하며, 거짓인 문장의 페이지 수는 건달의 역할을, 증명 가능한 문장들의 페이지 수는 확인된 기사의 역할을, 반증 가능한 문장들의 페이지 수는 확인된 건달의 역할을 각각 담당한다. 또한 등록된 집합들은 동아리의 역할을 한다. 어떤 집합이 주어진 수를 지니는 페이지에 등록되어 있다는 조건은 어떤 동아리의 이름을 어떤 주민의 이름을 따서 지었다는 조건과 맞먹는다. 따라서 특수한 수가 사교적인 사람의 역할을 담당하고, '동반수'의 개념이 '친구'의 역할을 하게 된다.

이 문제를 해결하기 위해서는 무엇보다도 먼저 조건 G와 맞먹는 조건을 증명하지 않으면 안 되는데 그 맞먹는 조건이란 다음과 같은 것이다.

조건 G: 임의의 등록된 집합 A에 대해, 자신의 페이지 수가 A에 속할 경우 그리고 오직 그 경우에 한해 참이 되는 문장이 존재한다.

조건 G를 증명하기 위해 임의의 등록된 집합 A로 잡는다. 그 경우 조건 H에 의해 주어지는 집합을 B라고 하고 n을 B가 등록된 페이지의 수라고 하자. 조건 H에 의해, 만약 n이 B에 속할 경우 A에 속하는 n의 동반수 h가 존재하며 B에 속하지 않을 경우, A에 속하지 않는 동반수 h가 존재한다. 이때 페이지 h에 쓰여져 있는 문장 X가 바로 우리가 찾는 문장이다.

문장 X는 n이 특수한 수임을, 다시 말해 n은 (B가 페이지 n에 등록된 집합이기 때문에) B에 속한다는 것을 주장하고 있다. 만약 X가 참이라면 n은 실제로 B에 속하며 따라서 h도 A에 속한다. 그러므로 X가 참일 경우, X의 페이지 수 h는 A에 속한다. X가 거짓이라 하자. 그러면 n은 B에 속하지 않으며 따라서 h도 A에 속하지 않는다. 이렇게 해서 X는 그것의 페이지 수가 A에 포함될 경우 그리고 오직 그 경우에 한해 참이 된다.

조건 G만 증명되면, 논리학자의 문제들은 이제 간단하게 해결된다. 모든 증명 가능한 문장들의 페이지 수들의 집합 A가 등록된 집합이라는 조건은 주어져 있다. 따라서 조건 C에 의해, 증명 가능한 문장들의 페이지 수가 아닌 모든 수들의 집합 Ā도 등록된 집합이다. 따라서 (조건 G에 의해) 그 페이지 수가 집합 Ā에 속할 경우 그리고 오직 그 경우에 한해 참인 문장 X가 존재한다. 그런데 X의 페이지 수가 A에 속한다는 말은 X의 페이지 수가 Ā에 속하지 않는다는 말과 같으며 그 말은 또한 X가 증명 가능하지 않다는 말과 다름없다. (왜냐하면 A는 증명 가능한 문장들의 페이지 수로 이루어진 집합이기 때문이다.) 따라서 X는 증명 가능하지 않을 경우 그리고 오직 그 경우에 한해 참이 된다. 이것은 곧 X가 참인데 증명 가능하지 않거나 혹은 거짓임에도 증명 가능하다는 것을 의미한다. 그러나 그 체계에서는 거짓인 문장은 증명 가능하지 않다는 것이 주어져 있으므로 X는 참이지만 그 체계에서 증명 가능하지 않다는 결론을 내릴 수밖에 없다.

반증할 수가 없는 거짓인 문장을 얻기 위해서는 반증할 수 없는 모든 문장의 페이지 수들의 집합을 A로 잡으면 된다. 조건 G를 적용하면 그 페이지 수가 반증할 수 있는 문장의 페이지 수인 경우 오직 그 경우에 한해 참이 되는 문장 Y를 얻을 수 있다. 다시 말해 Y는 반증할 수 있는 경우 그리고 오직 그 경우에 한해 참이다. 그것은 Y가 참임에도 반증이 가능하거나 혹은 거짓이지만 반증할 수 없다는 것을 의미한다. 그러나 반증 가능한 문장으로 참인 문장은 없으므로 첫 번째 가능성은 배제된다. 따라서 Y는 거짓임에도 불구하고 그 체계에서 반증할 수는 없다.

다른 문제들에 관해서는 모든 거짓인 문장들의 페이지 수의 집합이 등록된 집합이라면 그 페이지 수가 거짓인 문장의 페이지 수인 경우 그리고 그 경우에 한해 참이 되는 문장 Z가 존재할 것이다. 다시 말해, Z는 Z가 거짓인 경우 그리고 오직 그 경우에 한해 참이 되는데, 이것은 불가능한 노릇이다. (그 문장은 "이 문장은 거짓이다"라는 문장과 유사한 문장이다.) 그러므로 모든 거짓인 문장들의 페이지 수들의 집합은 등록된 집합이 될 수 없다. 그 경우 조건 C에 의해, 참인 문장들의 페이지 수들의 집합도 역시 등록된 집합이 되지 않는다.

270. 괴델의 정리

위의 퍼즐은 사실 괴델의 유명한 〈불완전성 정리〉의 한 형태에 지나지 않는다.

1931년 괴델은 어떤 의미에서 수학의 진리를 완전히 형식화할 수 없다는 충격적인 발견을 들고 나와 학계를 놀라게 했다. 그는 넓은 범위에 걸친 수학적 체계들에 대해, 즉 지극히 온당한 조건들을 충족시키는 체계들에 대해, 참임에도 불구하고 그 체계의 공리로부터는 증명할 수 없는 문장이 항상 존재한다는 것을 증명해보였다! 따라서 형식적인 공리 체계는 아무리 치밀하게 수립된다고 해도, 모든 수학적 권리들을 증명할 수 있을 만큼 충분하지는 않다.

괴델은 일차적으로 러셀(Bertrand Russell)과 화이트헤드(Alfred N. Whitehead)의 유명한《수학의 원리 *Principia Mathematica*》에

등장하는 체계에 대해 그러한 결과를 증명했다. 그러나 내가 앞서 언급했듯이 괴델의 증명은 수많은 다른 체계에 대해서도 그대로 성립한다. 그 모든 체계에서 **문장**이라고 불리는 잘 정의된 표현들의 집합이 있으며 또한 모든 문장은 **참인** 문장들과 **거짓인** 문장으로 나뉘어진다. 그러한 참인 문장들 가운데 일부가 그 체계의 공리로 채택되며 더불어 엄밀한 추론규칙들이 주어져 있다.

따라서 그 규칙을 사용함으로써 어떤 문장을 증명할 수 있고 또 다른 문장들을 반증할 수 있게 되어 있다. 그 체계는 문장 이외에도 (양의 정수인) 수들로 이루어진 여러 가지 집합을 가리키는 이름도 포함하고 있다. 그 체계 내에서 이름을 가진 수들의 집합을 그 체계의 **명명 가능한**(nameable) 혹은 **정의 가능한**(definable) 집합이라고 할 수 있다. (이러한 집합은 위의 퍼즐에서 우리가 '등록된' 집합이라 부른 집합에 해당한다.) 문제의 핵심은 모든 문장들에 수를 부여하고, 모든 정의 가능한 집합을 순서대로 나열함으로써 위의 퍼즐에 서의 조건 E_1, E_2, C 그리고 H가 충족되도록 할 수 있다는 점이다. (우리가 위의 퍼즐에서 각 문장에 부여한, '페이지 수'라는 이름의 수를 전문적인 용어로는 그 문장의 **괴델 수**[Gödel number]라고 한다.) 조건 C와 H를 증명하는 것은 사실 매우 간단한 문제이다. (그러나 조건 E_1과 E_2를 증명하는 일은 원칙상으로는 초보적인 일에 속하기는 하지만 상당히 긴 과정이 소요된다.* 좌우간 이 네 가지 조건이 입증되기만 하면, 참이기는 하지만 그 체계

---

* 조건 H에 관해서는 우선 모든 수 n에 대해, n이 특수한 수임을 주장하는 문장이 존재한다. 이 문장도 (다른 모든 문장과 마찬가지로, 괴델 수를 가질 것이다. 그 수를 n*라고 하자. 그런데 임의의 정의 가능한 집합 A에 대해 n*가 A에 속하는 그러한 모든 수 n으로 이루어진 집합 B도 정의 가능하다는 것이 증명된다. n*는 n의 동반수이므로 조건 H는 충족된다 (원주).

에서는 증명할 수 없는 문장을 곧장 구성해낼 수 있다.)

　문제의 문장 X는 자신이 증명 불가능함을 주장하는 것으로 간주할 수 있다. 그러한 문장은 실제로 참이기는 하지만 증명 가능하지 않아야 한다. (그것은 자신이 확인된 기사가 아니라고 주장하는 섬 G의 주민이 실제로 기사이기는 하지만 확인된 기사는 아닌 것과 마찬가지이다.)

　이에 대해 다음과 같은 반론을 제기할지도 모른다. (자신이 증명 불가능함을 주장하는) 괴델 문장 X가 참이라는 것은 알려져 있는 만큼, 문제의 체계에 그것을 새로운 공리로 추가하면 어떤가? 물론 그것은 가능하다. 그러나 그렇게 해서 확장된 체계도 또한 조건 E_1, E_2, C 및 H를 만족시키며, 따라서 그 확장된 체계에서도 참이기는 하지만 증명 불가능한 또 다른 문장 X_1을 얻을 수 있다. 다시 말해, 확장된 체계에서는 과거의 체계에 비해 보다 많은 참인 문장들을 증명할 수 있으나 그럼에도 불구하고 아직 모든 참인 문장을 증명할 수 있는 것은 아니다.

　괴델의 증명에 관한 나의 설명이 본래 괴델의 증명과는 다소 다르다는 점을 지적하고 넘어가야 할 것 같다. 특히 나의 설명은 진리의 개념을 사용하고 있는데 괴델은 진리 개념을 전혀 사용하지 않았다. 본래 괴델의 정리는 참이지만 증명할 수 없는 문장이 존재한다는 것이 아니라 문제의 체계에 관해 어떤 그럴듯한 조건이 성립한다는 가정하에서, 그 체계에서 증명할 수도 없고 반증할 수도 없는 문장이 존재한다는 (그러한 문장을 괴델은 실제로 구성해보였다) 것이었다.

　진리 개념의 엄격한 형식화는 논리학자인 타르스키(Alfred Tarski)

에 의해 달성되었다. 그는 위에서 말한 체계에 대해 참인 문장의 괴델의 수들의 집합이 그 체계에서 증명할 수 없음을 보였다. 타르스키의 정리는 간혹 다음과 같이 풀이된다. "충분히 강력한 체계에서는 그 체계의 문장들의 참(truth)이 그 체계에서 정의 가능하지 않다."

271. 마지막 날

다음 역설을 생각해보라.

> 이 문장은 증명할 수가 없다.

이 문장에 관해 다음과 같은 역설이 생긴다. 만약 위의 문장이 거짓이면 그 문장이 증명될 수 없다는 말은 거짓이며 따라서 증명이 **가능하다**. 그것은 그 문장이 참이어야 한다는 것을 의미한다. 그러므로 그 문장이 거짓이면 모순이 야기되며 따라서 위의 문장은 참이어야 한다.

위의 문장이 참이라는 것을 우리는 방금 증명했다. 그 문장이 참이므로 그 문장이 말하고 있는 것은 사실이다. 그것은 곧 그 문장이 실제로 증명이 불가능하다는 것을 의미한다. 그렇다면 내가 위에서 방금 증명한 것은 도대체 무엇이란 말인가?

위의 추론은 어떤 오류를 안고 있는가? 그 추론에서의 문제는 **증명 가능하다**는 개념이 제대로 정의되어 있지 않다는 점이다. '수리 논리학'으로 알려진 학문 분야가 지향하는 중요한 한 가지 목적은 **증명**의 개념을 엄밀하게 다듬자는 것이다. 그러나 절대적인 의미에서의 **증명**에 관해서는 아직 완전히 엄밀한 개념이 제시된 바 없다. 따라서 그러한 절대적인 의미의 증명보다는 어떤 주어진 체계에서의 증명 가능성의 개념을 사용한다. 여기에 어떤 체계가 있는데――그것을 체계 S로 부르기로 하자――그 체계에서는 **체계 S에서의 증명 가능성**의 개념이 분명하게 정의된다. 체계 S는 또한 그 체계에서 증명 가능한 모든 문장이 실제로 참이 된다는 의미에서 올바르다(correct)고 가정하기로 한다. 이제 다음 문장을 생각해보자.

> 이 문장은 체계 S에서는 증명할 수 없다.

이제 일체 역설은 생기지 않으며 그 대신 흥미로운 진리를 한 가지 얻게 된다. 흥미로운 진리란 위의 문장이 체계 S에서는 증명할 수 없는 참인 문장이어야 한다는 것이다. 위의 문장은 사실 괴델 문장 X를 조잡하게 나타낸 것인데 괴델 문장은 그 자신이 절대적인 의미에서가 아니라 단지 주어진 체계에서 증명 불가능함을 주장하는 문장으로 해석할 수가 있다.

앞서 B절에서 분석한 '이중적 괴델' 조건에 대해 이 기회를 빌려 몇 마디 언급하고 넘어가는 것이 좋을 듯하다. 사실 괴델의 정리를 얻을 수 있는 체계는 정의 가능한 임의의 집합 A에 대해, 그것의 괴델의 수가 A에 포함될 경우 그리고 오직 그 경우에 한해 참이 되는 문장이 존재한다는 의미에서 '괴델적인' 체계에 국한되지는 않는다. '이중적으로 괴델적인' 체계라고 부름직한 체계도 괴델 정리가 성립하는 여러 다양한 체계 가운데 속한다. 이중적으로 괴델적인 체계란 정의 가능한 임의의 두 집합, A, B에 대해 Y의 괴델 수가 A에 속할 경우 그리고 오직 그 경우에 한해 X가 참이 되고, X의 괴델 수가 B에 속할 경우 그리고 오직 그 경우에 한해 X가 참이 되는 그러한 문장 X, Y가 존재하는 체계를 말한다. (조건 E₁, E₂ 그리고 C를 사용하면) 위의 조건으로부터 X는 Y가 증명 가능하다고 주장하며 (그 말은 Y가 증명 가능한 경우 그리고 오직 그 경우에 한해 X가 참이 된다는 뜻이다) Y는 X가 증명 가능하지 않다고 주장하는 한 쌍의 문장 X, Y를 구성해낼 수가 있는데 그 두 문장 가운데 적어도 한 문장은 (그러나 구체적으로 어떤 문장인지는 알 수 없지만) 거짓이기는 하지만 반증 가능하지 않다. 혹은 (이 경우에는 조건 C를 사용하지 않고도) X는 Y가 증명 가능하다고 주장하며 Y는 X가 반증 가능하다고 주장하는 그러한 한 쌍의 문장 X, Y를 구성해낼 수도 있다. 이 경우 그 두 문장 가운데 하나는 (구체적으로 어떤 문장인지는 알 수 없지만) 참임에도 불구하고 증명 불가능하거나 혹은 거짓이지만 반증 불가능하다. (그러나 이 경우에도 그 두 가지 경우 가운데 어느 편이 성립하는지를 알 수 없다.)

아, 그런데 잊기 전에 마지막으로 반드시 짚고 넘어가야 할 것이 한 가지 있다. 그것은 이 책의 제목은 무엇인가? 하는 것이다. 이 책의 제목은 바로 《이 책의 제목은 무엇인가?》이다.

옮긴이의 말

논리에 대해서는 두 가지 사항에 대해 대부분 사람들의 의견이 일치되고 있는 것 같다. 한 가지는 논리가 보편적인 성격을 지니고 있다는 것이다. 이것은 논리학과 비슷한 시기에 서양철학에서 탄생한 윤리학과 비교해보면 분명하게 드러난다. 논리에서 추구하는 것이 논증의 타당성(validity)이라면 윤리에서 목표로 하는 것은 행위의 정당성(rightness)이다. 그러나 어떤 논증이 타당한가에 관해서는 이론이 없는 반면, 어떤 행위가 정당한 행위인가에 대해서는 동서양의 윤리학자가 보여주는 것처럼 그동안 수많은 다양한 견해가 제시되었다. 또한 논리에 있어서는 누구도 부인 못할 유일한 타당성의 기준이 존재한다고 통상 인정되고 있는 데 반해, 시공간을 초월하는 절대적인 윤리적 기준이 존재하는가에 대해서는 회의적인 생각을 지닌 윤리학자가 적지 않다.

이러한 논리의 보편성에도 불구하고 타당한 논리를 식별하거나 혹은 사고를 치밀하게 전개하는 것이 그렇게 용이하지 않다는 데에도 거의 모든 사람이 동의하고 있는 듯하다. 치밀한 사고능력을 개발하고자 하는 사람들의 수에 비해 실제로 논리학을 배우겠다고 나서는 사람이 적은 것도 필시 논리학이 어려운 학문이라는 사실과 무관하지 않을 것이다.

논리학이 어렵다고 느끼는 사람들은 또한 대부분 논리의 가치에 대해 회의적인 태도를 지닌다. 즉, 그들은 논리가 보편성을 지닌 것은 사실이지만 고작해야 사소한 일상의 실용적인 문제이든가 혹은 실증과학적인 문제는 몰라도, 심오한 삶의 진리를 깨닫는 데는 거의 소용이 없다고 생각한다. 왜냐하면 심오한 삶의 진리를 이해하는 일은 논리적인 추론의 문제가 아니라 이성과 논리를 초월한 직관적인 통찰에 의해서나 가능한 것이기 때문이다.

논리의 가치에 대한 이러한 회의적인 태도는 전통적으로 서양보다는 동양에, 그것도 특히 우리나라에 심한 듯하다. 역자들이 이 책을 번역하기로 결심한 이유도 우선 그러한 논리 무용론이 정당화될 수 없으며 논리적인 토론과 설득에 바탕한 합리적이고 민주적인 사회를 지향하는 오늘날 우리의 처지에서는 오히려 그 반대의 태도를 지니는 것이 타당하다는 믿음 때문이었다.

다시 말해 우리는 합리적 사회의 구현과 같은 현실적인 목적은 물론이고 경험적인 관찰이나 실험에 의해서는 확인할 수 없는 영역, 이를테면 윤리학이나 형이상학에 속하는 진리에 도달하는 데에도 논리가 결정적인 역할을 할 수 있으며 실제로 하고 있다고 생각하고 있다. 논리가 지닌 그러한 효용에도 불구하고 논리학을 무작정 어렵고 삭막한 학문이라고 고집스럽게 생각하고 있는 사람을 전향시키는 데 이 책은 아주 큰 효과가 있을 것으로 생각된다.

흥미 있는 논리 퍼즐을 거의 망라해서 체계적으로 정리한 이 책의 핵심적인 주제는 이른바 자기지시적인(self-referring) 진술에 관한 것이다. 자기지시적인 진술이란 그 진술을 가리키는 이름이 그 진술의 주어의 위치에 있는 진술을 말한다. 예를 들어 다음과 같은 진술을 생각해보자.

(가) 이 진술은 열여덟 개의 글자로 이루어져 있다.

진술 (가)에서 주어진 '이 진술'이 (가) 진술 자신을 가리키고 있다고 해석할 때, 그 진술은 그 진술 자신이 열여덟 개의 글자로 이루어져 있음을 주장하고 있다고 말할 수 있다. 따라서 진술 (가)는 그 진술이 열여덟 개의 글자로 이루어져 있을 경우 그리고 오직 그 경우에 한해 참이 된다. 그런데 실제로 그 진술은 열여덟 개의 글자로 이루어져 있다. 따라서 그 진술은 참이다. 만일 진술 (가)에서 '열여덟'이란 구절을 '열일곱'으로 바꾸어 넣은 진술을 (가)'라고 하고 "열여덟 개의 글자로 이루어져 있다"와 같은 맥락에서 보면 (가)' 진술은 거짓이고 (가) 진술은 참이다.

진술 (가), (가)'의 의미와 참, 거짓을 위와 같이 해석하는 것은 정당하며 따라서 일반적으로 자기지시적인 진술은 아무 문제 될 것이 없을 것 같다. 지금 진술 (A)의 주어가 그 진술을 가리키는 이름으로 이루어져 있고 술어는 P라고 하자. 이 경우 우리는 진술 (A)를 다음과 같은 형태로 제시할 수 있다.

(A): (A)는 P이다.

그와 같은 자기지시적인 진술 (A)에 대해 우리는 위와 비슷한 고찰에 의해 (A)는 (A) 자신이 P일 경우 그리고 오직 그 경우에 한해, 참이라는 결론을 내릴 수 있다. 접속어 '…인 경우 그리고 오직 그 경우에 한해'를 기호 '⇔'로 나타낼 경우, 위와 같은 형태의 자기지시적인 진술 (A)에 대해 (α)와 같은 일반적인 원리를 얻을 수 있다.

(α) (A)가 P이다 ⇔ (A)가 참이다.

원리 (α)에서 P의 자리에 적당한 술어를 바꾸어 넣음으로써 앞서 위에서 (가), (가)'에 대해 우리가 얻었던 것과 똑같은 결과를 얻을 수가 있다. 그런데 P의 자리에 아무 술어나 바꾸어 넣어도 원리 (α)가 성립하는가? P 대신에 '참이다'라는 술어를 바꾸어 넣은 진술을 생각해보기로 하자. 이때 진술 (A)는

(나) 이 진술은 참이다.

와 같은 진술이 될 것이다. 또한 원리 (α)는 그러한 술어에 대해서는

"진술 (나)가 참일 경우 그리고 오직 그 경우에 한해 진술 (나)는 참이다."

와 같은 거짓은 아니지만 그렇다고 별반 중요한 내용을 전달해주지도 않는 이른바 동어반복적인 진술을 낳게 된다.

여기서 P 대신에 '참이다'가 아닌 '거짓이다'란 술어를 바꾸어 넣었을 때 얻어지는 진술

(다) 이 진술은 거짓이다.

를 고찰해보기로 하자. (다)에서 '이 진술'은 물론 "이 진술은 거짓이다"라는 진술을 가리킨다. 진술 (다)의 경우에는 원리 (α)는 (β)

"진술 (다)가 참일 경우 그리고 오직 그 경우에 한해 진술 (다)는 거짓이다."

라는 역설적인 결과를 야기하게 된다. 다시 말해 원리 (α)는 적어도 P가 '거짓이다'라는 술어의 경우에는 성립하지 않는다. 즉, (α)는 일반적으로 성립하는 원리가 아니다.

위와 같은 역설은 자기 자신이 거짓임을 주장하는 어떤 진술에 대해서도 성립한다. 그러한 진술은 (다)처럼 주어에 명시적으로 그 진술을 지시하는 표현과 '거짓이다'라는 술어를 사용하지 않고서도 가능하다. 내가 다음과 같은 진술을 한 시각에 그 진술 이외에 다른 진술은 일체 하지 않았다고 하자.

(라) 지금 내가 하고 있는 진술은 거짓이다.

위와 같은 가정하에서 '지금 내가 하고 있는 진술'은 (라) 진술 자체를 가리키게 된다. 따라서 진술 (라)는 (라) 자신이 거짓이라는 것과 같은 의미이며 그러므로 그 진술에 대해서도 위와 같은 역설이 발생한 것이다.

위의 진술 (라) 대신에 내가 지금 다음과 같은 진술을 했다고 하자.

(마) 내가 한 모든 진술은 거짓이다.

(마)가 참인 것은 내가 한 진술이 모두 거짓인 경우 그리고 오직 그 경우에 한한다. (마)도 내가 한 진술이므로 (마)도 거짓이다. (마)가 참이라는 가정하에서 그것이 거짓이라는 결론을 얻었으므로 (마)는 곧 거짓이다. (마)가 거짓이라면 내가 한 진술이 모두 거

짓인 것은 아니며 따라서 내가 한 진술 가운데 참인 진술이 적어도 하나 있다. 한마디로 내가 (마)와 같은 진술을 했을 경우, 그 앞의 진술 (라)와는 달리 내가 과거에 한 진술 가운데 참인 진술이 적어도 하나 있을 경우, 내가 (라)라고 말함으로써 거짓인 진술을 한가지 더했다는 결과가 될 뿐, 역설 내지는 모순이 야기되지는 않는다. 그러나 내가 (마) 이외에 과거에 한 모든 진술이 거짓이었다는 것이 이미 주어진 상황에서 (마)와 같은 진술을 했을 때에는 위의 진술 (다) 내지는 진술 (라)의 경우와 동일한 모순이 야기된다.

만일 거짓인 진술만을 하는 사람을 거짓말쟁이라고 할 때, (마)는 다음 진술 (바)와 동치이며 따라서 진술 (바)도 ((바) 이외에 내가 한 모든 진술이 거짓이라는 가정하에서) 역설 내지는 모순을 야기한다.

(바) 나는 거짓말쟁이이다.

진술 (다)-(바)가 야기하는 역설이 이른바 거짓말쟁이의 역설이다(15장 문제 253 참조). 위의 진술들은 모두 그 진술 자체가 그 진술이 거짓임을 함축하고 또 반대로 그 진술이 거짓임이 그 진술 자체를 함축하는 그러한 진술들이다. 따라서 위의 진술 가운데 하나를 S라고 하고 그것을 부정하는 명제를 ~S라고 할 때, 한결같이 다음이 성립한다.

$(\gamma)\ S \Leftrightarrow {\sim}S$

거짓말쟁이의 역설이란 한마디로 그 진술의 부정과 동치가 되는 진술이 야기하는 역설을 말한다. (그런데 저자 자신이 이 책의 1장에서도 말한 것처럼 거짓말이란 반드시 실제로 거짓인 진술을 의미하지는 않는다. 그보다는 실제로는 거짓이건 아니건 간에 말하는 사람 자신이 거짓이라고 믿고 있으면서도 행한 진술이라고 정의하는 것이 더욱 타당할 것이다. 이 책에서는 항상 거짓말만 하는 사람을 거짓말쟁이가 아닌 건달로 규정하고 있는데 따라서 건달이 "나는 건달이다"라고 말할 경우, 거짓말쟁이의 역설이 발생하므로 건달은 그러한 진술을 할 수가 없다.)

위에서는 자신이 거짓임을 함축하는 진술을 통해 그러한 역설을 만들어냈지만 어떤 진술 및 그 진술의 부정과 동시에 동치인 진술을 만들 경우, 그 진술에 대해서도 (γ)와 같은 모순된 결과가 얻어진다. 예를 들어 다음과 같은 두 진술을 생각해보자.

(사) 진술 (아)는 참이다.
(아) 진술 (사)는 거짓이다.

위의 두 진술에 원리 (γ)를 적용하면 다음과 같은 두 문장을 얻는다.

진술 (사)가 참이다 ⇔ 진술 (아)는 참이다.
진술 (아)는 참이다 ⇔ 진술 (사)는 거짓이다.

진술 (아)가 참이라는 것은 즉, 진술 (사)가 참이라는 것과도 동치이며 또한 진술 (사)가 거짓이라는 것과도 동치이다. 따라서 진술 (사)가 참이라는 것은 혹은 진술 (사) 자체는 그것이라는 말과 같은 의미가 되어 모순이 야기된다. 이것이 문제 254에서 언급한 이중적인 형태의 거짓말쟁이의 역설이다. '참'과 '거짓'이라는 술어 대신에 '기사'와 '건달'을 이용한 이중적인 형태의 거짓말쟁이의 역설도 만들어낼 수 있는데 문제 259가 바로 그것이다.

어떤 아이를 포로로 잡고 만일 자신이 그 아이를 잡아먹을지 혹은 그렇지 않을지를 아이 어머니가 알아맞힐 경우에는 아이를 잡아먹지 않을 것이다. 알아맞히지 못할 경우에는 잡아먹겠다고 한 악어와 관련된 유명한 퍼즐의 해결도 이중적인 형태의 거짓말쟁이의 역설을 이용한 것이다. 지금 "악어가 아이를 잡아먹을 것이다"라는 진술을 (자)라고 하고 아이 어머니가 할 진술을 (차)라고 할 경우, 악어의 다짐은 (차)가 참일 경우 그 경우에 한해 (자)가 거짓이 되도록 하겠다는 것이다. 즉, (차)가 (자)의 부정과 동치가 되도록 하겠다는 뜻이다. 따라서 아이 어머니가 (차)가 (자)의 부정과 동치가 되도록 할 경우, 다시 말해 "악어가 아이를 잡아먹을 것이다"라는 취지의 예측을 할 경우, 악어는 (자)가 참이면서도 동시에 거짓이 되도록 선택해야 하는 곤경에 빠지게 된다. 이러한 악어의 곤경은 문제 257의 형집행관이 처하게 되는 곤경과 본질적으로 동일한 것이다.

위에서 우리는 거짓말쟁이의 역설의 여러 형태와 더불어 그 역설이 본질적으로 어떻게 해서 발생하는가를 보았다. 이제 문제는 그러한 역설을 발생시킨 책임을 어디에서 찾는가 하는 것이다. 이에 대해서는 지금까지 철학자들 사이에 수많은 논쟁이 벌어졌다. 버트란드 러셀을 위시한 많은 철학자들은 그 원인을 자기지시적인 표현을 사용한 데서 찾는다. 그러한 견해에 의하면 위의 (A)와 같은 형태의 진술은 그것이 어떤 술어를 사용하건 무의미한 것으로 과학적인 논의에서는 허용될 수 없다. 이를테면 위의 진술 (가)도 언뜻 보기에는 아무 하자가 없는 것 같지만 사실에 있어서는 참, 거짓을 따질 수 없는 무의미한 진술이다.

이에 반해 이 책의 저자는 역설의 원인이 자기지시적인 표현을 사용하는 데 있는 것이 아니라 '참'과 '거짓'을 술어로 삼은 데 있다고 보고 있다. 따라서 (다)—(아)처럼 직접적으로 역설을 야기 하는 진술은 물론이거니와 (나)처럼 역설을 야기하지 않는 문장도 무의미하다. 그러나 진술 (가)는 저자가 보기에 아무 흠잡을 데가 없는 온전한 진술이며 더욱이 참이다. 저자가 자기지시적인 표현을 그처럼 옹호하는 이유 가운데에는 괴델이 1931년에 발표한 유명한 정리를 증명하는 과정에서 일종의 자기지시적인 문장을 사용했다는 것도 있을 것이다. 괴델은 오스트리아 출신의 수리 논리학자로서 상당히 폭넓은, 따라서 대부분의 중요한 산수학의 명제를 증명할 수 있는 임의의 공리적인 산수 체계에서 자신이 증명 불가능함을 주장하는 것으로 해석될 수 있는 자기지시적인 문장을 항상 구성해낼 수 있다는 것을 보임으로써 어떤 산수 체계도 모순된 체계가 아닌 한, 모든 참인 산수학의 명제를 포함하도록 공리화할 수는 없다는 충격적인 사실을 증명했다.

그 문장을 보통 괴델 문장이라고 부르는데 그 문장은

(자) 이 문장은 산수 체계 S에서 증명 불가능하다.

와 같은 것으로 생각될 수 있다. 그런데 괴델이 다룬 산수 체계에서는 자기지시적인 문장을 만들어 낼 수 있는 '이 문장'과 같은 표현이 존재하지 않는다. 괴델이 자신의 정리를 증명하기 위해 몇 가지 중요한 아이디어를 생각해냈는데 그중에 하나가 바로 '이 문장' 등과는 다른 '정상적인' 표현을 사용하여 자기지시적인 표현을 만들어내는 것이다. 괴델의 아이디어의 핵심은 다음과 같다. (괴델의 아이디어에 관한 다음 설명도 이 책의 저자의 논문인 ⟨Languages in which self reference is possible⟩(1957)과 ⟨Chameleonic languages〉(1984)에 의거한 것이다.)

"산수 체계 S에서 증명 불가능하다"라는 술어를 단순히 기호 ϕ로, 그리고 자기지시적인 표현인 '이 문장'을 σ로 나타낼 때, 위의 (자)를 간단히

(B) $\phi\sigma$

처럼 쓸 수 있다. σ는 비정상적인 표현이기 때문에 위의 문장 (B)의 진리조건은

$\phi\sigma$는 참이다 $\Leftrightarrow$ $\phi\sigma$는 증명 불가능하다.

가 될 것이다. (이하에서 증명 불가능하다고 할 때는 어떤 주어진 산수 체계에서의 증명 불가능을 의미하는 것으로 한다.) $\phi\sigma$는 즉, 자신이 증명 불가능할 경우 그리고 오직 그 경우에 한해 참이다. 그러나 만일 위의 문장 (B)에서 σ 자리에 어떤 정상적인 표현 E가 있었을 경우, 그 진리 조건은 다음과 같을 것이다.

(C) ϕ^*E^*는 참이다 $\Leftrightarrow$ E는 증명 불가능하다.

위에서 E의 양 옆에 *를 붙인 것은 문장 (C)의 주어가 표현 E 자체를 지시하고 있음을 의미하는 것으로 보면 된다. *는 말하자면 인용구를 표시하는 따옴표와 유사한 역할을 한다. 이제 $^*E^*$는 표현 E를 가리키는 반면 N^*E^*는 표현 E^*E^*를 가리킨다고 하자. E^*E^*를 E의 대각화(diagonalization)로 부르기로 하자. 그 경우 문장 ϕN^*E^*에 대해 다음과 같은 진리조건을 얻는다.

(D) ϕN^*E^*는 참이다 $\Leftrightarrow$ E^*E^* (=N^*E^*)는 증명 불가능하다. (D)

에서 E를 ϕN으로 바꾸어 놓으면 다음을 얻는다.

(E) ϕN*ϕN*은 참이다 ⟺ ϕN*ϕN*은 증명 불가능하다.

(E)는 문장 ϕN*ϕN* 즉, ϕN의 대각화가 자신의 증명 불가능함을 주장하는 자기지시적인 진술이라는 것을 보여주고 있다. 그 문장은 따라서 참인데도 증명이 불가능하거나 거짓임에도 증명 가능하거나 둘 중의 하나이다. 그러나 문제의 산수 체계에서 증명 가능한 문장은 모두 참이라는 의미에서 건전할 경우, 후자의 가능성은 배제된다. 그러므로 위의 문장은 참임에도 불구하고 문제의 산수 체계에서는 증명이 불가능한, 이른바 괴델 문장이 된다.

위에서 괴델이 어떤 방식으로 자기지시적인 문장을 구성해냈는가 하는 것을 살펴보았는데, 일상 언어에서 그 방식이 어떻게 응용될 수 있는가를 이해하기 위해 ϕ를 포함하는 표현 E에 대해 대각화를 다음과 같이 정의하기로 하자.

N*E*는 E에 등장하는 모든 σ 대신에 *E*를 대입해 넣은 표현을 말한다.

예를 들어 N*σ*는 표현 *σ*를 가리키며 어떤 술어 ψ에 대해 문장 $\psi\sigma$의 대각화 N*$\psi\sigma$*는 표현 ψ*$\psi\sigma$*를 가리킨다. 따라서 문장 σN*$\psi\sigma$에 대해 다음과 같은 진리 조건을 얻는다.

(F) ϕN*$\psi\sigma$*는 참이다 ⟺ ψ*$\psi\sigma$*는 증명 불가능하다.

(F)에서 ψ를 ϕN으로 잡으면

(G) ϕN*ϕNσ*는 참이다 ⟺ ϕN*ϕNσ*는 증명 불가능하다.

를 얻는다. (G)는 $\phi N^* \phi \sigma^*$이 자신의 증명 불가능함을 주장하는 자기지시적인 문장, 다시 말해 괴델 문장임을 보이고 있다. 그 문장을 각 기호의 정의에 따라 다시 일상적인 표현으로 고치면

(H) *이 문장의 대각화는 증명 불가능하다*의 대각화는 증명 불가능하다.

라는 문장이 된다. 문장 (H)는 "이 문장의 대각화는 증명 불가능하다"라는 문장의 대각화가 증명 불가능함을 주장하고 있다. 그런데 대각화의 정의에 의해 그 문장의 대각화는 바로 (H) 자신이다. ("이 문장의 대각화는 증명 불가능하다"라는 문장에서 '이 문장' 대신에 그 문장 전체를 *로 감싼 문장을 대입해보라.) 따라서 문장 (H)는 자신이 증명 불가능함을 주장하고 있는 것으로 볼 수 있다.

문장 (H)와 위의 문장 (자)와의 차이는 (H)에서는 '이 문장'이란 자기지시적인 표현이 인용부호로 볼 수 있는 *로 감싼 문장 안에 들어가 있는 반면 (자)에서는 평상적인 문맥에 포함됨으로 해서 그것을 비정상적인 문장으로 만들고 있다는 점이다.

이 책의 저자인 레이먼드 스멀리언은 미국의 시카고 대학과 프린스턴 대학에서 각각 석사 학위와 박사 학위를 받고 다트머스 대학과 모교인 프린스턴 대학 등에서 논리학을 가르쳤다. 그는 수리논리학 이외에도 마술에도 조예가 깊어 이 책에서도 직접 밝혔다시피 직업적인 마술사로도 활약한 바 있다. 스멀리언은 이 책 말고도 몇 권의 전문적인 논리학의 저술과 논문을 발표한 바 있으며, 그 밖에도 보다 대중적인 책으로서《이 책은 제목이 필요 없다*This Book Needs No Title*》와《도(道)는 말이 없다*The Tao Is Silent*》란 책

을 발간하기도 했다.

　끝으로 이 책을 번역하는 과정에서 많은 도움을 준 이들에게 감사드린다. 그들의 도움이 없었다면 많은 착오가 시정되지 않았을 것이다. 그러나 아직도 남은 번역상의 오류가 있다면 그것은 전적으로 옮긴이들의 책임이다. 그러한 오류에 대해서는 앞으로 계속 독자들의 지적을 받아 고쳐가고자 한다.

옮긴이 **이종권**
서울대학교 공과대학 항공공학과와 인문대학 철학과를 졸업하고 같은 대학 철학과 대학원에서 철학박사 학위를 받았다. 한국분석철학회 회장과 한국논리학회 회장을 역임했으며 현재 중앙대학교 철학과 교수로 재직 중이다. 옮긴 책으로 《수리철학》이 있고, 감수한 책으로 《왜 똑똑한 사람들이 헛소리를 믿게 될까》가 있다.

옮긴이 **박만엽**
중앙대학교 철학과를 졸업하고 같은 대학 철학과 대학원에서 석사 및 박사 학위를 받았다. 한국논리학회 전임연구원, 고려대학교 철학연구소 전임연구원을 거쳐 여러 대학에 출강했다. 주요 논문으로 〈비트겐슈타인의 수학철학에 있어서 반-플라톤주의〉, 〈비판적 사고와 구성주의〉, 〈수학적 증명의 조망 가능성〉 등이 있고, 지은 책으로 《비트겐슈타인 수학철학》, 옮긴 책으로 레이먼드 스멀리언의 《도는 말이 없다》가 있다.

퍼즐과 함께하는 즐거운 논리

1판 1쇄 발행 2021년 11월 30일

지은이 레이먼드 스멀리언 ｜ 옮긴이 이종권·박만엽
펴낸곳 (주)문예출판사 ｜ **펴낸이** 전준배
출판등록 2004. 02. 12. 제 2013-000360호 (1966. 12. 2. 제 1-134호)
주소 03992 서울시 마포구 월드컵북로 6길 30
전화 393-5681 ｜ **팩스** 393-5685
홈페이지 www.moonye.com ｜ **블로그** blog.naver.com/imoonye
페이스북 www.facebook.com/moonyepublishing ｜ **이메일** info@moonye.com

ISBN 978-89-310-2256-8 03170